# 孵化 4.0 时代

# 在孵企业成长能力的培育与提升

陈胜男　著

中国海洋大学出版社
·青岛·

图书在版编目（CIP）数据

孵化4.0时代在孵企业成长能力的培育与提升 / 陈胜男著. —青岛：中国海洋大学出版社，2019.1

ISBN 978-7-5670-2125-9

Ⅰ．①孵… Ⅱ．①陈… Ⅲ．①企业孵化器—研究 Ⅳ．① F276.44

中国版本图书馆 CIP 数据核字（2019）第 044517 号

FUHUA 4.0 SHIDAI ZAI FUQIYE CHENGZHANG NENGLI DE PEIYU YU TISHENG

**孵化 4.0 时代在孵企业成长能力的培育与提升**

| | | |
|---|---|---|
| 出版发行 | 中国海洋大学出版社 | |
| 社　　址 | 青岛市香港东路 23 号 | 邮政编码 266071 |
| 出 版 人 | 刘文菁 | |
| 网　　址 | http://pub.ouc.edu.cn | |
| 电子信箱 | wangjiqing@ouc-press.com | |
| 订购电话 | 0532-82032573（传真） | |
| 责任编辑 | 王积庆 | 电　　话 0532-85902349 |
| 装帧设计 | 青岛汇英栋梁文化传媒有限公司 | |
| 印　　制 | 日照日报印务中心 | |
| 版　　次 | 2023 年 3 月第 1 版 | |
| 印　　次 | 2023 年 3 月第 1 次印刷 | |
| 成品尺寸 | 170 mm × 230 mm | |
| 印　　张 | 13.75 | |
| 字　　数 | 239 千 | |
| 印　　数 | 1～1000 | |
| 定　　价 | 49.00 元 | |

发现印装质量问题，请致电 0633-2298958，由印刷厂负责调换。

前 言
Preface

    我国孵化器的发展随着国家对高新技术产业、创业企业对管理咨询、以及对专业型孵化器的需求历经了三个孵化时代，已经步入了为我国新旧动能转换注入新血液，满足社会创新创业需求的孵化 4.0 时代。随着经济步入新常态，在全球经济形势和我国国内经济特色的叠加影响下，新一轮科技革命和产业融合发展催生出大量新兴产业传统经济因素渐渐退去，新经济力量稳步增长。带有新时代特点的创新创业对孵化提出了新要求，而众创空间的出现正是顺应了我国对新经济力量的战略需求以及大众创业万众创新的时代潮流，成为孵化 4.0 时代的代表。

    众创空间在 2015 年 1 月召开的国务院常务会上被首次提出，它结合了国外的创客空间、共享理念以及中国当前经济特色。众创空间对提高创新创业活动成功率以及创业型小微企业成活率的贡献在全球范围内有目共睹。因此，各国政府不遗余力的发展众创空间。我国众创空间在利好政策推动下经历了一段时间的无序生长之后，其发展逐步回归市场理性，一些未能通过市场检验的众创空间陆续倒闭。这主要是因为众创空间没有通过有效孵化，帮助在孵企业建立起能够自力更生的成长能力。众创空间的价值在于孵化出能够创造价值的企业，而这取决于在孵企业借助众创空间的帮扶构建、培育以及提升其成长能力。本书以基于众创空间的在孵企业为研究对象，以期找到其成长能力的起源、构成要素、生成机制、构建培育模式等。

    本书以"成长环境——能力结构要素——能力作用机制——能力培育与提升"为研究逻辑，对企业成长理论、企业能力理论以及孵化经济学原理进行融合研究,从而奠定本书的理论基础。本书主要采用文献研究、专家咨询、调查研究以及多案例研究等方法对众创空间孵化周期阶段特征、孵化链运行机制、基于众创空间的在孵企业成长能力的构成要素进行梳理和归纳,并在此基础上研究其动态机制,最后提出其成长能力培育框架。

本书的主要结论有:第一,基于众创空间的在孵企业成长能力是:为实现量与质的成长,达到出孵毕业的标准,以内外资源和知识为基石,借助众创空间平台不断适应和完善的过程中,通过各种方式积累形成的各种技能与知识的总和。它具有知识性、复杂性、叠加性、不易模仿性等特点。第二,众创空间孵化周期划分为预孵期、入孵初期、入孵中期以及准出孵期四个阶段。同时,众创空间以筛选功能贯穿孵化周期始终,过渡与撮合功能互相配合在每个孵化阶段发挥不同作用形成了众创空间孵化链机制。第三,基于众创空间的在孵企业成长能力结构框架由元能力、通用能力和关键能力三个维度构成,由创业者能力、创新能力、组织管理能力、文化能力、战略创业能力与网络能力共六要素来体现。通过信度效度检验、探索性因子分析、结构方程模型验证了在孵企业成长能力的结构本质以及创业者能力与创新能力构成元能力,组织管理能力与文化能力构成通用能力,战略创业能力与网络能力构成关键能力。通过多因素方差分析证实入孵时长与创业者人数对在孵企业成长能力的影响无显著差异,而行业与创业者年龄对其成长能力的影响显著。第四,基于多案例研究得出的研究命题构建了动态视域下在孵企业成长能力作用机制,即在孵企业的成长需要不同能力进行驱动,不同能力对在孵企业成长发挥的作用不同;元能力、关键能力、通用能力之间互相作用共同驱动在孵企业的成长;在孵企业的成长能力随着孵化周期的推进而动态变化着,并且在孵企业成长能力的各个要素在孵化周期的不同阶段有不同的体现。第五,通过总结创业企业成长能力的成功培育经验,本书提出基于众创空间的在孵企业成长能力的培育与提升是个系统工程,需要兼顾宏观(社会生活、经济、文化方面)、中观(众创空间本身的发展)和微观(在孵企业成长能力构成要素协调发展)三个层次的目标;避免速度、规模、标杆、路径以及创新陷阱等原则;遵循在孵企业成长能力形成机制;在不同孵化周期阶段采用不同的培育模式,即预孵期的启发式培育模式、入孵初期的全方位培育模式、入孵中期的加速培育模式、准出孵期的裂变或聚合培育模式。

目　录
Contents

# 第1章

# 绪 论

## 1.1 研究背景与意义

### 1.1.1 研究背景

20世纪80年代末,中国科技部(当时的国家科委)颁布实施"火炬"计划,要建立具有中国特色的科技企业孵化器,以扶持高新技术产业。以提供硬件设施为特点的各地孵化器代表着孵化1.0时代。20世纪90年代,由于国家出台了一系列鼓励政策,孵化器在中国各地兴起。国家为有效治理孵化器,按照不同服务质量制定了级别标准,并以此将各地孵化器分成国家级和地方级两个层次。提供经营管理咨询类等软服务成为孵化2.0的时代特点。世界企业孵化器与技术创新大会于千禧年在我国上海召开,大会倡导要大力支持专业性孵化器。从此,我国出现了各种行业的专业孵化器,如电子信息类、新材料新能源、生物医药、海洋技术。专业型孵化器是孵化3.0的时代需求。随着经济步入新常态,在全球经济形势和我国国内经济特色的叠加影响下,新一轮科技革命和产业融合发展催生出大量新兴产业传统经济因素渐渐退去,新经济力量稳步增长,为我国新旧动能转换和产业升级提供了历史机遇。在大众创业、万众创新的热潮下,我国创新创业得到了蓬勃发展,"双创"开启了民间智慧成为驱动生产力释放能量的新动力,其培育地融合、协同、共享的创新创业生态环境为新旧动能转换提供了强而有力的支撑。为满足我国新旧动能转换的战略需求和顺应"双创"的时代潮流,2009年以后,各种创客空间出现,2015年科技部正式命名众创空间。众创空间的出现重新定义了孵化,标志着我国进入孵化4.0时代。

众创空间来源于欧美的创客空间(也叫作黑客空间),作为创客们进行创新创业活动的重要载体,以燎原之势在世界各地蓬勃发展。自 1981 年 Chaos Computer Club 在德国成立后,C-base 于 20 世纪 90 年代中期在柏林成立,日本的东京黑客空间成立于 2009 年,2010 年中国在上海拥有了属于自己的创客空间(新车间)。相比之下,美国创客运动发展较为深入且广泛,有数据显示,2015 年时,使用过或正在使用众创空间的美国创客群体已超过 13500 万 [1],各种类型的众创空间更是不计其数。目前比较知名的要数在美国纽约成立的 WeWork(2010 年)和在旧金山成立的 RocketSpace(2011 年),以及相继创办于 2006 年、2007 年、2008 年的 Metalab, NYC Resistor, HacDC 和 Noisebridge。还有一些发展较成功,但专注于深耕当地创新创业服务的众创空间平台,如 Artisan's Asylum, Catylator Makerspace, Ideal Foundry 等。

众创空间的迅猛发展得益于其对提高创新创业成功率以及小微企业成活率的巨大贡献。近年来,美国近一半的独角兽企业在创业早期都有过作为在孵企业被类似空间孵化的经历,比如 Airbnb 和 Uber。科技部发布了《2017 年中国独角兽企业榜单》[2],上榜企业共计 167 家,据不完全统计超过 100 家具有被孵化的经历(孵化方包含传统孵化器、众创空间、科技园等)。科技部火炬中心调研员隋志强在讲话中指出,2017 年创业板中 1/6 的企业以及 1/10 的新三板挂牌企业来自众创空间及各类孵化器,并且整个上市及挂牌企业市值达到约 2.7 万亿。同时,众创空间及各类孵化器中有高新技术企业逾 9000 家,10 万多件知识产权专利,占全国知识产权专利的 5% [3]。众创空间对我国经济发展以及对创新创业的作用可见一斑。成为在孵企业,借助众创空间的孵化,是这些企业越过死亡谷,成为瞪羚企业、甚至是独角兽企业的重要经历。

世界各国一直以来都非常重视创新创业型企业和小微企业的发展,鉴于众创空间在这方面的贡献,各国政府纷纷出台各种政策大力发展众创空间以培育创新创业文化,鼓励大众创新创业,帮助创业型企业、小微企业成长。美国政府 2012 年发布《美国先进制造业国家战略计划》,重点推动制造业的振兴,而要实现这一点就需要大量热衷于创新制造、动手实践的创客群体。接下来一系列的政府举措无一不配合着这一目标,例如,每年的 6 月 12 日—18 日是美国的创客周,并且在 1000 所学校里建立创客空间等。英国政府更是在 2013 年提出《英国工业 2050 战略》以及商业、创业和技能部于 2015 年提出一系列帮扶政策,从宏观战略到具体措施方面全方位促进创客发展以及众创空间的建立。

众创空间一词并非照搬国外的创客概念,而是结合了共享协作的理念和当前中国经济特色,以及通过突出"众"的特色强调广大人民群众的巨大潜力,由国务院常务会在 2015 年 1 月首次提出。此后,国务院办公厅、科技部相继出台《国务院办公厅关于发展众创空间推进大众创新创业的指导意见》[4]《发展众创空间工作指引》[5]《国务院办公厅关于加快众创空间发展服务实体经济转型升级的指导意见》[6](以下称《指导意见》)等政策全方位的鼓励和指导创新创业活动。2017 年 9 月金砖五国厦门宣言中特别指出,我国将对创新创业合作平台进行更加深入及广泛的工作[7]。各地方积极响应创新创业号召,搭建创新创业服务平台,培育创客精神,组织创客活动。众创空间的数量从 2014 年的 50 余家发展到 2016 年年底的 4200 多家,据有关部门预测,到 2018 年初全国众创空间总数突破 5000 家,出孵和在孵的创客团队或创业企业数以百万计[8]。

众创空间存在的意义在于帮助在孵企业实现价值。创客群体先于众创空间存在,人们的精神领域中具有创新创造的内在需求,科技水平和经济发展到一定程度,人们的创业由单纯满足生存需求升华到创新创造的内在精神需求[9],所以众创空间的出现除了促进经济发展,也是满足大众创新创业的精神刚需[10]。可见,由创客群体组成的众多创业型小微企业和创业团队是众创空间的目标客户群体,只有这些创客团队带着创意选择入驻众创空间,成为在孵企业,众创空间才有存在的必要,在孵企业在空间内通过各种途径打造成长能力、成功出孵是众创空间的价值体现[11]。

我国众创空间经历了一段时期的"野蛮生长",其发展逐步回归理性,一些众创空间逐步向专业化和垂直化发展,还有一些众创空间未能撑过残酷的市场洗牌而被淘汰。究其失败的原因,主要是空间服务同质化严重、商业模式单一以及在孵企业的入驻率不高[12]。这些问题导致在孵企业得不到有针对性的帮扶,不具备自立于市场环境的成长能力。因此,了解在孵企业成长特点、能力要素,研究培育和提升模式等能够为在孵企业成功出孵和未来发展奠定夯实的基础,也可倒逼众创空间重新梳理孵化模式,围绕在孵企业成长能力的构建、培育及提升设计合理的孵化机制,确保在孵企业和众创空间之间的良性循环。

众创空间是传统孵化器的升级版。中国的孵化器始于 20 世纪 80 年代,所以在孵企业和孵化载体已经在我国发展了 30 余年,但是传统的孵化企业所在行业较为集中(信息、生化、医药等高科技),创始人大多属于精英群体,这与当今从大众走出的草根创客完全不同,而且如今创新创业型企业遍布各个行业(文化类、创意、媒体等);众创空间和在孵企业既是商家与客户的关系,又是合作伙伴关系;在孵企业基本是新近创立的企业,但是通常被孵化的期限是三年,最长不超过五年[13],而新创企业一般是指开创不超过 8 年的企业[14]。可见众创空间内的在孵企业有一定的特殊性,并且传统的企业成长能力理论并不适用于当前的形势。

众创空间在孵企业的成长能力源头在哪里?具有哪些特点?由哪些要素构成?在众创空间内被孵化的经历如何转换成在孵企业的成长优势?各方利益相关者应如何配合来提高在孵企业的成长能力?基于上述背景,并结合现实问题的思考以及笔者本人的兴趣,确定本研究的主题为基于众创空间的在孵企业成长能力研究。

### 1.1.2 研究意义

(1)理论意义。

在古典经济学中,企业成长就是规模的成长。生产中的分工和专业化促进生产效率提升,反过来进一步深化分工协作,同时企业生产规模进一步扩大实现增长。关于企业成长因素的研究由彭罗斯、安索夫、德鲁克和钱德勒组成。在彭罗斯的企业资源成长理论中,企业是资源集合体,其成长过程就是经营管理中不断挖掘内生资源的动态管理过程。安索夫的战略成长理论强调企业的成长在于扩大市场范围,立足优势项目向关联领域扩展。钱德勒强调企业成长在于管理组织对市场扩大和技术革新的应对,企业核心能力也源于此。德鲁克则认为人的成长决定着企业的成长,高层管理者的创新创业精神是企业成长的重要因素。理论的发展总是带有时代的印记,本研究正是顺应创新创业的大潮、迎合共享经济的风口、处在众创空间发展的转折,通过对众创空间内在孵企业的调查研究,探索在孵企业成长能力的构成要素及其机制,丰富了企业成长和能力理论,同时为众创空间相关研究提供了新的研究视角。

(2)现实意义。

本项研究的现实意义体现在经济和社会两方面。在经济方面,培育和提升在孵企业成长能力促进其出孵成功率提高,意味着更多的小微企业存活、健康成长,大众在通过创新创业自足解决就业岗位的同时也直接和间接创造更多就业机会,从而使经济增长点多元化,促进区域经济增长。从社会方面来讲,创造更多的就业机会有助于稳定社会治安,同时众创空间内的在孵企业的成长情况和出孵发展影响着民众对创新创业的信心。成功的创新创业活动将带动更多的创客加入大众创业万众创新的潮流中来,更有助于培育创新创业文化氛围。对众创空间平台企业来说,了解在孵企业的成长能力可以帮助提供定制化服务;对创业团队来说,了解孵化过程和能力构成可以选择适合的众创空间,以及在孵化期间有目标性地与空间和其他在孵企业互动;对具有创意的创客来说,了解在孵企业成长能力的培育过程,便可明了创意通过创业活动实现价值的商业转化过程。

## 1.2 国内外相关研究现状

### 1.2.1 关于众创空间的研究

关于众创空间的相关研究将分为政策研究、商业模式的研究、生态系统的研究、分布研究以及创新创业教育研究,共五部分。

(1)基于政策的研究。

《指导意见》出台后,各地为贯彻中央精神纷纷出台了结合各地特色的相关政策以指导和帮扶众创空间的发展。范海霞(2015)总结了北京、上海、天津、武汉、成都、青岛、厦门、广东、江苏等 9 地相关政策,并对杭州的政策实施提供了建议[15]。唐小凤(2016)从建设空间、培育主体、降低成本、强化服务等四个方面分析了北京、上海、深圳、杭州、重庆五地的相关政策[16]。随着众创空间的数量激增,以往以政府为主导、国资为主力的孵化领域呈现出利益主体多元化的趋势,高思卿等(2017)从众创空间的相关利益主体角度出发研究了当前相关政策是否与之需求匹配,发现在政策重点突出的优势产业方面和市场导向不一致,建议政策的制定实施应符合动态需求等[17]。苏瑞波(2017)运用共词分析方法比较了广东、北京、上海、江苏、浙江的众创空间政策,并指出了各地政策中体现的差异性[18]。刘建国(2017)重点关注了众创空间的治理问题,指出了治理困境的形成原因,并在政府权力配置、商业治理、绩效评价等方面提出可行性建议[19]。

(2)基于商业模式的研究。

商业模式是企业赚取利润的商业逻辑、运行机理,众创空间作为平台型企业的一种,同样需要适合的商业模式。我国众创空间的发展尚处于初级阶段,而国外的创客空间运行日趋完善,因此总结梳理国外先进经验有利于在我国众创空间发展进程中取长补短。唐德淼(2017)对来自四个国家(美国、英国、德国、奥地利)的 10 个著名创客空间的商业模式进行了梳理和总结[20]。杜枫(2017)分析和比较了中美五种创客空间,并指出其收入来源较为局限,主要是向创客成员收取实体空间租金、服务费和投资创客项目的收益[21]。李燕萍和李洋(2017)则对中美英三国的创客空间从发展历程、发展规模、空间布局、功能、类别以及所处环境(政治、经济、文化、科技)等做了全方位的比较[22]。除此之外,在众创空间的定位、发展模式研究方面比较有特色的是王节祥(2016)[23] 和徐进(2017)[24] 等学者。王节祥运用"过程—结果"的二维模式对平台进行了分类,定位众创空间为双边创新性平台,同时从平台的视角分别阐述了众创空间与传统孵化器区别以及众创空间与传统电商的区别。徐进则建议将共享经济的思维和内涵运用到众创空间平台,将传统众创空间的服务功能转化为多边交易机制,并建议依托大型企业,调动大企业的闲置资源开启内创模式。与我国对众创空间商业模式的研究停留在对现象的描述和比较不同,国外对众创空间的商业模式研究聚焦在对现有模式的深耕以及对某一方面功能的体现(如帮助消费者创新和传播的模式)[25][26]。目前我国众创空间已经发展到瓶颈期,要想永续发展,接下来需要结合本地特色,商业模式的制定要符合我国国情,在借鉴外国完善经验的同时,更重要的是摸索出适合自己的发展模式。

(3)基于生态系统的研究。

众创空间为具有创意的个人和团队提供了平台,是人才找机会、资方找项目、政府解决就业、高校转化科研成果的汇聚池,各方利益相关者就是众创空间生态系统的组成要素,所以基于生态系统视角来研究众创空间也是学术界重点关注领域之一。陈夙等(2015)从众创精神、创客圈、资源和基础支持、政策等四个维度和代谢、网络嵌套、异质资源、能力成长、用户价值等五个机制,研究了杭州梦想小镇,构建了众创空间的生态系统[27]。戴春和倪良新(2015)运用美国百森商学院的创业生态系统项目框架解析了众创空间的六要素(政策、市场、人力资本、金融、文化、支持)[28]。汪群(2016)提出了众创空间创业生态系统的网络性、动态性、开放性、竞争性、共生性五个特性[29]。国内对众创空间构建的生态系统的要素内涵研究较多,国外研究者更关注创新创业生态系统中的价值溢出问题,Giusti 等研究了创客之间在开放的创新网络中知识溢出的问题,尤其是无意识的知识溢出对创新的影响[30]。Hsieh 等研究了平台化的创新生态系统对创业活动的作用[31]。众创空间作为平台型企业,最终的发展趋向便是构建商业生态系统,未来的平台竞争在于平台企业构建自身生态系统的能力,虽然目前关于生态系统要素的文献相对丰富,但是众创空间的建设要基于本地特色以及行业特点,同时兼顾城市功能规划。众创空间发展规律的深入发现仍需要大量的案例研究做基础。

(4)基于众创空间分布的研究。

各地积极响应和配合《指导意见》的精神,为了将众创空间的发展要求落实到位,各类众创空间得到井喷式发展,一时间百花齐放。众创空间的特色、发展规模与驻地的社会、经济、文化紧密相关,甚至同一城市内的众创空间分布也各具特色,研究众创空间的分布有利于了解发展区域经济和产业聚集发展,同时对城市规划也有一定的指导意义。朱寿佳和王建军等(2016)研究了广州市众创空间地理分布格局及其特征,并提出发展策略建议[32]。邬惠婷、唐根年、鲍宏雷(2017)使用量化分析研究了众创空间在我国的分布情况及因素、创客选择偏好[33]。李健(2017)研究了上海众创空间的分布格局,指出上海市众创空间的分布具有随机性,建议城市发展配合众创理念,结合功能性,合理布局[34]。Niaros(2017)等认为众创空间体现着智慧城市的包容性、参与性以及公平的愿景,一个地区众创空间的多寡也代表着上述理念的渗入情况[35]。我国众创空间的发展已经实现了各个省市全覆盖,但是当前研究对象多以东部沿海省市和中部经济重镇为主,然而经济欠发达地区更需要理论界的指导和科学的指引。

（5）对创新创业教育的影响的研究。

创客来源很大程度上依赖于每年几百万大学毕业生和广大各级学校在校生,为深刻贯彻双创精神、培育双创文化、培养青年双创能力,全国各级别教育机构开展了各种配合创新创业的教育改革,而众创空间的出现无疑对创新创业教育注入了新的意义。王占仁等(2016)通过对全国 6 个城市的 25 个众创空间的详尽调查,认为众创空间可以作为高等院校创新创业教育的实践阵地[36]。夏冬梅(2016)探讨了众创空间对在线学习的意义,以及建议根据创客空间的特点来设计课程[37]。任丹和何震(2016)总结了北京大学和清华大学的经验,总结出精神、协同、生态、特色等构建要点[38]。高校作为育人和科研机构,不仅为创客输送来源,还是创意的来源,未来研究应该集中关注在如何打破各个学科壁垒,让众创思想渗透到各个领域,用众创的精髓将各个学科横向连接、纵深发展,同时理论结合实际提高科研成果的转换率。在创客培养方面,研究从中小学、高职院校、到高等院校的各级教育实践方面一应俱全,例如刘正云和钟柏昌(2017)调查与分析了我国中小学为配合创客需求进行的教育实践[39];黄凤玲(2017)[40]、刘皓和陈志国(2017)[41] 分别对中职院校和高职院校如何开展创客教育和构建体系进行了探讨;杨岸(2017)研究了大学生创客教育的发展与对策[42],以及不同学科针对创客培养的教育改革等。

## 1.2.2　关于在孵企业的研究

目前聚焦在众创空间内,单纯研究由创客创办的创业型小微企业的相关文献并不多见,而主要研究众创空间由传统孵化器演变而来并结合了新型孵化器（例如车库、咖啡等）的特色,因此在众创空间所营造的特殊情景内的在孵企业与上述两种情景内的在孵企业具有同源性,同时创客是创始人团队的来源,创客本身的特点也代表了在孵企业创始人团队的禀赋资源,因此本书该部分的述评包含对普通在孵企业的相关研究以及针对创客群体的研究,研究视角包含了社会资本视角、知识视角、社会服务视角和互动视角。

(1)基于社会资本视角的研究。

社会资本分为结构维度、认知维度和关系维度三种维度。学者们在这三种维度对在孵企业的创业绩效和创新绩效的积极作用的认可度是比较统一的。Hughes 等认为孵化网络的作用在于组织实际活动(资源汇聚、知识获取)为在孵企业积累社会资本来提高在孵企业的成功出孵率[43]。刘红丽等学者(2014)探讨了这三种维度之间的互相作用,得出它们三者之间是正相关关系,并且强调关系维度对企业的知识获取影响最为强烈[44]。毕可佳(2016)通过建构在孵企业的社会资本与创业绩效影响的理论,提出这三种维度都会提高在孵企业的知识获取和创业绩效[45]。李振华等(2017)强调了社会资本积累的重要性,并提出在孵企业的资源和知识获取能力通过提升其社会资本积累,并促进稳定的合作关系,同时再次印证了刘红丽的观点(关系维度对企业获取知识的影响最大),更进一步影响创新绩效[46]。王国红等(2015)跳出三维度的视角,将社会资本分为个体社会资本和集体社会资本两类,指出个体社会资本通过联合价值创造这一枢纽环节推动在孵企业的成长,同时集体社会资本在各项活动中均起正向调节作用[47]。

(2)基于知识视角的研究。

没有学者会否认知识对企业发展的重要性。大量文献探讨了知识获取、知识共享的重要性和作为关键因素对企业各种绩效(创新、销售战略等)的影响及其中介调节作用等(刘红丽等,2014)[44]。然而,人类作为知识的载体,其主观能动性决定着知识存储最终能否转换成价值,所以方晓波(2015)在研究知识流通如何影响创新时,特别强调了在孵企业的学习意愿,只有在企业组织有强烈的学习意愿时知识流通才会发挥应有的作用[48]。当明确了知识的重要性和相关性,并且具备了强烈的学习意愿时,知识获取渠道便是接下来需要被明确指引的。Rubin(2015)等以澳大利亚和以色列的在孵企业为研究样本,认为从其他在孵企业和已出孵的企业身上可获得技能和市场方面的知识,科研院校对孵化晚期阶段的在孵企业的知识贡献大于早期入孵的企业[49]。石书玲(2017)举出了若干知识分享渠道,例如孵化管理方与在孵企业之间的互动、在孵企业之间的互动、与孵化空间外部机构的关系、各类沙龙活动和培训、知识分享文化的建立。通过问卷调查显示,孵化空间外部网络关系可以显著提高在孵企业的非财务绩效,而对其财务绩效未有积极影响[50]。

（3）基于服务需求视角的研究。

随着创新创业群体由精英转变到大众,人们跨界意识的提高和科技的发展使得不少行业的进入壁垒被打破,从而大大降低了创新创业的门槛。因此,由传统孵化器提供的一般性服务逐渐无法满足创客群体的多样化需求,如今发展良好的众创空间均向着某一专业领域深耕。一般来说,服务内容被分为两类:基础服务(包含办公空间、投融资服务、政策、政府基金、房租优惠等)和增值服务(管理咨询、人才支持、内外关系网络搭建、创新创业文化培育等等)。钟卫东等(2006)通过问卷调查了在孵企业对孵化服务的重要性排序,发现在孵企业对政策和投融资服务的需求最大[51]。这一点在十年后朱莉莉和单国旗(2017)的实证研究中仍未改变,并且两次研究中均发现在孵企业对管理咨询、构建外部网络关系等有助于非财务绩效提升的服务需求较弱[52]。这一点跟学术界重视社会资本构建的观点相左。目前学术界对在孵企业成立时间是否影响服务需求并无统一定论,钟卫东等(2006)的研究中未发现企业成立时间会导致需求差异[51],而曾贱吉和单国旗(2017)发现企业随着成立时间越长需求会慢慢减少,到一定程度再逐渐增加,即倒 U 形[53]。Vanderstraeten 等(2016)对巴西在孵企业的研究结果显示定制化服务在促进在孵企业成长过程中起中介作用[54]。

（4）基于互动视角的研究。

孵化的过程是一个动态的过程,众创空间管理方与在孵企业团队的沟通交流影响着出孵成功率,众多学者在孵化管理团队和在孵企业团队之间的交互方面做了丰富的研究。张力等(2014)基于孵化互动视角检验了金融服务、创业辅导服务以及外部关系网络在创业团队禀赋资源(创业经验、创业家庭支持等)和成功出孵之间的调节作用,虽然创业者或创业团队本身的资质决定着成功出孵与否,但在孵化期间的资金服务、创业辅导、外部网络构建等活动的参与确实对创业的成功起到积极的促进作用[55]。Lundqvist(2014)以瑞典科技在孵企业为研究样本,认为孵化管理方深入介入到在孵企业管理中可促进在孵企业的成长[56]。孵化管理团队和在孵企业之间的沟通交流质量还与双方的互惠诚信相关。费钟琳等(2014)发现互信互惠通过促进空间内知识共享对技术创新绩效起正向作用[57]。台德艺和徐福缘(2014)确认了孵化空间和在孵企业的共同演化共生关系,与其他研究不同,该项研究除了进一步证实了孵化作用可以促进在孵企业成长,同时也发现了孵化方对在孵企业也有阻滞影响,正是因为促进与阻滞同在,孵化方与在孵企业才会通过合作达到均衡状态,孵化方的价值由在孵企业的价值来体现[58]。在孵企业与孵化管理团队的互动程度和方式与该企业的发展阶段有关,李浩和费良杰(2017)把在孵企业的创新阶段分为开发、推广和商业化三个阶段,把孵化管理分为权威、契约、和信任三种类型[59]。不同阶段需要配合不同的管理模式,比如在开发阶段需要配合权威式管理,而契约和信任类型管理则在推广和商业化阶段起积极作用。

(5)基于创客的研究。

众创空间的价值体现在于创客以及创客团队的创意项目成功创造了社会价值,以及解决了消费者痛点,众创空间以创客的存在而存在,创客以众创空间为载体进行将创意转化成产品再体现价值的活动,也就是说众创空间与创客之间决不能是对立关系,而应该是共生、互惠、共赢的关系。然而当前我国对众创空间的研究大多基于空间平台的视角,对创客群体的研究文献比较少,现有文献中有提到创客群体的部分,比如高思卿、王嘉欣、洪亘伟(2017)在研究不同利益相关者的众创空间政策需求时分析到创客群体对当前政策的满意度[17]。邬惠婷、唐根年、鲍宏雷(2017)在研究众创空间在我国分布情况的同时,调查了创客对众创空间驻地的选择偏好等[33]。纯粹以创客视角或者以创客为对象的研究比较稀缺,且重点放在创客的创业创新动机以及创客之间的交流领域的研究,比如张玉臣和周宣伯等(2017)将外部环境分为辅导、对接软硬件支持、社会对创客的认知度和尊重感等三部分,然后分别研究了各个分类对创客的创新创业动机和学习积极性的影响[60]。陈佳奇(2016)以 A 众创空间为例调查了创客之间的互动情况[61]。邢彩霞(2017)针对虚拟社区的特点研究了影响创客间知识共享的因素[62]。

### 1.2.3　关于企业成长能力的研究

在共享经济的大潮推动下,企业单纯依靠规模经济已经越来越难维持竞争优势,那些维持中小型规模的企业表现出强劲的成长势头,企业间的竞争更多的变成现在成长能力之间的竞争,而非规模竞争。因此企业成长能力一直是国内外学者的研究热点。目前关于企业成长能力的研究主要包含以下几个方面。

(1)企业成长能力的内涵。

在先前的文献研究中,企业成长能力有时也被称作企业成长力,但是对二者的概念界定大致相同,因此本研究统一称为企业成长能力。Philipsen(2003)认为企业成长能力是帮助企业成长的能力,是企业应对动态环境的基础[63]。李柏洲(2004)认为,企业成长能力是一种包含了改善、整合和适应的综合能力,即通过对组织结构的改善、对资源的整合、对环境和风险的应对,使企业达到资产增加、规模扩张等成长目标[64]。汤学俊(2005)认为企业成长能力来自内外部的合力,相对于竞争对手来说更具稀缺性、不易模仿和不可代替性的独特知识;企业成长能力的水平由四个基本能力(制度力、产业力、技术力、市场权力)之间的互相作用决定着[65]。Brink(2007)认为企业的能力来自个人能力或资源的转化,个人成长能力与企业成长能力息息相关,众多员工的能力汇聚成企业成长的特定能力[66]。李允尧(2007)认为企业演进过程中积累的知识和技能构成了企业成长能力,它影响着企业的成长路径和界限,它代表着企业的发展潜力[67]。张洪波(2012)肯定了汤学俊的观点,认为企业成长能力来自内外部的影响,同时认为企业成长能力还包括进化能力,企业以此来选择其成长模式[68]。李建桥(2013)认为企业成长能力反映了企业发展速度和未来增长趋势,是一种综合能力体现,它主要通过市场拓展、组织经营管理、协调与利益相关者的关系以及资源配置等活动促进企业持续成长[69]。

(2)企业成长能力的构成。

关于企业成长能力的构成方面,研究者通常将其划分为三到四个层次。Philipsen 等(2003)认为企业成长能力根据不同的功能可分为企业管理能力、资源获取能力、转换能力以及输出能力等四个方面[63]。范明(2004)以产业力、技术力、制度力和市场权力四种能力为基础,构建了企业成长能力的结构模型[70]。计东亚(2012)通过对创业企业的研究,认为企业成长能力包含生存能力、占位能力以及突破能力[71]。林晓艳(2014)认为房地产企业的成长能力可分为市场能力、创新能力、组织管理能力以及网络能力四类[72]。李建桥(2013)通过对既定产业、现有产业、未来产业的分析,认为企业的成长能力应该应对这三类产业的需求,因此企业成长能力应包含企业能力、竞争能力和创新能力[69]。庞敏(2015)认为科技型小微企业的成长能力包含企业盈利能力、运营能力、偿债能力以及发展能力四方面[73]。

(3)企业成长能力的影响因素。

王佳琳(2011)认为网络、资源、组织结构以及公司治理是影响企业成长能力的五种关键因素[74]。李洋和余丽霞(2012)认为盈利能力是对企业成长能力影响最大的因素[75]。李鸿渐和夏婷婷(2013)通过对创业板上市企业的成长能力研究中提出财务能力、运营能力以及获利能力对上市企业的成长能力影响显著,而企业规模、偿债能力以及市场表现对其成长能力的影响不显著[76]。杨楠(2014)认为影响因素因企业所属行业的不同而不同,比如关系融资对高新技术企业成长能力的影响高于对传统中小企业成长能力的影响[77]。还有一些研究者认为企业的资源直接影响企业成长能力的提升,其中高层管理的人力资源特征以及政府资源显著影响着企业成长能力,在政府资源这一方面,税收优惠的影响要大于政府补贴或基金支持(吴斌等,2011;李旭红和马雯,2014)[78][79]。Coad 等(2016)认为企业成立时长对其成长性有影响,其研究结果证实成立时间较短且成长率较高的企业从研发中获得较高的收益,成立时间较短的企业比成立时间较长的企业承担更高的研发投资风险[80]。Boubakri 和 Saffar(2016)认为,在金融服务水平欠发达国家或地区,企业管理者的个人主义与企业成长力成正比[81]。

(4)企业成长能力的评价。

学术界对于企业成长能力的量化测量尚未形成统一的体系或标准。总体来看,目前的企业成长能力的评价研究主要有三种方式,即采用单一指标、同层面的不同指标或者采用指标体系。单一指标主要有:员工人数增长、销售额、收入增长率、业务收入、技术效率。同层面不同指标主要有:资产市价与账面价值比、权益市价与账面价值比、收益与市价比、固定资产的资本性支出、托宾 Q 值等[82][83][84]。采用指标体系方面,刁兆峰和黎志成(2003)构建了三层企业成长能力评价体系,即包含了协调性、适应性、成长性以及再生性四个方面的一级指标;二级指标是对一级指标的具体化,包含 13 项指标;三级指标是对二级指标的进一步具体化,包含 37 项指标[85]。游坚平(2010)以环境适应能力、决策能力、资源能力、执行能力、创新能力五个方面构建了企业成长能力评价体系[86]。张玉明(2012)从仿生学的角度构建了中小企业成长能力评价的 12 个评价模块和 27 项指标[84]。范家福等(2013)构建了烟草企业成长能力评价体系,包含了盈利能力、运营能力、综合管理能力、人力资源能力、企业文化能力五个项目的一级指标以及 29 项二级指标[87]。段改茹(2014)构建了盈利能力、企业家能力、职工能力、技术创新、运营能力、文化能力等六个方面的中小企业成长能力评价体系[88]。Mathivathanan 等(2017)采用灰色层次分析法来评价供应链企业的动态能力[89]。Scarpellini 等(2018)以西班牙企业为样本,采用偏最小二乘法和结构方程模型(PLS-SEM)测量了金融资源的不同维度,研究指出不同维度的金融资源对企业的创新投资与管理有影响,因此管理层可根据此测量阶段进行金融决策[90]。

### 1.2.4  研究述评

综合上述研究现状,可看出我国目前对众创空间的相关研究热情高涨,然而研究过于表面化,以现象描述和探讨为主,当然这也符合对新生事物或现象的研究规律。对在孵企业以及创客群体的研究多关注在外部环境对其的影响,比如所提供的服务(学习机会、信息渠道等)、政府给予地政策指导、民众对之的看法,和在孵企业及创客之间的正式和非正式互动交流,重视孵化网络内起调节作用的中介因素已经成为研究趋势。然而,在孵企业与创客团队在对孵化服务态度上与学者们的研究结果并不完全一致,比如学界早已对知识共享、社会网络关系、互惠共生关系的重要性不言而喻,但在孵企业的创业团队依然对能在财务利润上取得立竿见影的帮扶项目最感兴趣,对于知识共享、关系的建立和维护、文化培育等非财务项目不以为然,这点说明创业团队普遍来说心态浮躁,缺乏长远目标和战略眼光。

基于众创空间的在孵企业成长能力研究同时涉及众创空间孵化情景、在孵企业以及企业成长能力的相关问题。从现有研究文献来看,随着众创空间在创新创业活动以及扶持小微企业方面的作用越来越被认可,学者们在不同角度和层次上对众创空间以及在孵企业进行了深入的研究,并且其研究呈现出不断深入和细化的过程。一些学者也关注到了在孵企业的成长绩效问题,为基于众创空间的在孵企业成长能力研究提供了有价值的启发。然而,从整体来看,目前的研究尚存以下问题。

(1)缺乏成长能力机制的研究。

企业成长能力是促进企业在下述三个方面有优秀表现的能力:资源与能力"量"与"质"的增长;与所在环境互动过程中的主动适应和被动适应的相统一;不断突破、打破惯例依赖以及保持竞争优势的核心竞争力。目前的研究较多集中在成长能力的测量、评价、构成、影响因素以及财务和治理结构方面的实证研究,而对成长能力的机制研究较少,比如成长能力的形成机制、构成要素之间的作用机制、培育机制等。企业内部的机制是企业内在机能及其运行方式,即经营过程中各个环节内部以及环节之间相互关联、互相制约的工作方式总和。机制之所以重要,是因为资源(人、财、物)的输入需要经过机制的运作,输出产品或服务,然而等量的资源输入在不同的机制上运行,会输出不同的结果。这些无法直接观察到但对企业成长至关重要的问题值得理论界持续、深入研究。

(2)缺乏动态视域下成长能力的研究。

先前的研究对企业成长能力的内涵、构成、测量、影响因素以及能力分层划分等方面取得较为丰富的成果。然而,不同研究者的研究立足点与视角存在差异,导致企业成长能力构成问题方面的研究往往思路不同,结论也随之不同。尤其是在对能力层次划分这方面存在多种观点,从二层分法到五层分法不等,但这其中更多的是基于某一种单独能力对企业成长作用机制的研究,鲜有将这些能力与企业成长过程结合起来的研究,相对缺乏对于几种成长能力在不同发展周期阶段的相互关系的研究。单一能力对企业的成长现象只能起到部分解释力,而企业综合成长能力与企业成长周期的关系,以及以动态视域在一定成长周期内各类能力之间的关系等研究理应是下一步深入研究的领域。

（3）缺乏基于众创空间的在孵企业成长能力的研究。

从现有的研究成果来看,鲜有对在孵企业成长能力的研究。从 1987 年武汉东湖诞生了我国第一个企业孵化器,由孵化 1.0 时代的传统孵化模式发展到现在以众创空间为代表的孵化 4.0 时代,孵化已经在我国发展了三十年。学术界的研究视角经历了从孵化方到被孵化方,研究多集中在对孵化绩效的影响和评价、孵化服务的内容及评价、孵化网络对创业型小微企业创新、知识共享以及社会资本等方面的贡献。但关于孵化网络对企业成长能力的培育及提升却鲜少涉及。在为数不多的文献中,学者的关注点多聚焦在在孵企业单一能力（比如学习能力或知识获取等）的培育方面,较少关注在孵企业成长能力整体提升的系统性研究上。陈颉与李娜认为（2013）[91] 现阶段我国孵化网络可增强在孵企业的技术学习能力,但对其技术搜寻能力和创新能力的提升和帮扶作用不显著。胡小龙和丁长青（2013）[92] 认为孵化网络能够积极促进知识向在孵企业转移方面。

在孵企业成长能力对企业出孵后自立于市场,发挥对社会经济的作用至关重要,同时也是孵化方价值的体现。此外,以众创空间为代表的孵化 4.0 时代,与以往相比增加了网络复杂性以及孵化手段的多元化,因此在孵企业成长能力的生成、培育及提升理应成为学术界重要的研究方向。

# 1.3　研究思路及研究方法

## 1.3.1　研究思路

在孵企业成长能力是基于众创空间的在孵企业实现成长的决定性因素。本书依托经济学与管理学的相关理论和方法,以"成长环境——能力结构要素——能力作用机制——能力培育与提升"为研究逻辑,对基于众创空间的在孵企业成长能力进行系统性研究。主要包含以下几个方面:首先对国内外相关理论进行梳理和简述,界定众创空间、在孵企业、在孵企业成长能力的概念和特征;然后对在孵企业成长环境进行分析,即分析众创空间的组织结构、运行机制、与在孵企业的互相作用机制、在孵企业成长能力形成机制、众创空间孵化周期并构建孵化链运行机制。其次,分析基于众创空间的在孵企业成长能力构成要素和维度,构建在孵企业成长能力结构框架和要素框架。再次,进行实证研究,检验本书研究假设,同时,探讨动态视域下基于众创空间的在孵企业成长能力的作用机制。最后,根据创业型企业成长能力的成功经验,提出基于众创空间的在孵企业成长能力的培育目标、陷阱、模式及提升路径等。

### 1.3.2　研究方法

（1）文献分析。

文献分析法作为一种研究方法,主要针对某一项研究主题的相关文献进行搜索、筛选以及整理,并对文献内容进行系统而客观的分析来获取信息,帮助对事实构建科学的认识。文献分析法不同于文献综述,文献综述也不是文献分析法的产物,因此文献分析法的结论报告并不是文献综述。本书采用该方法主要用来提取以往研究中成长能力要素和维度层次。

（2）专家咨询。

为了使构建更具代表性,并且符合基于众创空间的在孵企业实际情况的在孵企业成长能力研究量表,本书笔者在参考前期学者的研究成果基础上,征求并吸收了企业管理领域相关学者以及众创空间孵化方管理人员的建议。

（3）调查研究。

本书笔者通过问卷调查、专家咨询以及实地调研,获得了一定的一手资料,并对搜集到的案例及数据等进行分析和归纳,丰富了本书的写作基础。

（4）多案例研究。

本书笔者选择了同属一个众创空间并且处在不同孵化周期阶段的四家在孵企业作为案例,通过资料分析、观察、访谈,对动态视域下案例在孵企业的成长能力的作用机制进行系统分析。

### 1.3.3　结构安排

第一章绪论:

该部分主要分析了基于众创空间的在孵企业成长能力研究是在各种背景下,顺应实际发展需要而展开的研究,是具有理论和实践意义的研究。绪论部分还包含国内外众创空间、在孵企业、企业成长能力的相关研究成果和研究评述，以及本研究的研究思路和技术路线。

第二章相关理论基础：

本书该部分对孵化理论、企业成长理论、企业能力理论进行梳理，并对众创空间、在孵企业、在孵企业成长能力进行概念界定，该部分还包含理论述评。

第三章基于众创空间的在孵企业成长环境分析：

本书该部分主要分析在孵企业成长环境，即众创空间的结构、组织运行机制、与在孵企业之间的互相作用机制、在孵企业成长能力的形成机制、孵化周期的划分和阶段特征，以及众创空间的孵化功能，最后构建孵化链运行机制。

第四章基于众创空间的在孵企业成长能力的结构：

该部分总结了基于众创空间的在孵企业成长能力结构要素以及能力层次，深入分析了成长能力各个要素的内涵，构建基于众创空间在孵企业成长能力框架并提出研究假设。

第五章基于众创空间的在孵企业成长能力实证研究：

该部分主要阐释研究样本的选择，调查问卷的设计和收集情况，对问卷数据进行信效度检验，在此基础上进行验证性因子分析，然后用结构方程验证在孵企业成长能力框架，同时以方差分析检验定类变量对成长能力的影响。

第六章动态视域下基于众创空间的在孵企业成长能力作用机制：

该部分采用多案例分析法，对比同一个众创空间的四家在孵企业，对孵化周期中在孵企业成长能力之间的相互关系，以及不同成长能力在孵化周期阶段的动态性进行探讨。

第七章在孵企业成长能力培育的成功经验及提升建议：

本书该部分通过梳理与总结创业企业成长能力培育的成功经验，提出提升成长能力的建议。

第八章基于众创空间的在孵企业成长能力培育与提升：

本书该部分提出基于众创空间的在孵企业成长能力的培育目标、需要注意的培育陷阱、能力培育模式及提升路径。

第九章结论与展望：

本书最后一部分对全书观点进行概括，总结出本书的创新点、局限性并对未来研究进行展望。

### 1.3.4 技术路线

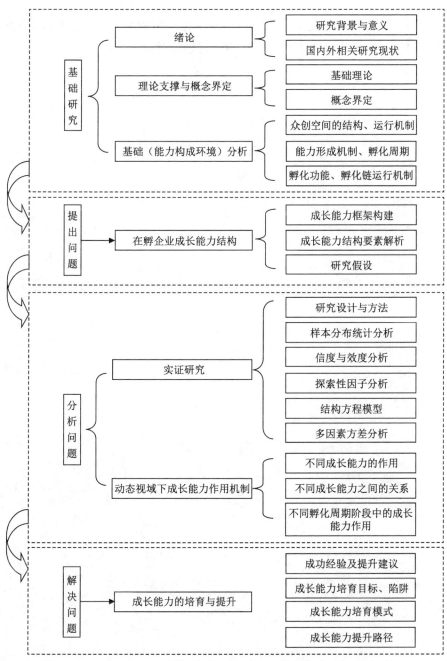

图 1-1 基于众创空间的在孵企业成长能力研究技术路线图

# 1.4　本章小结

　　本章为全书的绪论,是对本书总体的概括性介绍和展开分析的基础,介绍了研究背景与意义、国内外相关研究现状和研究思路及研究方法。

# 第2章

# 相关理论基础

为了深入研究和理解基于众创空间的在孵企业成长能力，以及为本书研究提供理论基础，并且为界定在孵企业成长能力构成要素提供科学依据，同时为了建构在孵企业成长能力结构框架、能力要素、能力培养和提升等领域提供方向性指引，本书该部分将梳理和分析相关理论，进行众创空间、孵化理论、企业成长理论以及企业能力理论的融合研究（参见图2-1），在此基础上界定基于众创空间的在孵企业及其成长能力。

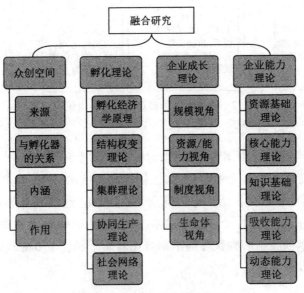

图2-1　相关理论基础结构图

# 2.1 众创空间

要系统研究众创空间,就不得不从传统孵化器的发展开始,因为众创空间常常被认为是传统孵化器的升级版或延伸版等[93]。因此为了深入探寻众创空间的由来和本质,本章将从四个方面来阐述众创空间的相关理论,即从孵化器到众创空间、众创空间与传统孵化器的关系、众创空间的内涵以及众创空间的作用。

## 2.1.1 从孵化器到众创空间

众创空间自 2015 年被提出至今三年有余,而中国第一家孵化器自 1987 年在武汉成立以来,发展至今已满 30 载,其中一些孵化器已经转型至众创空间,并且在创新和知识溢出等方面都起到集群效应,如果说众创空间从传统孵化器演化而来,也不无道理。因此,理清孵化器在我国的发展历程以及演化到众创空间的过程,有助于研究众创空间的本质内涵。本书认为众创空间是孵化 4.0 时代的新型孵化器,由孵化 1.0 时代的传统孵化器演化而来,其演化过程参见下图 2-2。

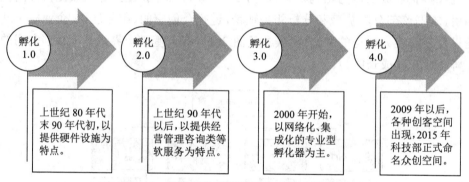

图 2-2 传统孵化器到众创空间的演化过程

(1)孵化 1.0 时代。

20 世纪 80 年代末,中国科技部(当时的国家科委)颁布实施"火炬"计划,要建立具有中国特色的科技企业孵化器,以扶持高新技术产业。这类孵化器主要以低廉的价格,甚至免费提供诸如办公场所、共享设施、通讯服务等基础设施,这大大降低了一般中小企业的日常运营成本,吸引了大批初创中小微企业入驻。以武汉东湖新技术创业中心为代表的早期孵化器属于孵化 1.0 时代,其特点就是以提供硬件基础设施为主。

（2）孵化 2.0 时代。

20 世纪 90 年代，由于国家出台了一系列鼓励政策，孵化器在中国各地兴起。国家为有效治理孵化器，按照不同服务质量制定了级别标准，并以此将各地孵化器分成国家级和地方级两个层次。此时，各地孵化器在提供硬件设施的基础上，增加了经营管理类的咨询服务，比如人力资源、法务和财务等软性服务。软性服务的出现是孵化 2.0 时代的特点。

（3）孵化 3.0 时代。

以上两个时代，不管是硬件基础设施的提供还是软性服务的提升，孵化器所能提供的都是适用于一般企业的通用型服务，因此孵化 1.0 和 2.0 时代的孵化器可以统称为综合型孵化器。世界企业孵化器与技术创新大会于千禧年在我国上海召开，大会倡导要大力支持专业性孵化器。从此，我国出现了各种行业的专业孵化器，如电子信息类、新材料新能源、生物医药、海洋技术等。相对于综合型孵化器，专业型孵化器侧重于提供针对特定领域的、有别于其他行业的专业服务和培训，重在培养在孵企业的技术专长和优势。随着网络时代的到来，专业型孵化器的建设日臻成熟，各个专业型孵化器之间交流增多，呈现出网络化和集成化发展。

（4）孵化 4.0 时代。

从 20 世纪 80 年代末至 2009 年期间的三代孵化器所服务的在孵企业均属于高端科技产业，创业者属于通晓行业技能的精英阶层，创新的方式主要是技术创新。创新创业的门槛较高，离普通大众有一定距离。2009 年以后，在北上广深沪宁杭等一、二线城市出现了一批具有孵化功能的新型物理空间，例如，创新工场、新车间、柴火创客空间、洋葱胶囊、车库咖啡、3W 咖啡、优客工场。我国科技部就是在调研了上述各地的新型孵化器、创客空间、咖啡、车库等创新创业服务机构的基础上提炼出众创空间这一独具特色的概念。

### 2.1.2 众创空间与传统孵化器的关系

结合上文对传统孵化器到众创空间演化过程的梳理，本书认为众创空间与传统孵化器之间具有包含被包含、相互区别、相互补充以及相统一的关系。

（1）众创空间包含传统孵化器。

众创空间之所以成为一种现象和一种实施共享经济的重要阵地[155]，主要是因为它重新定义了工作与生活，将曾经割裂开的二者融合在一起，众创空间概念中的全要素除了包含创新创业服务的全要素，更包含了创新创业者们工作、生活、社交、娱乐、商业的全要素。其概念中所强调的便利化，除了满足创新创业者们工作方面的便利，更是要节省处理工作之外琐事的精力，解决他们的后顾之忧。所以众创空间发展的终极目标是打造一个互联、开放、共享、宜居的综合生态圈[95]。

可见，众创空间本身同时具有创业能力和创新创意商业化两种孵化作用，当前具备孵化功能的空间名称繁多，如孵化器、加速器、科技园、创意园、产业园、创业中心、创客空间、创客咖啡、车库咖啡等。虽然各种名称不同，但是他们都提供相似的服务，从更广泛的范围来看这些物理空间的功能都是为了孵化出成功的创业项目、帮助在孵企业提升成长能力顺利出孵、带动区域经济繁荣、增加社会效益等。物理空间的性质不是由名字决定的，而是由它们的功能来决定。属于孵化 4.0 时代的众创空间不仅仅覆盖了前三代的综合型服务和专业型功能，还具备了之前孵化器所没有包含的服务。因此本书认为从功能上讲，众创空间与上述物理空间以及前三代孵化器是包含与被包含的关系（参见图 2-3）。

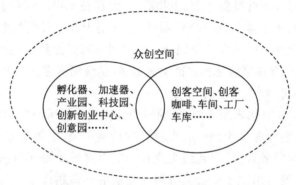

图 2-3  众创空间与孵化器的关系

（2）众创空间区别于传统孵化器。

众创空间除了顺应时代需求，补充了传统孵化器所缺少的部分，还在以下四个方面与传统孵化器有区别：

首先，发力点不同。传统孵化器完成三个阶段的演化实现了创业全过程的服务，但在整个服务链的每个节点都是力道相同的作用，也就是说这是一条标准而统一的均衡各个节点的服务。这种创业全链条的服务看似很完善，实际上实施起来也需要各种技能的配合，但并不能取得直接的孵化绩效，也就是说不一定会直接提升在孵企业的成长能力。而众创空间在创业链条的前端，即创业项目的创意产生的阶段，就已经开始介入，通过跟导师交流、参加沙龙和培训等，不断打磨创意，把创新想法转变成可实施的创业活动方案。在创新创业的全过程价值链的各个节点上，众创空间根据不同的项目匹配不同的资源，相对于传统孵化器的均衡发力,众创空间讲究的是按需匹配的定制化服务。

其次,主导主体不同。传统孵化器主要由政府出面主导,政府打包一切,孵化器的牵头主体也包含了知名企业或者学校等研究机构,但孵化器管理团队需要首先符合主管政府部门的规定来管理对在孵企业的创新创业服务。而众创空间的特色就是集中社会力量来构建创新创业平台,主导主体多元化(除了知名企业和学术机构主导,还包含媒体、金融机构等民间和个人主体)彻底呈现"大众的"含义,政府只是起到保障和监督的作用。

第三,盈利模式不同。一般传统孵化器都有政府基金补贴,提供的办公场所租金低廉,但再低廉的场地租金费用也构成了传统孵化器的主要收入来源。而众创空间实行会员制度,创客们带着创意缴纳会费入驻空间成为在孵企业,使用空间提供的各种设施;众创空间挑选具有潜力的创业项目入股投资,分享红利,或者帮助创业项目完成一轮轮融资。相对于传统孵化器来说,众创空间的收入比较多元化。

最后,表现形式不同。传统孵化器的表现形式相对单一,一般来说均由政府出资建设孵化基地,孵化器兼具扶持科技型中小企业和发展我国科技创新的任务,所以那时的创新创业中心、工业园、科技园以及产业园等的建设不管是从物理空间还是软性服务基本大同小异。而众创空间的表现形式就比较多元化,比如实验室、工坊、作坊、咖啡、旧厂区改造。

(3)众创空间和传统孵化器互补。

众创空间与传统孵化器在功能上有重叠的部分(对创业项目的孵化功能),同时也有互补的方面。主要的互补体现在以下三个方面:第一,上文所提到过的,众创空间在创业项目前端的延伸。第二,在创新创业者的来源方面,传统孵化器中的在孵企业创始人基本来自高科技领域的精英阶层,创新创业对于一般大众来说既有资金的限制,更有专业知识的门槛,而众创空间的创客来自大众草根,创新创业的创意想法来自创客本身的兴趣。第三,创业项目并不局限在高科技领域,而是涉及人们新时代生活的方方面面。因此可以说,众创空间即延伸了创新创业孵化价值链链条,又拓宽了孵化对象的来源,还丰富了可孵化的创业项目。

(4)众创空间与传统孵化器相统一。

众创空间作为实施共享经济的重要领域之一,在新旧动能转换,培育创新创业文化氛围,活跃区域经济中起着无可代替的作用,它既是新经济的表现形式,又是发展趋势。虽然,目前有一些传统孵化器已经转型或更名为众创空间,而且也有一种众创空间必将取代传统孵化器的趋势,但这并不能断言众创空间和传统孵化器是矛盾的。现阶段是成熟发展的传统孵化器和处于初级发展阶段的众创空间的共存时期,它们的出现都是顺应当时时代的特殊需求。20 世纪 80 年代末,我国市场经济体制发展不完善,政府牵头主导一切,传统孵化器以相对保守的稳健方式发展孵化器扶持高科技企业,有利于集中力量办大事,这是符合当时时代背景的选择。而近十几年,我国市场经济体制发展日臻完善,各项监管放宽,政府放权减政,人民大众参与体验创新创业的需求、热情以及相关技能均大幅提高,所以以满足多样化需求、服务长尾市场、提供宽松氛围以及柔性服务的众创空间应运而生。而且根据我国目前发展不均衡的情况来看,众创空间也不是适合所有地区,所以这种共存现象将会继续持续一段时间。根据前三代孵化器的演化过程来看,众创空间未来也会走上专业化发展的道路,传统孵化器为增强竞争力顺应时代潮流也会并轨到众创空间的发展中来。因此,众创空间和传统孵化器最终是相统一的。

### 2.1.3　众创空间的内涵

众创空间超越了上述三代孵化器的范畴,此时不管是综合型还是专业型服务都已经不是孵化空间的竞争优势。众创空间整合了各种创新创业资源,以线上线下结合的方式开放给创新创业者,降低了创业门槛,拉近了创新与大众的距离,创造了新时代创新创业的良好文化。

在移动互联网时代,企业的边际越来越模糊,传统企业之间的竞争将转变为平台与平台之间的竞争,从个人到各种类型的企业都将平台化生存,在未来或者做平台,或者平台化生存[96]。王节祥(2016)的研究中确认了众创空间的平台属性,并进一步将众创空间定义为一种双边创新型平台,通过引入第三方服务激发跨边网络效应[23]。刘志迎(2015)认为众创空间的主要作用是提供开放式、全要素、低成本、便利化的创业服务[97]。而"众"字还包含了两个核心含义:① 万众创新,指的是创新活动的大众化。② 大众创业,指的是创业活动的大众化。所以说众创空间的核心作用是通过创业活动将创新思想商业化,创造社会与经济价值。因此,创新与创业是众创空间的两大核心功能。建设众创空间是实现共享经济的方式之一,众创空间内的协同、联合、共享、创新民主以及创业民主等环境符合共享经济应用领域的特征[94]。

概言之,众创空间是在"互联网＋"背景下,为符合新时代创新创业的特点,顺应草根化创新创业需求以及共享经济大趋势下,通过市场化机制、专业化服务和资本化途径构建的低成本、便利化、全要素、开放式的,并且将创新创业结合、线上线下结合、基础与增值服务结合的,为满足各类创新创业者的工作、社交、资源共享等需求的服务平台。

进一步讲,本书认为,众创空间是一种"P to b"平台(Platform to business),即"大平台 to 小业务",大平台拥有沉淀数据和挖掘数据的经验和技术,构建规则,搭建生态基础设施;小业务负责提供专业服务,像 U 盘与操作系统的关系一样,众多小业务之间,小业务与大平台之间共生互惠共赢。比如,韩都衣舍的智汇蓝海便是基于韩都衣舍在电商平台企业中的成功经验成立的众创空间,为入驻的在孵企业提供打造互联网品牌的服务、共享供应链支持、植入生产小组的企业文化等支持,培育出铁牛养车、找化客、烩道等成功企业。小米生态链三年孵化了77 家企业,小米提供客户数据、供应链支持、为生态链企业融资信任背书、电商交易平台等支持,以华米、智米等为代表的生态链企业打造独立品牌、自负盈亏,小米与众生态链企业构成了以米粉为社群的生态圈。上文中提到的小业务包含了具有专业技能的个人和创业小微企业,因为首先众创空间本身提供的孵化服务包含了从创意到创业到创造社会价值的创新创业全链条孵化服务,那么带有创意想法的个人以及刚刚创建的小微企业都是众创空间服务的对象;再者一些个人创客以专业技能在创新创业服务平台上注册,并以此发生交易获得报酬,这其实等同于完成一项业务,所以本书所讲的小业务包含个人提供的业务。比如线上一站式众包服务平台——猪八戒网,注册企业超过 700 万家,注册的个人设计师超过 100 万,这里的个人不能算 C(Customer),因为他们提供设计方案赚取报酬,所以每一项交易都是一项小业务,所以叫小 B(Business)。

### 2.1.4 众创空间的作用

民主化和开放化的创新创业使得众创空间在区域性的经济、文化以及教育等方面的可持续发展起着不可估量的作用。

众创空间是催生创新创业人才的摇篮。近几年来,众多热衷于创新创业的年轻人,紧随大数据技术改造传统制造业的潮流,用自己的"桌面工厂"生产出大批新型产品,颠覆了传统制造方式、消费模式以及投融资方式。创新创业已经成为青年一代的生活方式之一,在创新创业过程中历经困难、执着向前的过程已经成为一种享受。

众创空间孕育创新创业人才主要通过以下三种方式:首先,众创空间助推领先用户的创新创业发展。领先用户又被称为天使消费者,主要是指那些引领市场需求的超前用户,他们热衷于交流产品体验参与产品升级[156]。用户在同一空间工作、创作、交流,成员们有更多的机会修正产品、审视自己的需求、修正制造新产品的过程。有研究发现,数字化的普及和交流成本的降低引领了用户创新平台的指数成长[157]。很多成功的计算机程序项目均由用户开发,这主要是因为创造所需要资源(如开源代码等)在更早的时候就比较容易获取。众创空间使得民众更方便地接触到更多制造工具,所以众创空间与创客之间的互动直接催生更多的领先用户投身创新。其次,有些用户会积极地以解决自身需求为目的进行创业,比如美国的慢跑推车、免提婴儿水瓶等都是用户为解决自己需求而制作的产品。学术界将该种创业称为偶然性创业(Accidental Entrepreneurs)[158],因为他们通常只关注解决自身需求,而不是先关注是否市场有同样的需求。最后,有研究表明,传统创业的想法源于创始人先前行业的工作经验[159]。不少创业企业是从现有企业剥离出来的,在当前员工的带领下进入相关领域。经验创造了有用的知识,同时也阻挡了以多元角度审视本行业发展的可能性。尤其是当发现问题和解决问题的路径非常固化的情况下,开发一种新颖的方式就变得尤其困难。这种趋势在众多小微企业主中同样普遍,他们选择创业的行业都是与以前的工作经历相关,同时创业的动机更多是希望自己做老板,而不是为了实现一项创新。众创空间与创客之间的互动激发了多元化的创业动机和途径,在延伸传统创业的基础上,鼓励更多创新者投入创业活动,将创新思想通过创业活动实现社会价值。

众创空间提升小微创业企业的成活率。国际研究表明,企业成立的第一个五年内是最苦难的时期,一半的企业活不过五年,日本、欧洲的小微企业的生命周期通常可达到12年,美国可超过八年,而我国只有三年,如果有相关的指导和扶持,超过5年的小微企业可提高到80%[160]。根据最新《中国火炬统计年鉴》全国众创空间总数共计4298家,2017年当年服务的创业团队和初创企业超过27万个[8]。众创空间之所以能够切实提高在孵企业的成功率,主要在于它提供了产品或从构思、设计、制作、到第一批用户体验反馈等全过程的服务。同时创客之间的交流可以快速给出反馈。这些益处都没有办法从一个常规的传统设计公司得到。通过在众创空间的打磨,这些产品或服务的雏形可以以更好的功能性来寻找资金支持,同时更重要的是一个产品或服务从创意到样品到成品到去产生价值的全过程的成本得到了最大限度的控制。

众创空间造就新兴产业。在新兴技术产业化的过程中,一批新产品作为新技术的载体在市场中取得巨大成功,新兴产业不断涌现,奠定了当今产业变革的基础。技术发展日臻精湛为产业融合提供了物质基础,产业融合催生新兴产业,新兴产业的飞速发展倒逼技术不断创新。随着众创空间的不断发展壮大,大批新型产业不断涌现。信息技术的发展,颠覆了传统的经营模式,与传统经营相比,新业态体现出虚拟化、数字化、个性化、体验化等特征。比如,文化创意产业与信息技术的融合发展催生了动漫、游戏、新媒体、绿色印刷、在线出版等新兴文化产业。又比如,大数据和金融业的融合创造出众筹等互联网金融模式;移动通信与卫星定位技术的融合创造了汽车导航、车联网等新业态。

"大众创业、万众创新"的时代就是全民参与创新创业的时代。全民参与意味着创业主体由少数精英转变为大众草根,创业资源由政府主导转变为社会或民间引领,创新模式从实体转变成"互联网＋"模式,创新领域从传统领域转变成战略性新兴领域,这一创新创业的大潮流中,在众创空间的支持下,必然会出现颠覆传统的创新创业者,也就是说在众创空间孵化情景中的在孵企业中定会出现小众市场的领军企业,就是所谓的"池中大鱼"。

众创空间是创新创业文化的沃土。文化驱动创新,创新驱动发展。发展众创空间,促进创新创业,就要从源头上培育创新创业文化土壤。当前创新创业氛围浓郁、资本聚集,众创空间提供的灵活、自由、宽容的环境是创新文化诞生的基础。推进创新需要协调众多要素,包含政策制度的突破、科技的进步、思维意识的变革等。宽容的创新创业文化的核心就是对失败的宽容度。众创空间鼓励积极尝试各种问题解决方案,鼓励不断试错。在一个积极且宽容的环境中工作,有利于人们以积极的心态面对创新中的未知。创新常常在正式开发之前需要长时间的孵化。同时也有一些创新是瞬间发生的。所以耐心在创新创造的过程中是必须的。

## 2.2　孵化理论

为了完善众创空间与在孵企业的研究,探寻孵化背后的支持理论是非常重要的。研究经过了从描述孵化现象到解释孵化器、创客空间、众创空间出现的政治、经济、社会等原因再到分析孵化情景与成功出孵之间的关系。多年来,不少管理理论可从各种角度对孵化现象进行理论化的解读。本书认为孵化理论包含了孵化的经济学原理、结构权变理论、集群理论、协同生产以及社会网络理论。

### 2.2.1　孵化的经济学原理

由上文对众创空间与传统孵化器的关系阐述中可知,众创空间包含了传统孵化器的部分,所以本书将早期针对孵化器的孵化理论研究纳入进来。

孵化现象的出现源于这样的逻辑:企业创建早期是整个企业生命周期最为关键的时刻,企业能够顺利渡过就会大大提高成活率。总的来说,实现盈利是企业存活下去的根本因素,收入与成本是能否盈利的直接因素,如果在企业创建早期能够降低成本,无疑对企业的存活有直接的帮助。企业孵化就是通过各种方式来降低创业期间的各种成本,比如以较优惠的价格提供办公场地,低成本的基础设施(网络、电脑、图文打印、水电等),提供创业指导、管理咨询服务,匹配金融资源,构建社会网络等。

如图 2-4 孵化经济学原理简述了整个过程,横轴 t 代表时间,纵轴 r 代表盈利,p 点代表企业渡过生存危险期,其盈利足够支持后续发展,曲线 $f^1$ 代表在孵企业的发展状况,曲线 $f^2$ 代表一般企业的发展状况。从企业刚刚建立到取得收入之前需要进行很多初始投入(比如招聘员工、办公场地设备等),所以此时支持企业运行的是创业原始资金(曲线 f 由 0 点开始在横轴 t 之下),如果没有足够的原始资金支持到企业开始盈利(曲线 f 到达横轴 t 之上),通过 p 点(表示盈利足够支持后续发展),那么企业就会遭遇"夭折"。一般企业没有孵化的帮助,初始投入较大,盈利点到来的较晚,在取得足够支持后续发展的盈利上会花费更多的时间,遇到更多困难(参见曲线 $f^2$)。上述的一切孵化活动、各种孵化措施就是为了降低在孵企业的初始投入成本,提早实现盈利、取得足够支持后续发展的盈利(参见曲线 $f^1$,由孵 $P^2$ 到 $P^1$,可将 $P^1$ 点看作是出孵点),顺利度过创业关键期。可见孵化可有效帮助有潜力的创业团队降低风险,提高成功率,推动经济发展。孵化的作用就是辅助在孵企业适应环境,在出孵后独立发展。

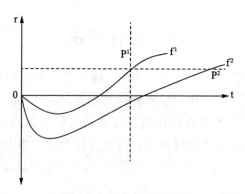

图 2-4　孵化经济学原理

## 2.2.2　结构权变理论

结构权变理论(structural contingency theory)由 20 世纪六七十年代的经验主义学派发展而来,是西方组织管理学以具体情况具体分析的"点对点"的应变思想为基础发展出来的管理理论。该理论假设组织结构没有最优化,只有最适合,即组织结构的有效性取决于当下的情景因素(contigencies)(Blau, 1970)[98]。该理论认为,如果管理者能将组织结构与当下情景适当匹配,组织将是有效的(Donaldson, 2001)[99]。权变理论来源于对普适主义理论的修缮和拓展[100],普适主义认为有一种统一的组织方式,组织结构变量(正规性、专业化等变量)达到最高水平时,可带来最高水平的组织绩效。而权变理论认为企业组织的成功与组织结构变量之间并无必然关系,而是应该根据所处情景采用适度的变量水平。匹配是权变理论的重要概念之一,其代替词汇有协调、聚合、搭配、遵循、一致性、适当等等。相对于那些对组织结构本身的刚性依赖较高的企业,组织特征(比如,需求、目标、技能等)与当下情景相匹配的企业会有更好的绩效表现以及体现出较强的成长能力。匹配度可以由变量间的条件关联来衡量。根据结构权变理论,众创空间是嵌入到在孵企业与外界环境之间的平台,只有当众创空间为在孵企业提供与外部情景要求相一致的资源以及所提供服务与在孵企业需求匹配时,在孵企业才有可能获得成功,并有效提升其成长能力。

## 2.2.3　集群理论

集群理论(cluster theory)是由 Michael E. Porter 提出的,并于 1998 年发表于哈佛商业评论。集群理论将孵化机构与其他实体放置在一个更广泛的生态系统中[101]。集群是指在某一特定领域,相互关联的企业和机构集中在一个地理区域。集群包含了行业中各个互相连接的实体,集群本身就是一个网络,其成员有原料提供商、零件提供商、服务提供商、基础设施提供商等。加入一个集群中的孵化机构可以更高效地接入到这些环境资源,从而提高效率[101]。Manimala 和 Vijay 认为集群理论补充了结构权变理论,在这个理论框架下,在同一价值链集群中有相似特征的企业能够激活知识传播与协同成长[102]。

## 2.2.4　协同生产

协同生产是指将互有联系,但分散的生产实体,通过竞争—合作—协调(简称竞合协)的自组织机制整合到一起,协作工作,来完成单个生产实体无法完成或无法产生经济效益的任务,从而实现"1＋1＞2"的总体大于各部分之和的效应。强调竞争,是为了促使各个生产实体实现资源有效配置和生产效率;强调合作是因为所要完成任务的整体性和物理上的相互依赖需要各个生产实体相互配合;强调协调是因为各个生产实体在完成任务时难免有资源上的约束和冲突,甚至出现信息不对称,为了解决这些矛盾,各个实体之间必须加强交流沟通,才能使生产行动和谐一致。协同生产系统是一种开放式系统,通过竞合协自组织机制获得自组织能力[103][104]。协同生产模型(co-production model)阐述了孵化机构和在孵企业联合创造价值的关系,在孵化周期内实现增值,该理论的假设使有关孵化的研究重点从孵化情景的要素组成转向到孵化过程上,比如,孵化机构怎样向在孵企业分配资源以及在孵企业如何使用孵化器所提供的资源等。

### 2.2.5　社会网络理论

社会网络理论(social network theory)的基本假设是社会情境下的人因为彼此间的关系纽带而以相似的方式思考以及行动。社会网络理论研究既定的社会行动者(社会中的个体、群体、组织等)所形成的一系列关系纽带,将社会网络视作一个系统整体来解释个体、群体或组织的行为[105]。该理论可连接没有任何关系纽带的行动者,也可以将行动者归类到不同的网络中。社会网络理论在宏观层面可分析企业之间的关系、组织联盟、供应链管理情况、网络治理等;在微观层面可分析管理层领导力、团队协作、员工行为等。社会网络的第一个概念是中心度,即假设行动者在网络中的定位决定了其获取社会资源的多寡[106]。关于行动者在网络中的定位,除了中心度,还有结构洞(两个无直接关系的行动者共享一个间接关系的情况)、强弱关系(用来表示关系路径和距离)、网络关系的第三者(作为协调促进活动的行动者,以撮合本不相连的两方为获利点)。第二个概念是嵌入型的假设,是指行动者试图停留在某一社会网络中,并随着时间推移,倾向于更新或拓展网络关系[107]。具有嵌入性的网络关系成员之间因为交互频繁而信任度较高,具有较强的解决问题的能力。第三个核心观点是,同一个社会网络中的行动者在长远看来具有网络聚合性、连通性以及趋中性特点[108]。第四个观点是社会网络连接可创造社会效用,或行动者本身创造的网络关系给本身所处的网络组织带来机遇与挑战,即结构洞概念[109]。

目前众创空间发展规模不一,在孵企业数量从几十到几百不等,这些同属一个众创空间孵化情景的在孵企业在行为方式上多少会受众创空间本身的企业文化影响。社会网络理论将一个众创空间视作一个网络整体系统来研究在孵企业的行为。在孵企业之间可结成处于同一供应链的上下游关系、联盟关系或者竞争关系等,社会网络理论可从宏观和微观两个层次来分析上述关系以及从管理层到团队到员工个人的行为。社会网络理论说明了在孵企业在孵化网络中的位置决定其获取资源的程度,同时众创空间是一个开放系统,其自身除了提供了在孵企业之间的网络,还处于更大的社会网络,对于在孵企业来说,众创空间是在孵企业与更大范围社会网络之间的嵌入型第三者,相同孵化网络中的在孵企业互信程度高且具有较强的解决问题的能力。在孵企业之间的关系很有可能延续到成功出孵以后,集群性发展也反映了他们之间的聚合性。在孵企业在利用众创空间获取各种资源的同时也在对众创空间进行价值反哺,当然由在孵企业带给众创空间的效用呈现出滞后性。

# 2.3 企业成长理论

企业成长理论历来占据着经济学和管理学研究的重要地位,更是研究企业成长能力的重要基础理论。国内外学者以不同视角对企业成长进行了深入研究,即规模视角、资源与能力视角、制度视角以及生命体视角。

## 2.3.1 规模视角

亚当·斯密(Adam Smith)的古典经济学中将企业看作是一种分工组织,企业之所以存在是为了获得规模经济利益[110]。该观点成为长期以来企业成长研究领域的理论源头。新古典经济学从技术的角度将企业内部各个部分抽象化,忽略各种差别,将企业的规模视作唯一区别,即企业的类别只按规模大小分类,企业的成长体现在规模的增长。这一观点虽然拓展了亚当·斯密的分工理论,但仍旧是在静态中研究企业的最优化规模。新制度经济学理论的开创者科斯(Coase)从交易成本的角度出发,认为企业的存在是为了通过将市场中的短期交易纳入企业内部中来,变成长期固定的契约关系,以降低交易成本,企业容纳的契约关系越多越复杂,其边界越大[111]。在该理论框架下,企业的成长意味着契约关系的增长和复杂化。但是该理论中并没有解释企业中的生产和创造价值的功能。奥利弗·威廉姆森(Oliver Williamson)教授以人的有限理性和机会主义倾向为假设前提,以交易为分析单元,揭示出企业边界取决于其交易的频率、资产专用性和当时的契约环境,该三种因素决定了企业的成本效益,通过比较可得出企业的最优规模[112]。钱德勒(Chandle)认为企业的成长模式遵循:非正式单一组织——单一产品、单一组织——多产品多分工结构——跨国结构[113],安索夫(Ansoff)

将这一模式总结为：市场渗透、产品开发、市场发展、产品多样化[114]。后来泰勒（Taylor）的企业空间扩张模型和 Hakanson 的公司多级扩张模型都是在上述基础上的补充，主要解释产品从单一向多元、组织结构从简单到复杂、市场范围从本地到外地再到国际的扩张[115]。20 世纪 80 年代，产业组织学派代表人物迈克·波特（Michael Porter）提出五力竞争模型，即竞争者能力、潜在竞争者能力、代替者能力、供应商讨价能力、消费者讨价能力[116]，该模型认为这五种力量决定了产业的吸引力并影响企业的竞争战略选择，企业的成长亦是与这五种力量的角力，也就是说产业组织学派要解决的核心问题是企业究竟以怎样的规模应对这五种力量。杨杜（1996）沿着从专业化到多样化经济的企业成长路径进行深入研究，认为企业的成长源于现有市场和现有技术的关联度，即不同产业之间的相乘效果[117]。阎鸿雁（2001）认为多样化经营的企业比专业化经营的企业更具有成长优势，企业可通过并购实现多元化经营从而实现企业成长[118]。李军波等（2011）认为企业的成长应体现在整体态势的扩张，包含了量与质两方面的增长[119]。总的来说，在规模视角下，企业的成长是在规模和范围两种利益相互配合下所驱使的。

### 2.3.2　资源与能力视角

经济学家伊迪丝·彭罗斯（Edith Penrose）是最早开始研究企业成长并首次提出企业成长理论的学者，她提出企业的成长源于内部的资源与能力，企业的成长就是一个不断挖掘资源的动态过程[120]。彭罗斯的成长理论中并没有提到能力的概念，但是她认为服务产生于对资源的使用过程，不同数量不同方式组合的资源会产生不同的服务。彭罗斯认为服务的概念与能力的概念有相通之处，而且对服务的概述正是对能力的早期表述。因此本研究在接下来的部分中提到彭罗斯的理论时，使用能力代替服务。企业内生成长理论由 20 世纪 80 年代起分为以沃纳菲尔特（Wernerfelt）的资源基础论为代表的资源学派[121]和以普拉哈拉德（Prahalad）与哈默儿（Hamel）的企业核心能力为代表的能力学派[122]（后来成为战略管理的主流之一）两个学派。资源学派认为，企业具有独特的有形和无形的资源，这些资源在企业间不能直接流动且不可复制，企业取得收益获得成长的关键在于企业内部资源的积累，独特的资源与能力是企业保持竞争优势的根本。能力学派则扩展了彭罗斯的能力概念，认为企业的成长首先来源于自身独特的资源，然后企业自己围绕这些资源构建自己的能力体系形成企业的核心能力，是企业赢得竞争的基础。我国学者杨杜（1996）认为企业的成长还源自如何利用存在于新兴产业内尚未开发的资源,这些待开发资源是企业独有,并且无法进行交易的不可分割资源[117]。

资源与能力视角下的学者们始终将企业成长的驱动放在内部作用上,这一研究脉络展现出强大的生命力。然而有时企业的成长并不依赖于资源的最佳组合,因为总有资源不易被发现、过于分散或者没有被正确使用。资源对于企业成长非常重要,因为成长依赖于对资源的重新组合。在很多情况下,企业都是在资源短缺的环境下成长的(比如,缺少资金、专业知识、缺少用户、缺少合作伙伴等)。资源短缺是一个相对的概念,需要从数量和质量两方面来审视短缺。企业在试图吸引所需要的人力、资金或其他资源时常常经历短缺。大量的文献都讨论过关于资源短缺的问题,包含了组织行为、创新和创业方面。也有研究聚焦在明确的资源,比如资金、技术、人力、时间、制度、基础设施、知识和技能等。本书将资源短缺视为缺少成长所需要的资源。针对这种短缺,后来有学者冲破了内部资源和外部资源这种二分法的局限,将研究关注点放到立刻就能使用的现有资源上,提出了资源拼凑理论。

拼凑的概念来源于科技和产品创新。由 Levi-Strauss(1966)最初比较工程师和拼凑工匠,他发现工程师在工作中严格遵守一定的程序,而拼凑工匠首先会先查看手头现有什么资源,这种资源组合产生异质性。拼凑即可以产生在创业的个人层面,也有可能产生于组织层面[123]。本书的关注点在于在孵企业,所以本书讨论组织层面的拼凑。组织层面的拼凑可以看作"说的过去"(muddling through)有中国学者也叫作"将就"[124][125]。这是一种指导组织在资源短缺环境下做决定的方式。拼凑就是将现有的资源进行战略组合来创造机会为客户提供更大价值。Baker 和 Nelson(2005)认为拼凑战略是通过组合现存资源来解决问题[126]。拼凑是相对于搜寻新资源、新机会来说的。大量的文献在组织层面的研究重点均在特定领域的短缺。拼凑理论和企业成长在以创新方式重组资源方面共享了一个相似的隐含逻辑,因此拼凑理论在企业成长方面尚待探索的领域还有很多。

### 2.3.3 制度视角

制度视角主要包含企业组织管理制度、制度变迁或演化等视角。Williamson(1975,1985)在组织结构的演变理论中做出了杰出贡献,他研究了不同组织状态的效率,认为组织结构的变革是企业成长的因素[127][128]。著名管理史学家 Chandler 以宏观的角度探讨了制度变迁历史背景下的企业成长理论,他认为企业成长的历程就是企业组织各种协调机制（层级制）形成的过程，是一只看得见的手，企业的各个层级建成之后便发挥有效的协调作用，其本身也会成为企业成长的源泉[113]。因此，现代工商企业的成长就是为适应技术和市场不断扩大而在企业管理制度方面的体现。在 Chandler 的理论框架下，Scott 开发出企业成长模式的三阶段，并提出每个阶段都有独有的特征，比如初期的特征是集权管理、成长期是多角化管理、成熟期是分权制[129]。所以其管理方式也各不相同。随着业务多样化发展，其专业知识和匹配的管理知识需求也越来越复杂，在这种背景下，职业经理人诞生了，企业所有权与经营权的分离是现代工商企业的主要特征。企业的不断成长带来的是越来越多的代理关系跟制度安排，如何平衡各方利益相关者，合理安排权责利是现代企业生存或成长的关键要素。因为完全契约是不可能存在的，所以企业组织中的公司治理问题是无法避免的（Hart, 1995）[130]。L. Sleu 认为企业的信任机制影响企业对资源的获取，从而影响企业成长率[131]。而企业内的信任建立在合理合法、公开透明、行之有效的制度安排之上，这样一套制度安排可以正面激励各方主体，从而促进企业成长。概言之，以制度变迁、委托代理等内容为主去研究企业成长，意味着学术界意识到人与人之间的契约关系对企业成长的重要性，这一认识具有开创性意义。

### 2.3.4　生命体视角

不少学者把企业组织视作有机体，以演进和生态学的视角来研究企业成长。Greiner 把企业划分为五个成长阶段，每个阶段有不同的管理风格和危机，他将组织中的变化分为演变与变革两种，长期相对稳定的时期是演变，有重大动荡的时期是变革，在企业成长过程中演变与变革总是交替发生的[132]。丘吉尔（Churchill）和刘易斯（Lewis）描述了企业不同成长阶段的规模标准和管理标准[133]。爱迪思（Adizes）以组织灵活性和可控性两大维度把企业生命周期划分为十个阶段[134]。然而在实际情况中，企业的成长周期呈现出比理论研究结论更加复杂的状态。因此，由企业外部系统和企业内部子系统组成的企业生态逐渐成为一大研究热门领域。

在生态学视域下，企业组织是不同的生命有机体，为了生存与外部环境不断互动并适时改变关系。组织生态学认为，在一定时期内的同一群落中的生命体之间通过相互作用相互影响而达到互惠共生的目的。将企业当作生命体来研究，较以往的企业成长理论而言更具创新性和启发性。我国学者并不认为死亡阶段是企业的必经之路，陈佳贵（1995）认为企业生命周期可划分为六阶段：孕育、求生存、高速发展、成熟、衰退、蜕变[135]。陈佳贵对企业衰退之后蜕变阶段的研究对企业的可持续发展研究意义重大。单文和韩福荣(2002)在上述研究的基础上构建了一个企业三维生命周期模型(灵活性、可控性、规模),并认为企业的成长随着其规模的变化而变化,死亡阶段并不是一切企业的归宿[136]。

综上所述,企业成长理论核心观点如表 2-1 所示。

表 2-1　企业成长理论核心观点

| 研究视角 | 核心观点 | 代表性学者者 |
|---|---|---|
| 规模视角 | 企业的存在是为了取得规模经济利益,成长意味着规模的壮大,企业类别的区分是按照规模的大小,企业成长意味着企业边界的扩大,企业边界取决于交易频率、资产专用性和契约环境带来的成本效益比较,企业成长还表现在产品的多样化、组织结构的复杂化、市场范围扩大化,竞争策略的选择取决于企业本身规模与外部环境之间的角力。 | Adam Smith, Coase, Williamson, 等 |
| 资源与能力视角 | 企业成长源于向内部挖掘待利用的资源,不同资源要素的组合和利用产生不同的能力,企业围绕自身独特的资源构建自己的能力体系,形成核心能力,是保持竞争优势的源泉。 | Edith Penrose, Wernerfelt, 等 |
| 制度视角 | 企业组织的成长离不开各种制度的安排,现代企业的成长是为了适应技术和市场不断扩大在管理制度方面的体现,公司治理问题是无法避免的,如何管理各种委托契约以及平衡各方利益相关者显著影响着企业成长。 | Chandler, Scott, 等 |
| 生命体视角 | 将企业类比成有机生命体,企业如同生物一样有各个生长阶段,每个阶段有不同的特点和需求,有诞生有消亡,有优胜劣汰,互相影响互惠共生。 | Greiner, Churchill, Lewis, Adizes, 等 |

# 2.4　企业能力理论

能力是一束高层级的、可习得的、模式化并且能够重复行为的集合,该集合能够使组织比其他竞争者有更优异的表现[137][138]。企业能力理论是企业管理理论研究的重要领域之一,指导着企业如何获得持续优势,如何实现企业可持续发展,对企业成长能力研究具有重要指导意义。

Adam Smith 的古典经济学中对企业作为一种分工组织的阐述中提到,规模生产的高效率的原因在于员工仅仅负责生产线上的其中一项环节,通过高频重复劳作提高技能和效率,同时免去了工作转换带来的成本,所以企业才会获得规模效益。员工在重复劳作的过程中获得娴熟的工作技能,也是企业的技能。著名经济学家阿佛里德·马歇尔(Alfred Marshall)在上述分工论述的基础上,进一步揭示出专业化分工带来了不同的职能工作,而这些职能工作可以进一步分解成更多的次级职能[139]。不同工种,不同层次的职能工作意味着不同的技能和知识,这些技能和知识的增长不仅仅存在于企业内部,也会发生在产业中,甚至是全社会。专业化分工除了带来专业性的技能和知识外,还催生了为了有效管理不同层级技能和知识的协调统筹能力。由上文以资源与能力视角对企业成长理论进行的概述可知,Edith Penrose 在企业成长理论中对服务的界定是早期对能力的表述,而且向内挖掘资源的内在成长理论为日后资源基础理论和企业核心能力理论的基础,是企业能力理论的理论源泉。同时,值得注意的是,在早期的研究中能力被看作是资源的一种,在后来的研究中研究者才把能力作为单独的概念从资源中区分开来。可见资源孕育了能力,企业能力理论亦从以资源视角的成长理论中延伸而来。随后的研究形成了资源基础理论、核心能力理论、知识基础理论、吸收能力理论以及动态能力理论等分支,并对企业成长能力的研究产生了深远影响(如表 2-2 所示)。

表 2-2　企业能力理论分支

| 理论分支 | 核心观点 | 代表性学者 |
|---|---|---|
| 资源基础理论 | 企业的成长绩效差异源自资源的差异性;一切有形或无形的能够为企业带来核心竞争力的事物都是资源;企业基于自身资源和能力与竞争者竞争。 | Peteraf, M. A. , Barney, J. B. , Wernerfelt, B. 等 |
| 核心能力理论 | 核心能力来自一系列能力组合,它能够帮助企业进入多个市场,提高消费者价值感知,使对手难以模仿;企业上下可传播、可组合的知识集合产生核心能力。 | Prahalad, Hamel, Leonard-Barton 等 |
| 知识基础理论 | 现有组织结构比其他组织结构能够更有效地管理知识,利于企业成长;知识是具有重要战略意义的资源。 | Conner, K. R. , Prahalad, C. K. , Grant, R. M. Foss, N. J. 等 |
| 吸收能力理论 | 企业如何识别新知识、吸收并且将其应用到实现企业目标中来的过程。该理论假设能够吸收新知识的企业比不吸收新知识的企业有更好的绩效表现并且更具竞争优势。 | Cohen, W. M. , Levinthal, D. A. , Lane P. J. , Lane Koka, Pathak. Zahra S A. George G. 等 |
| 动态能力论 | 企业组织整合资源、构建资源、重新配置协调内外力量形成新的能力,以应对迅速变化的环境;具有高动态能力的企业组织,比低动态能力的企业组织有更多的优势。 | Teece, D. , Pisano, G. , Shuen, A. , Helfat, C. E 等 |

### 2.4.1　资源基础理论

资源基础理论(resource-based theory)是用来检验资源异质性带来的成长绩效差异[140],一切能够体现组织核心竞争力的事物(包含有形和无形的资源)都叫作资源[141]。由上文论述可知不同企业拥有不同资源,资源在企业与企业之间不具传递性。企业因为这种独特而不可传递、无法复制的资源建立起的战略能够持续一段时间时,企业便拥有了持续性竞争优势(sustainable competitive advantage, SCA)。资源基础论假设企业为了获得持续性竞争优势会对资源的使用进行理性决策,而不同的成长绩效是源于信息的真实性、个人偏见或者路径模糊。在拥有了差异性资源后,战略的制定和有效实施取决于企业组织对资源的吸收和利用[142]。持续性竞争优势并不会一直存在,资源的差异性在一段时间后也可能消失。资源基础理论并没有关注到这些资源的动态变化,也没有假设它们是静止的,这给后续的能力理论发展留下了启示。

### 2.4.2　核心能力理论

Prahalad 与 Hamel 的企业核心能力标志着核心能力理论的兴起。资源基础理论过于强调企业所拥有的资源,核心能力理论认为企业的持续竞争优势并非依靠某一个能力[143],而是依靠一系列能力的组合,核心能力来源于企业的能力体系,因此企业可以被看作一种能力束。该理论给出了三个检验核心能力的标准[122]:第一,核心能力能够使企业进入多个市场;第二,核心能力能够创造出提高消费者价值感知的产品或服务;第三,核心能力是对手难以模仿的,即对手的复制成本很高。Leonard-Barton 根据上述理论针对产品研发过程进行研究,提出核心能力是一种知识集合,该知识集合具有四个方面特征:第一,知识内容体现在企业员工的个人技能知识上;第二,知识内容体现在企业的技能体系中;第三,企业组织管理体系指导着知识的产生与传播的全过程;第四,企业文化(包含企业价值观与规范)影响着以上知识内容的各种体现与生产和传播知识全过程的指导[144]。Leonard-Barton 认为核心能力促进产品研发又制约产品研发,因为当产品研发项目相对于上述四个方面具有新内容时,企业对核心能力的依赖会造成核心僵化。这也是 Penrose 的资源与能力陷阱所描述的现象之一。所谓资源与能力陷阱是指组织一旦对获取信息的方式形成习惯就会依赖这种方式,对其他方式产生排斥;或者在企业高速发展期间业务迅速扩张,以至于企业重市场轻内部管理,造成能力发展失衡;或能力呈现出个人化倾向,如研发人员掌握专业技术,销售人员掌握客户资源等。概言之,核心能力根植于企业的能力体系中,企业应当首先通过内部环境资源的分析，清晰能力体系结构，识别出核心能力，并围绕核心能力制定和实施经营战略，以此获得竞争优势。

### 2.4.3　知识基础理论

知识基础理论（knowledge-based theory）以知识的角度解释企业组织为什么在众多类型的组织结构中以目前的类型存在着[145][146]。也就是说，企业作为一个社会实体，经过发展和积累证明了目前的组织结构是最适合的类型。该理论假设企业是知识的承载实体，由资源基础理论可知不同企业的资源具有异质性，企业对于知识的储存、运用方式不同也造就了知识的异质性。知识的异质性也解释了为什么有些企业相对于竞争对手来说更具创新精神[147]。知识基础理论还假设企业中创造、储存和运用的知识是其中最为重要的战略资源，事实上所有生产力发展、科技发展都依赖于知识，所有人类物质精神的成就都是知识的体现，因此知识的重要性可见一斑。知识基础理论认为知识是由单个个体创造并承载的，因此对于企业来说如何协调和整合众多单独的知识载体是使知识发挥效力的关键。Grant（1996）针对如何整合知识提出了以下四个步骤[148]：一，规则和指令（制定整合流程和实施计划）；二，安排时间表；三，惯例（行为的复杂组织模式）；四，群策群力（集体讨论、分享学习等）。然而该步骤仅仅适用于一般知识的整合和传播，即能够以某种形式来公开传播的显性知识。隐性知识内嵌于载体的个人经验中，无法以书面或口头的形式直观传授，因此其复制成本较高，不易获取，相对于显性知识来说是企业的宝贵资源。所以隐性知识只能在专业人士身边进行观察和实践来获取，即所谓的干中学、干中教。

### 2.4.4　吸收能力理论

知识基础理论主要剖析了知识对企业战略和企业能力提升的重要性，知识的分类以及知识的创造与传播等，而对于知识如何转化成能力，并产生实际效益就鲜有提及。吸收能力理论（absorptive capacity theory）的考察核心点就是企业如何识别新知识、吸收并且将其应用到实现企业目标中来的过程。该理论假设，能够吸收新知识的企业比不吸收新知识的企业有更好的绩效表现并且更具竞争优势。新知识的来源主要有四种方式：1 自主研发；2 从日常生产中总结经验；3 向其他机构借鉴学习；4 通过招聘人才或购买新设备购入新知识[149][150]。熊彼特（Shumpeter）（1942）[151]建议企业应该建立知识储存库，因为拥有知识储存库的企业比那些没有知识储存库的企业对待新知识有更好的吸收效果，其原因如下：第一，新吸收的知识与知识储存库中的知识结合能够产生更新的知识，起到"1＋1大于2"的效果；第二，为建立知识储存库，知识获取路径会得到强化，同时先前获得知识的路径也会影响获取新知识的方式。Lane（1998）从知识获取的两边进行研究，提出学员企业（学习主体）的吸收能力取决于老师企业（标杆企业或学习目标），老师企业的组织结构差异造成了学员企业的吸收能力的差异，同时如果老师企业的认知结构或知识结构与学员企业类似，那么就会促进学员企业对新知识的吸收、消化和转化[152]。Zahra 和 George（2002）进一步扩展 Cohen 与 Levinthal 的理论，他们认为 Cohen 与 Levinthal 的研究重点在于吸收知识的前端（知识的吸收和消化），而企业拥有某项知识后不一定会马上使用，所以他们将这部分知识界定为潜在吸收能力，那些能够转化和应用的知识被称为现实吸收能力[153]。Lane（2006）认为 Zahra 的理论相对短视，因为他们只关注了知识是否在短期内得到应用，而忽略了知识的长期铺垫作用。因此他提出了探索性学习—转化性学习—应用性学习三阶段学习来分别应对知识获取的吸收—消化—应用过程[154]。总而言之，后继学者在 Cohen 与 Levinthal 的基础上，由静态到动态视角，由单边学习主体到双边学习互动，完善了吸收能力理论。

### 2.4.5　动态能力理论

动态能力理论（dynamic capabilities thoery）讲的是企业组织如何整合资源、构建资源、重新配置协调内外力量形成新的能力，以应对迅速变化的环境[155]。该理论的假设前提是具有高动态能力的企业组织比具有低动态能力的企业组织有更多的优势。动态能力理论的学者们将能力定义为相对于竞争对手来说表现出的更高级的，企业自身可习得的、可模式化的、可重复的行为活动集合。并且，能力被分为两种层级，第一层的组织能力是所有企业都会具有的一般能力，该种能力保证企业可以为相同市场也是现存市场提供同类产品；第二层能力就是动态能力，动态能力可以对生产流程、产品标准、市场范围等做出改变。判断企业是否具有动态能力的标准是，该企业是否能够重新配置组织内外资源和能力以应对变化中的市场。简而言之，第一层的组织能力是对现有资源的有效挖掘，第二层的动态能力是对新机会的准确把握。Helfat 等（2007）认为，能力是一直都有的，一个企业组织如果具备了执行某一任务的最低门槛要求，就可以说该企业具有了该项能力，是不是具有能力并不以执行效果来论[156]。而能力的维持与提升发生在对能力使用过程中，重复地使用某一种能力，其过程就是对能力的积累、修正、娴熟的过程。所以说能力就有一种或者使用或者失去的假设。Teece（2007）

认为企业组织早期的历史经验和能力获得路径帮助企业形成组织能力,然后当企业感知并识别到新机会时便抓住机会来重新配置新的能力以适应环境,新的能力又可以为企业创造新的经验和能力获得路径[157]。Helfat（2007）将这种环境适应性分为技术适应性和进化适应性,动态能力体现在企业是否具有比竞争对手更匹配的技术以及相对于竞争对手来说更能从外部环境获得生存机会[156]。动态能力倾向于把熊彼特租金纳入解释框架中来,然而动态能力的获得即可以产生熊彼特租金也能获得李嘉图租金,即企业通过不断创新获得利润同时也会因为拥有稀缺的生产资源而获得利润。

# 2.5　在孵企业

基于本书对众创空间与传统孵化器的关系的研究和分析,从功能方面看,众创空间包含了传统孵化器;在创新创业价值链条上,众创空间延伸了传统孵化器;在创业项目来源与人员构成上,众创空间拓展了传统孵化器;从未来趋势发展角度来看,众创空间与传统孵化器最终是相互融合且统一的。所以本书在界定基于众创空间的在孵企业时,理应将传统在孵企业与当前在众创空间中活跃的在孵企业集合起来。

## 2.5.1　在孵企业的内涵

传统孵化器把自己的服务主体对象视作在孵企业,也有研究称作被孵企业[158]、入孵企业[159]或孵化企业[160]。2018 年 12 月 17 日,科技部印发《科技企业孵化器管理办法》取代原有《科技企业孵化器认定和管理办法》,定于 2019 年 1 月 1 日实施。该文件对在孵企业的定义如下:第一,主要从事新技术、新产品的研发、生产和服务,满足科技型中小企业相关要求;第二,注册地和主要研发办公场所需在孵化器场地内;第三,入驻时成立时间小于等于 24 个月;第四,一般孵化周期不超过 48 个月,生物医药、现代农业和集成电路等行业企业不超过 60 个月。

创业者成立企业进入到孵化网络情景内是成为在孵企业的基本条件[45],但并不是所有的中小微企业或者创业者都能够进入孵化网络情景的,刘红丽等（2014）[44]认为中小型初创企业需要符合传统孵化器规定的条件,并通过审核筛选方可进入孵化网络接受一定期限的孵化培育。

（1）传统孵化器中的在孵企业的特征如下。

a. 从规模上看，能够成为在孵企业的均为微型企业，根据中国国家统计局《大中小微型企业划分办法》（2017），如表 2-3 所示，除了物业管理类微型企业员工数不超过 100 人以外，其他行业微型企业均不超过 10 人或 20 人。

b. 从行业来看，传统孵化器中的在孵企业多属于知识密集型高新技术行业，创业者属于高学历精英人士，专业背景强大，研发能力过硬。

c. 因为在孵企业都是初创企业，所以不无例外的处于生存困境，这主要是由于缺乏社会资本导致的，所以对于大多数在孵企业来说首要任务是解决生存问题，所以说初入孵的在孵企业基本处在求生存阶段（更多关于在孵企业成长周期阶段的论述将在本书第三章中体现）。

d. 由于员工人数有限，在孵企业组织机构较为扁平，创业者往往身兼数职，他们既是战略决策者又是管理运营者、业务执行者等，因此创业者本身的能力直接影响着在孵企业的成长能力。

e. 正是因为在孵企业规模小、人员少、组织结构扁平，他们对外部环境的适应能力较强，具有较高市场灵敏性。

f. 由于在孵企业处于孵化网络中，所以相对于一般初创企业来说，在孵企业具有环境优势，能够近距离接触到最新政策以及其他社会资源，包含法律、金融、研发等信息咨询。

g. 传统孵化器的主要任务是支持高新技术的发展，所以入选成为在孵企业的初创企业比一般的初创企业更具创新性和高成长潜力，能够通过孵化快速提升价值。

（2）在孵企业的内涵。

近几年来，我国孵化周期有缩短趋势，一般在 48 个月以内（毕可佳，2016）[45]，而且企业入驻前一般不超过 1 年。美国著名的创客空间 Y Combinator 和位于波士顿的 Techstars 在选定了创业项目之后只有 3 个月孵化期，腾讯（上海）众创空间的孵化期限是 6～12 个月，创客网建议将孵化期分成三阶段（基础阶段、验收阶段、交付阶段）。本书结合前人相关研究、网络搜索、向专家以及业界人士咨询之后对目前基于众创空间的在孵企业界定如下：

a. 目前正处于众创空间孵化情景内任意孵化周期阶段（具体孵化周期阶段的划分将在本书第三章中有深入论证）。

b. 在入驻众创空间孵化情景前成立一周年或以内的创业型企业。

c. 具有高创新性、高成长性的企业，满足国家对新型产业发展，实现新旧动能转换以及产业转型升级的需求。

d. 在企业规模上属于小微企业。不同国家及组织针对小微企业的划定标准各异,世界银行将员工少于 10 人,且总资产与年销售额小于 100 万美金的企业定性为微型企业;小型企业规定员工不多于 50 人,且总资产与年销售额小于 300 万美金。我国国家统计局发布的《统计上大中小微型企业划分办法(2017)》(详见表 2-3)将企业分为大、中、小、微四种类型企业,针对不同行业,对企业的员工和总资产及营业收入的划分标准不同。按照该标准,本书中涉及众创空间内的在孵企业均属于小微企业。

表 2-3　统计上大中小微型企业划分标准

| 行业名称 | 指标名称 | 计量单位 | 大 型 | 中 型 | 小 型 | 微 型 |
|---|---|---|---|---|---|---|
| 农、林、牧、渔业 | 营业收入(Y) | 万元 | Y≥20000 | 500≤Y<20000 | 50≤Y<500 | Y<50 |
| 工业* | 从业人员(X) | 人 | X≥1000 | 300≤X<1000 | 20≤X<300 | X<20 |
| | 营业收入(Y) | 万元 | Y≥40000 | 2000≤Y<40000 | 300≤Y<2000 | Y<300 |
| 建筑业 | 营业收入(Y) | 万元 | Y≥80000 | 6000≤Y<80000 | 300≤Y<6000 | Y<300 |
| | 资产总额(Z) | 万元 | Z≥80000 | 5000≤Z<80000 | 300≤Z<5000 | Z<300 |
| 批发业 | 从业人员(X) | 人 | X≥200 | 20≤X<200 | 5≤X<20 | X<5 |
| | 营业收入(Y) | 万元 | Y≥40000 | 5000≤Y<40000 | 1000≤Y<5000 | Y<1000 |
| 零售业 | 从业人员(X) | 人 | X≥300 | 50≤X<300 | 10≤X<50 | X<10 |
| | 营业收入(Y) | 万元 | Y≥20000 | 500≤Y<20000 | 100≤Y<500 | Y<100 |
| 交通运输业* | 从业人员(X) | 人 | X≥1000 | 300≤X<1000 | 20≤X<300 | X<20 |
| | 营业收入(Y) | 万元 | Y≥30000 | 3000≤Y<30000 | 200≤Y<3000 | Y<200 |
| 仓储业* | 从业人员(X) | 人 | X≥200 | 100≤X<200 | 20≤X<100 | X<20 |
| | 营业收入(Y) | 万元 | Y≥30000 | 1000≤Y<30000 | 100≤Y<1000 | Y<100 |
| 邮政业 | 从业人员(X) | 人 | X≥1000 | 300≤X<1000 | 20≤X<300 | X<20 |
| | 营业收入(Y) | 万元 | Y≥30000 | 2000≤Y<30000 | 100≤Y<2000 | Y<100 |
| 住宿业 | 从业人员(X) | 人 | X≥300 | 100≤X<300 | 10≤X<100 | X<10 |
| | 营业收入(Y) | 万元 | Y≥10000 | 2000≤Y<10000 | 100≤Y<2000 | Y<100 |
| 餐饮业 | 从业人员(X) | 人 | X≥300 | 100≤X<300 | 10≤X<100 | X<10 |
| | 营业收入(Y) | 万元 | Y≥10000 | 2000≤Y<10000 | 100≤Y<2000 | Y<100 |

| 行业名称 | 指标名称 | 计量单位 | 大　型 | 中　型 | 小　型 | 微　型 |
|---|---|---|---|---|---|---|
| 信息传输业 * | 从业人员（X） | 人 | X≥2000 | 100≤X＜2000 | 10≤X＜100 | X＜10 |
| | 营业收入（Y） | 万元 | Y≥100000 | 1000≤Y＜100000 | 100≤Y＜1000 | Y＜100 |
| 软件和信息技术服务业 | 从业人员（X） | 人 | X≥300 | 100≤X＜300 | 10≤X＜100 | X＜10 |
| | 营业收入（Y） | 万元 | Y≥10000 | 1000≤Y＜10000 | 50≤Y＜1000 | Y＜50 |
| 房地产开发经营 | 营业收入（Y） | 万元 | Y≥200000 | 1000≤Y＜200000 | 100≤Y＜1000 | Y＜100 |
| | 资产总额（Z） | 万元 | Z≥10000 | 5000≤Z＜10000 | 2000≤Z＜5000 | Z＜2000 |
| 物业管理 | 从业人员（X） | 人 | X≥1000 | 300≤X＜1000 | 100≤X＜300 | X＜100 |
| | 营业收入（Y） | 万元 | Y≥5000 | 1000≤Y＜5000 | 500≤Y＜1000 | Y＜500 |
| 租赁和商务服务业 | 从业人员（X） | 人 | X≥300 | 100≤X＜300 | 10≤X＜100 | X＜10 |
| | 资产总额（Z） | 万元 | Z≥120000 | 8000≤Z＜120000 | 100≤Z＜8000 | Z＜100 |
| 其他未列明行业 * | 从业人员（X） | 人 | X≥300 | 100≤X＜300 | 10≤X＜100 | X＜10 |

数据来源：国家统计局于 2018 年 1 月 3 日发布《统计上大中小微型企业划分办法（2017）》

　　基于众创空间的在孵企业是传统孵化器中在孵企业的补充和扩展。首先，二者都处于孵化网络中，并都符合小微企业的认定标准。但是，基于众创空间的在孵企业多以产业融合的方式发展，企业类型并不局限在科技类。此外，众创空间的孵化周期大大短于传统孵化器。

### 2.5.2　在孵企业的特征

　　基于众创空间的在孵企业在融合上述传统在孵企业的情况下，结合当代信息技术的发展背景，在孵企业的发展契合了我国当前以信息技术实现产业升级转型以及整合资源去除过剩产能的需求，同时体现了技术、知识、组织、制度创新以及智力密集性的新动能特点：

　　（1）向长尾市场延伸。

　　由克里斯·安德森提出的长尾概念描述了从面向大量消费者销售少数标准化产品、取得规模经济效益，向销售庞大数量的利基产品的转变[161]。虽然每种利基产品相对数量较小，但其销售总额却可以完全媲美早前追求规模经济的标准化生产。通过多款少量的核心原则实现大规模个性化定制。例如,从创新工场走出的蜻蜓FM是中国首家网络音频应用软件,其音频涉及领域相当广泛,包含音乐、科技、新闻、军事、财经、时政、人文历史、娱乐等。该软件收录了全国3000多家电台,以及各类付费知识内容供消费者点播。目前该平台注册用户超过3亿,DAU(日活跃用户)逾1200万。这一模式就是传媒界中典型的"多款少量"的长尾模式。这种多款少量的个性化产品得以实现,主要依赖于信息技术的发展和各种类型平台组织的开放以及开源系统的普及,产品生产的设计、生产及销售等主要成本大幅下降。同时,随着人们生活水平提高,对美好生活的热切向往,创客们的创业项目往往以创新创意来填补个性化需求,力图深耕细分领域,成为小众市场的"池中大鱼"。

(2)创业的动机多元化。

相对于早期为了生存而创业来说,新时代的创客比较注重兴趣、个人选择、成就感等。有些创客将创业当成一种生活方式,热衷于创造出一个个不同的创业项目。还有一些创客扎根在特定的领域,以自己的产品或服务为接口形成用户社群等等。简单地说,当前创客的动机少了一些纯经济驱动,而多了人格化色彩。例如。入驻优客工场的在孵企业——许飞吉他私塾的创始人许飞在创办该企业之前已经是国内小有名气的创作型歌手,音乐是她的职业更是她的梦想,她希望让更多人用吉他来表达对美好生活的感情。目前许飞吉他私塾不仅有明星教师更有明星学员,授课内容包含传统吉他、电吉他以及尤克里里等,更是推出原创手工吉他品牌,并获得了天使融资。再比如,许飞吉他私塾的合作伙伴之一——梁峰,是悦跑圈的创始人,同为优客工场的在孵企业。梁峰本身就是马拉松爱好者,并在北极完成过半程马拉松,在研究了中国跑者人群的特点之后,创建悦跑圈这个社交型跑步应用软件,该跑步软件专业化记录跑步数据,提供各种训练计划、线上比赛活动、线下交流机会、打造跑者社群等,目前悦跑圈已经完成C轮融资1亿元人民币。

(3)涉及的行业多元化。

多样化的创业动机和众多细分市场的激活,自然带来创新创业在全社会所有行业领域的热潮。因为创新创业的大众化、便利化,现在的创客企业并不局限在高科技领域,而是遍及人们生活的方方面面。除了上文提到的蜻蜓FM、许飞吉他私塾以及悦跑圈分别属于传媒、教育、体育行业外,还有创新工场孵化的Molbase属于化学品电商交易平台,提供免费找货、撮合交易、化学品物流等服务;知乎是知识付费领域的独角兽企业,同样出自创新工场的孵化;银江创业梦工厂成功孵化的优橙科技是服务于智慧城市的停车管理平台,以及提供虚拟个人助理的生活服务类应用软件——方得智能;提供挂车全产业链服务的铁牛养车、调味品提供商——烩道、煤化工电商平台——找化客、农业科技公司一亩地瓜等来自韩都衣舍智汇蓝海的孵化;阿里百川孵化的饭团、爱抢购也是为消费者提供生活服务;从小米生态链走出来的智能吉他制造商——视感科技,以及华米科技(智能手环提供商)等等。由此可见,创客企业的产品必须基于消费者的生活场景,找准生活场景中嵌入的位置才能切实解决消费者痛点,从而盈利。

(4)创客来源大众化、草根化、多元化。

相对于传统在孵企业中创业者的高学历高专业技能的精英特征,新时代创客的草根特征鲜明。创客年龄层次也呈现出多元化特征。从创客背景来看,有的是即将或刚刚毕业的大学生,有的是在某一行业具有多年经验的一线人员,有的曾经是知名企业的管理者。可见现代创新创业者从学历层次、年龄到经历都较以往包含了更广泛的范围,涉及人群数量众多。这主要是因为人们生活水平较以往大幅提高,受教育人群较以前更广泛,普通民众的知识存量与精神追求提升,同时硬件软件系统平台的开放鼓励人们分享信息、协同创新,进而将创新创业普及化,再也不是少数群体的专属领域了。

(5)全产业链布局发展。

早在十多年前,巨人集团史玉柱就提出"要在一厘米的宽度上挖出一公里的深度"的论断。该论断有两方面含义:① 企业要发展需要注意细分市场(这一点与长尾理论符合);② 在锁定的细分领域深耕精作。现在众创空间里的在孵企业依然遵循着从"一厘米宽"开始创业到"一公里深"的发展战略。新时代对该论断的解读是找准突破点后向全产业链纵深发展。例如,已经从韩都衣舍智汇蓝海孵化成功毕业的铁牛养车,就是发现了挂车这一细分领域,随着国内物流的发展,挂车的需求陡增,但挂车市场不规范、信息不透明、销售不成体系、上下游企业各自为政等弊端甚为严重。铁牛养车平台的出现整合了挂车行业上下游工厂、配件供应商、二手市场等资源,搭建直接面对用户的服务平台;同时整合维修、停车等附近信息为货车司机提供便利服务;通过建立加盟店实现挂车的储存、销售、维修等一体化服务,从而实现了挂车行业的全产业链布局,做到了在这个细分领域的"一公里深"。

(6)共享理念。

众创空间属于共享经济中空间资源共享业态之一。传统空间所有者想要通过高频次或短租来提高空间周转，或者消费者想要了解空间的真实情况，都需要付出较高的交易成本。但通过平台将空间资源共享可以将传统壁垒打破，在平台机制下沟通，尽可能地缩小信息不对称。众创空间提供的联合办公空间，是体现空间资源共享的表象形式，一批小微企业入驻一个众创空间平台成为在孵企业一起办公除了共享物理平台，更重要的是共享基于大数据技术带来的服务，通过对大数据的挖掘与分析指导在孵企业的成长，通过各种活动建立在孵企业的社群，从而打造众创空间创新创业共享共建生态圈[95]。而基于众创空间的在孵企业更是传承了这种共享理念，深挖人们闲置资源，在人人共享中找到创业项目。共享经济激活闲置资源，通过平台大数据技术匹配供需双方，将一个个资源孤岛连接起来，产生新的价值，改变人们的生活方式、工作方式。共享经济不仅仅生出了新行业新业态，更为大众创新万众创业指引新方向，尤其是美国 Rocketspace 成功孵化出的 Uber（共享出行），以及 Airbnb（共享房屋）的巨大成功，更是激发了我国对共享创业红利的追逐。比如独角兽企业——知乎，就是利用知识盈余，激活人们的空余时间，将知识供给方和需求方连接到一个平台，实现知识共享。

（7）企业组织平台化。

在互联网普及的今天，企业组织形态也在转型，平台化就是转型的方向。简单来说，平台化组织就是去掉中间层级，建立基于项目任务的自治小团队，最大限度地调动员工潜力。在平台化组织中，员工根据项目任务需要自由组合而成，享有很大的自治权，同时根据项目发展情况可以自由的聚合、扩展或解散。现代商业竞争已经从企业与企业之间的竞争转变为平台与平台之间的竞争。通过打造平台化组织建立平台生态圈是当前企业发展的战略目标。众所周知的互联网平台巨头 BATJ（百度、阿里巴巴、腾讯、京东）早已围绕着搜索、电商以及社交建设互惠共赢的平台生态圈。目前众创空间中的创客企业因为都是初创小微企业，相对来说并无组织转型的需求，因为它们就是以平台模式建立的。前文中列举的企业均为平台化组织，除此之外创新工场成功孵化的 VIPKID 是一种英语学习平台，将中国儿童学习者跟身处异国的以英语为母语的外教连接起来；同样来自创新工场孵化场景的智明星通是一个社交游戏平台，其旗下行云公司是面向全球网页游戏开发者的云计算平台等。

（8）产品由创意到完善全过程中的用户参与。

如果每个人贡献一点点，那么原本稀缺的资源将会如江水汇聚成大海那般，变得富足起来,这需要激发个人及小群体的力量来不断地试验、试错、升级和迭代[162]。平台能够让众多个人释放出的过剩资源迅速转变为令人惊讶的产品和服务,这种人人共享的模式是任何组织在速度、规模以及质量上都无法比拟的,它并不需要人们去建造新的实体,而是整合现有资源以新的方式产生新的价值。当前很多创客企业鼓励消费者积极参与到产品生产的全过程,消费者提供创意来源、参与创作,同时又消费产品,成为名副其实的生产消费者,简称产消者[163]。这种现象在文化创意产业尤为突出。许多学者也将之归纳为符号民主[164]、用户生成内容(UGC, user generated content)[165]等。比如海尔成功孵化出的雷神科技,在早期从 3 万多条用户意见中总结出 12 条问题,应用在游戏本的生产中,才迎来后续爆发。知乎平台是典型的产销一体化,消费者登陆平台搜索阅读自己感兴趣的话题或提出自己的问题,同时也可以回答问题分享自己的知识。韩都衣舍成功孵化的一亩地瓜面向消费者众筹在季度结算时给予参与众筹的消费者分红,企业与消费者共享发展红利。其创始人在产品售后也经常与消费者交流产品使用体验,从而增加了消费者黏性。由此可见,通过人人参与以建立消费者社群是现在创业项目的重要部分之一。

# 2.6 在孵企业成长能力

## 2.6.1 在孵企业成长能力的内涵

基于众创空间的在孵企业处于孵化情景中,其成长能力在根植于一般企业成长能力的基础上有一定扩展。基于对企业成长与企业能力的认识以及对在孵企业概念的界定,本书认为基于众创空间的在孵企业成长能力是:为实现量与质的成长,达到出孵毕业的标准,以内外资源和知识为基石,借助众创空间平台不断适应和完善的过程中,通过各种方式积累形成的各种技能与知识的总和。具体内涵解析如下:

在孵企业成长能力是其能力的综合表现,能够反映其未来发展趋势和速度。它包含了结合自身、众创空间、外部环境三方资源配置的能力;组织运营管理能力;协调利益相关者及拓展市场促进企业成长的能力。同时,在孵企业成长能力也是积累性学识,是企业存在的基石并且指导其未来发展。与竞争对手相比,它是独特的,一定时期内无法被模仿。在孵企业成长能力是多方耦合的结果,是在孵企业保持持续成长的能力。众创空间的出现增加了在孵企业外部环境的复杂性,一方面在孵企业与一般企业都处在同样的外部环境下(比如,政策、经济、行业、科技等),另一方面在孵企业可使用众创空间自带资源(比如,信任背书、供应链、投融资等)同时众创空间还起到为在孵企业过滤外部信息的作用(比如,相关政策的解读、交易撮合等)从而为在孵企业降低了搜寻资源的成本,提高了资源匹配度。在孵企业要想获得优于同等孵化条件下竞争对手的位置,就必须善于利用众创空间内外的资源,将与众创空间管理团队的交互贯穿到在孵企业成长发展历程中来,要懂得识别企业本身发展阶段的特点,选择与众创空间管理团队适合的交互方式和程度,协调及整合企业内外要素。

### 2.6.2 在孵企业成长能力的特征

在孵企业处于众创空间孵化情景下,与其他企业相比,其成长能力更是具有非同一般的特性,只有深入了解这些特征特点,才能寻找到培育和提升成长能力的方法与途径,方能更好地发挥成长能力的作用,为处于众创空间中的在孵企业的成功出孵奠定坚实的基础。在孵企业成长能力呈现出以下特点:知识性、复杂性、叠加性、不易模仿性。

(1)知识性。

在众创空间孵化情景内的在孵企业获得知识的方式如下:员工本身的经验和学识、员工创造和传播、企业组织经验和学识、企业组织创造和传播、众创空间组织的各种活动(比如,培训、沙龙、创业导师指导等)、在孵企业之间的交互活动、消费者对产品使用体验的反馈,尤其是领先用户的反馈意见。企业成长能力知识性的特点在企业成长过程中得到了淋漓尽致的体现。比如,以坐落于青岛国际创新园,由海尔成功孵化出的雷神科技为例,总经理路凯琳强调"无交互不开发,无公测不上市"的原则,雷神的首批游戏本就是在公开平台收集到游戏玩家三万多条差评,总结出13条改进建议,应用到后续开发中,最终在京东当年上半年成为销售亚军[166]。该种应用到改善产品性能上的知识就是源于企业组织结构的柔性以及开放性,并且积极从组织内外吸取和传播新知识的包容性。这种获取信息的方式以及信息本身都成为组织的有效知识被保留下来。在每个企业里,无论大小,创造和传播知识的活动常常发生。比如,设计行之有效的营销策略以提升业绩;寻找降低生产成本的方式并将之推广;研发新产品或新的生产工艺供企业使用;设计有效的管理制度以管理和激励员工;设计新的合作方式以管理供应链等等,所有这些都是企业成长过程中创造与传播知识的过程,也是企业成长能力提升的过程。

（2）复杂性。

企业处于动态的环境中，其成长能力是建立在一个个业务流程中的，而业务流程本身就具有一定的复杂性。在孵企业成长能力的复杂性还来源于众创空间孵化情景提供的内外网络的复杂性。成长能力的复杂性主要体现在以下两个方面。

a. 系统复杂性。根据仿生学理论，企业成长的影响要素可分为两大类：一是企业组织系统的共生单元，指的是企业成长所需的内部物质条件，是构成企业生命共同体的能量生产与交换单位；二是企业所处的生态系统，指的是企业的外部环境，它是企业成长的物质补充以及能量驱动。所以说企业成长能力系统应该包含两部分：一是内部影响要素，即企业文化、知识技能、软硬件等；二是企业成长能力的外部保障，包含行业、政策、经济环境、基础设施等。除此之外，在孵企业成长能力系统还包含第三个部分，即众创空间的影响要素（比如，服务和培训的保障、内外部网络资源等）。然而所有的要素并非一成不变，而是随着时代的变迁不断变化中。此外，企业的内部影响要素之间也会互相影响，不同行业、不同类型的企业内部要素的互相影响作用力各有不同，众创空间自身的资源和相关社会资本也在不断变化中。

b. 适应性与刚性并存的复杂性。企业处在动态变化的环境中，所以企业不仅要提升适应环境的能力，更要具有主动应变的能力，以变应变方能在激烈竞争的环境中立足。由前文所述，企业成长能力各个要素之间互相影响、作用，因此各要素之间协同程度越高，说明其成长能力越强，对其生存状态越有利。作为开放系统，企业成长能力的大小取决于与外界能量的交换能力，因此如果企业与外界环境的交换程度偏低，那么其自适应性也会很低，自适应性偏弱的企业终将会被淘汰。在孵企业与外界能量的交换能力包含与众创空间外部的能量交换，以及与相同孵化情景内的其他在孵企业的能量交换能力。

企业成长能力的刚性特点体现在，企业因为自身超强的自适应力获得成功后，会对早前获得成功的方式产生自信，从而惯性地沿用以前的方式或者低估新环境的变化，造成企业失败。这种因为对以往成功路径的依赖以及对过去主要业务流程的盲目追从或制度僵化造成的失败，就是潘罗斯陷阱。对于在孵企业来说，成长能力的刚性还体现在对众创空间的依赖，所谓授人以鱼不如授人以渔，众创空间予以的支持是为了在孵企业出孵后独立自主地发展，所以在孵化周期内各方应重点关注在孵企业自身的自组织、自适应能力，而非直接给予帮助。

（3）叠加性。

在孵企业成长能力是企业内部要素、外部要素、众创空间三者作用的结果，因此企业成长能力展现出企业在各个方面积累的成果，比如企业资产、人员数量等都是经过一定时期积累而成，而汲取知识的方式和一些业务流程的确定跟企业成长过程中的关键事件相关。因此，企业成长能力是具有叠加性的。企业成长能力的叠加性特点主要体现在三方面：一是随着企业的成长，企业组织内部条件越来越强大（员工的数量和质量、资产规模等）；二是随着企业与外部环境的交换增加，企业社会网络越来越扩展，外部保障得到巩固（与众创空间外部网络以及内部网络的交换）；第三是企业成长能力的自我提升能力得到升华，培育机制得到强化。再以雷神科技为例，自2014年成立以来，通过与消费者紧密交互不断创造销售和众筹新纪录，粉丝群体日益扩大，用户成指数叠加；2015年游戏浏览器上线、成立雷神电竞等，业务得到叠加；举办粉丝会、参加各类创新创业比赛、签约明星代言人、赞助知名节目等扩大知名度；2015年完成A轮融资共计2250万，2016年完成B轮融资3500万，2017年获得C轮融资6500万，同年9月挂牌新三板，其财务能力通过叠加实现质的飞跃。

（4）不易模仿性：

在孵企业成长能力的不易模仿性体现在以下三个方面：第一是企业成长能力体系的来源、结构、内在机制是一套复杂的系统，企业自身或许都说不清背后的因果关系，更不要说模仿者了，而且在孵企业都是成立不久的创业企业，从成立到目前的发展阶段经历过很多偶发事件，因此模糊的因果关系和不可预测的偶发事件造成了成长能力不易模仿的原因之一；第二，因为企业成长能力需要时间的积累，而且一些成长能力的形成是历史原因形成的，时间不能倒退，历史不会重演，所以一些成长能力是不能复制的；第三，成功企业占据了资源优势，比如网络资源、文化资源等，这些都是企业成长能力的支撑，模仿者在这些方面处于劣势，当资源饱和时模仿者又不具备价格优势。

# 2.7  理论述评

企业成长理论从不同的视角（规模视角、资源与能力视角、制度视角、生命体视角）来阐释了企业的成长现象。分工的增多，工种日益复杂，交易的增多，契约成本的降低,组织结构的复杂,产品种类的增加,市场范围的拓宽等,这些均是企业成长的表象,可被观察到的成长现象。资源与能力视角和制度视角将研究触角深入到企业内部,试图揭示企业成长的内因。资源与能力视角由 Penrose 开始构建了"资源—能力—成长"的理论框架(认为企业的成长源于向内部资源的挖掘,根据自身资源构建能力体系,从而促进企业成长),到 Baker 和 Nelson (2005)[126]冲破了内部资源与外部资源的二分法局限,提出了资源拼凑理论,认为对现有资源的识别、整合(拼凑)促进企业成长,为企业成长提供了新视角,尤其为初创企业解决资源困境提供了新思路。制度视角将人们的关注点投向了企业内人与人之间的关系,比如,企业雇主与员工之间授权关系,职业经理人的经营权和股东的所有权的权责利安排等,这些组织制度安排都是企业成长的因素。生命体视角的学者们将企业分成不同成长阶段,上述不同成长现象在企业不同成长阶段呈现出不同的状态,组成企业生命周期不同阶段的特点。可见,企业成长理论经历了从表象到内在,从数量到质量的发展历程。

企业成长应包含量和质两方面的增长,由上一段论述可知企业成长理论的四个视角阐述的是企业成长的表象,是企业成长过程中可感知的量变。从哲学的观点来看,质是表象背后的事物发展的规律。那这些表象背后的质是什么呢?由 Penrose 的理论框架可知,能力源自资源,造就成长,资源是企业的基础,成长是企业的目标,那么能力就是实现成长的路径。由 Penrose 的企业成长内生论衍生出的企业能力理论就是在解释企业如何利用资源实现成长。对原因与本质的回答是区分理论流派的标准。企业能力理论的资源基础论强调了异质性资源对企业成长的重要性,但该理论并没有很好的解读如何获得异质性资源,并且该理论假设企业管理者对资源具有控制性和可预测性,这一点对初创企业来说显然过于理想化。同时,该理论强调资源与能力的内生性,而忽略了组织所处的情景,组织获得资源的方式和利用资源的方式是否受情景影响在该理论中并无体现。核心能力理论强调了能力束的概念,并给出了识别核心能力的标准,却缺乏对核心能力获得路径的实际操作指导。知识基础理论认为企业是知识的集合体,在发展较长一段时间后,理论界对何为"知识"并没有达成共识[167]。甚至对知识、信息、数据没有进行严格的区分。该理论假设企业中创造、储存和运用的知识是其中最为重要的战略资源,却忽视了企业组织之前的知识传播,而在创新创业集群发展的众创空间内,在孵企业之间知识传播是重要的共享渠道。知识基础理论在明确了知识的重要性之后，吸收能力理论就知识如何转化成能力产生实际效益给出了解释，包含知识的来源、新知识吸收的重要性、和建立知识库等。吸收能力在静态和动态视角，单边学习和双边互动学习方面发展较为完善，然而没有提及吸收反馈，一个完善的知识吸收反馈循环能够使企业对知识的吸收循环往复，并影响企业未来能力吸收行为。动态能力理论强调适应环境的能力，而应对环境变化的能力有很多种，动态能力只是其中之一，而且动态能力理论对于为什么一些企业相对于竞争对手来说更成功的解释并无独特之处，能够解决类似问题的理论有吸收能力、组织学习、战略适应等[168]。这是因为很多学者将动态能力的表述停留在抽象层面。

企业是国家经济的微观基础，企业成长对国民经济增长有着深远影响。企业成长是一个动态而复杂的过程，有内外部因素，也有经济和政策的因素。虽然影响企业成长的因素众多，但最根本因素还是能力。这也说明了为什么企业能力理论得以迅速发展。孵化理论是从商业实践中发展出来的理论，该理论经过不断发展和完善，被应用在现实市场的运行机制中，使对孵化方与被孵化方的分析突破了传统企业的局限，对孵化的认识和研究更加深入。对孵化器的相关研究目前相对比较完善，这为对众创空间和身处其内的在孵企业的成长能力的研究提供了重要的理论基础。

通过以上对相关理论的梳理，本书的研究切入点有如下几个方面。

（1）企业成长是目的，企业能力是达成目的的手段。基于众创空间的在孵企业成长能力的形成与提升涉及对企业成长现象、众创空间孵化机制，以及在孵企业成长能力内在运行机制的理解与把握。

（2）企业成长能力的相关研究颇为丰富，但无法直接用来解释在孵企业的问题。在孵企业的成长本身具有特殊性，如果照搬一般企业成长能力理论不利于对众创空间和在孵企业的发展形成有效指导。因此，本书尝试基于孵化理论、企业成长理论和企业能力理论构建一个基于众创空间的在孵企业成长能力体系，以同时反映在孵企业成长能力构成要素和众创空间的孵化情景。

（3）本书将企业孵化理论、成长理论、企业能力理论融合研究，能够为在孵企业成长能力的形成与提升，以及在这个过程中众创空间如何配合提供具有实际意义的指导。

# 2.8 本章小结

　　本章对众创空间和在孵企业的相关内涵进行了界定,梳理了众创空间与传统孵化器的关系以及在孵企业的特征。通过对孵化理论、企业成长理论和企业能力论的阐述,梳理了其核心观点、理论成果、代表性学者等。在对上述理论的融合研究基础上,界定了在孵企业成长能力的相关内涵以及特征。本书的研究对象是基于众创空间的在孵企业成长能力,上述理论成果为本书对众创空间孵化的研究(在孵企业成长能力构成的环境),对在孵企业成长能力的构成、成长能力作用机制以及培育和提升的研究奠定了理论基础。

# 第3章

# 基于众创空间的在孵企业成长环境分析

一般企业的成长环境受政治、经济、社会和技术影响（PEST），从这四个方面分析企业的成长环境主要考量的是影响行业和企业的宏观因素。与一般企业不同的是，在孵企业处在众创空间孵化情景中，并不会直面外部环境，众创空间是嵌入在孵企业和外界环境之间的网络[169]。因此，众创空间本身的孵化环境会对在孵企业的成长起到直接影响。本章将对与在孵企业息息相关的成长环境（包括众创空间的组织结构、运行机制、与在孵企业之间的相互作用、在孵企业成长能力形成机制、众创空间孵化周期阶段特征、众创空间的孵化功能、孵化机制等）进行分析。

## 3.1 资料收集方法

研究在孵企业的成长环境是一个探索和求解的过程。因此本书采用深度访谈和追踪调查相结合的方法，通过跨案例分析，构建众创空间的组织构成概念模型，并从数据层、监督层与交互层三个层级对概念模型加以阐释。本书实地调研共分为3个阶段（参见表3-1）：第一阶段为2017年11月—12月，以韩都衣舍众创空间（国家备案）和济南创客药谷众创空间（国家备案、省备案、市立项）为主要研究对象，收集并分析众创空间运营主体、运营模式、管理团队、种子基金、在孵企业相关信息、入孵出孵标准、空间入住率以及第三方入驻等信息与资料，并与空间负责人进行多次交流。第二阶段为2018年1月—3月，继续追踪调查济南创客药谷众创空间，同时再次进入韩都衣舍众创空间，对该空间的4家在孵企业的负责人进行深度访谈，并在后续追踪调查他们的发展近况，同时经由他们介绍，访谈了其投资人与创业导师。第三阶段为2018年4月—7月，研究对象为参加创客中国山东省创新创业大赛的参赛者们,该比赛 3 月底公布报名方式,5 月 11 日截止报名,在报名阶段,本书笔者在参赛者微信群中发布访谈邀约,对积极响应的 3 位参赛者进行了语音访谈,并约定在复赛时面谈,此后一直追踪调查他们的准备情况。6 月,笔者参观了复赛的路演活动,并对之前邀约的 3 位参赛者进行了深度访谈。同时,笔者在他们的引荐下,又结识了其他创业者,并对其中 2 位参赛者进行了深度访谈,了解内容主要包含所属众创空间、对当前孵化服务的看法、与众创空间的交流情况以及创业团队本身的情况等信息。

表 3-1　调研流程

| 调研阶段 | 2017 年 11 月—12 月 | | 2018 年 1 月—3 月 | | 2018 年 4 月—7 月 |
|---|---|---|---|---|---|
| 调研对象 | 韩都衣舍众创空间 | 济南创客药谷众创空间 | 韩都衣舍众创空间在孵企业、投资人、创业导师 | 济南创客药谷众创空间 | 创客中国山东省创新创业大赛 |
| 调研方式 | 深度访谈 | 深度访谈 | 深度访谈 | 追踪调查 | 深度访谈、追踪调查 |

全过程实地调研众创空间两家,间接了解众创空间三家(通过与创新创业大赛五位参赛者的访谈得知,他们来自三家不同的众创空间),访谈空间负责人三人,在孵企业创业团队九个共计 14 人次,投资人与创业导师各两人。通过访谈,本书对众创空间主导形成的创客、在孵企业、第三方服务、资本等利益相关者构成的组织系统进行梳理和总结。本次调研访谈采用半结构式采访,观察和记录被访者在自然情境下的观点,并与公开信息进行交叉验证,以确保信息的准确性和可靠性。

## 3.2　众创空间的组织结构

根据前文中对众创空间的界定可知,众创空间属于平台组织的一种,因此在探寻众创空间组织系统时,应从平台组织系统的角度出发。平台是传统市场的具化体现,传统市场是因交易需要自发形成的集市空间,当这种市场被特意设计并且供需双侧的信息能够被有效匹配时,便形成了平台[170]。平台是一种集合了大量数据,并将之按照一定规则商业化利用的载体工具。这种载体工具以传统市场的商业模式为基础,在运营上以中介系统为特点,在高度网络化情景中以多方利益体的动态交互为发展形态。众创空间作为平台的一种也遵循平台组织的一般属性规律,按照一定的逻辑脉络,可以将众创空间平台划分为数据层、监督层和交互层。本书根据调研结果并结合众创空间的平台属性构建众创空间的组织结构如图 3-1、图 3-2 所示。

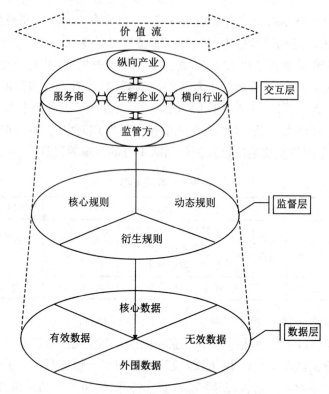

图 3-1 众创空间组织结构侧面图

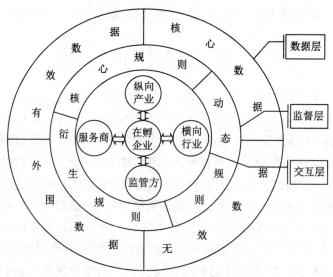

图 3-2 众创空间组织结构俯面图

### 3.2.1 数据层

数据层是整个众创空间平台的数据池(data pool),是海量信息的集合层。信息是对事物的社会价值和自然属性的描述,包含了对事物的本质、发展过程、动态和静态的描述。信息技术将这些描述进行数字化结构,形成数据,汇聚成蕴含社会价值和商业价值的大数据。当前大数据具有大规模、多样化、快速转换及迭代、价值巨大的特征。根据数据的地位和功能的不同,可将数据分为四类:核心数据、外围数据、有效数据和无效数据。

核心数据是众创空间得以正常运行的基础数据,记录了众创空间交互层中各方的基本特征、需求、期望、经济行为以及众创空间自身的信息,例如孵化容量、当前孵化状态、未来规划等。

外围数据是众创空间功能和规律得以有效发挥的数据,这些数据来源于对政策、市场、产业、消费者心理等因素的数字化结构。众创空间对外围数据的挖掘就是对市场机会和价值的整合,为监督层和交互层中各方需求的精准匹配做准备。外围数据可以是人为导向的数据,比如,政府要发布与中小微企业相关的政策,就可以在众创空间中的在孵企业中进行试点,经过验证后再在全国范围内推广。外围数据渗透到众创空间,并融合于核心数据、影响核心数据,最终影响众创空间的行为。

众创空间作为线上、线下结合的创新创业平台,集合了有形与无形的市场、现实与虚拟的空间、既是看不见的手又是看得见的手,其蕴含的庞大数据是否能得以社会价值最大化取决于众创空间对数据的抽象化总结。比如,真实、可靠、实时的反应交易信息的数据以及正确反馈商业规律的、能够实现参与各方共赢局面的数据都属于有效数据。众创空间的有效数据的体量在一定程度上决定着对在孵企业的吸引力以及交互层各个利益相关者之间的有效互动。

无效数据是相对于有效数据而言的。那些阻碍众创空间发展、不利于交互层各个利益体健康发展的干扰信息都属于无效数据。这些无效数据来源于信息技术的有限性,因为现代大数据大规模、快速迭代、多样化和价值巨大的特点,当技术面对庞大繁杂的数据在数字化解构的过程中难免有误读、重复、遗漏等失误。此外,众创空间平台内外交互各方的逐利本性决定着一些人为的伪信息是不可避免的。

### 3.2.2 监督层

监督层是众创空间平台的符号体系，是一种反应交互层各方主体关系的制度设计，它将各个利益相关者之间的互动默契显性化，制定规则并监督规则的实施。从规则的作用机制出发，该层次分为核心规则、动态规则和衍生规则。

众创空间的核心规则是由空间管理方制定的，并获得参与各方一致认同的行为准则，由空间内部的各个成员共同遵守的条例和章程。同时，这些规则彰显了众创空间想要塑造的文化氛围，也就是说进入到某一众创空间的在孵企业与空间管理团队共享同一体系的文化价值观。核心规则包含了对在孵企业的入孵筛选标准、在孵中考核标准、出孵（毕业）考核标准、淘汰机制等。

动态规则是基于核心规则的框架下，对动态市场适应性调整的规则。市场瞬息万变，消费者心理趋于多样化，众创空间平台各个交互方的心理预期和行为也在随时变化中，因此规则必须在基于固定框架下允许一定程度的调整，并以开放姿态持续完善。动态规则通常被应用在处理新出现的、具有特殊性的现象中。当新出现的特殊事例多次发生后，动态规则逐渐被总结出规律，并显性化，进一步影响和完善核心规则。

衍生规则是随着众创空间平台的发展而形成的，可以说它是众创空间平台与交互方各利益主体共生共演的产物。综合类众创空间与专业化众创空间与其在孵企业等交互方的关系最初由核心规则决定，在发展过程中由动态规则调整，而后衍生出适合不同主体需求的关系。比如，由具有行业实力的大企业主导的众创空间成为母平台，在孵企业通过孵化后成为其子平台，他们之间可以是寄生关系也可以是共生关系。

### 3.2.3 交互层

众创空间的交互层包含了多边参与方（在孵企业、服务商、监管方、纵向产业链、横向关联行业）。多方参与是众创空间的价值体现，各个利益相关者代表一种资源种类，在未被连接之前都是资源孤岛，在传统市场中，各方自主寻求资源连接接口的成本相对较高，而在众创空间平台，通过数据层吸收各方参与主体的信息，通过监督层规范使用数据的行为，各方需求在参与层得到精准匹配，搜寻成本得到降低，资源被有效整合，没有各方搜寻资源接口和整合资源的需求，众创空间也就失去了存在的意义。交互层既是大数据的使用方又是大数据的生成方。

在孵企业是众创空间平台交互层的核心成员,也是本书的研究对象。众创空间的核心绩效取决于在孵企业的运营表现,众创空间通过为在孵企业提供服务(资源对接服务、信息搜寻、经营管理培训等服务)培育在孵企业的成长能力,使之可持续发展。在孵企业既是消费者(对于众创空间而言,在孵企业消费众创空间提供的各种服务)又是生产者(在众创空间内部,在孵企业之间可以是相互间的供应商或客户;同时更主要为在众创空间外部的用户提供服务、创造价值),所以在孵企业本身是众创空间平台上的产消者[163]。

虽然很多众创空间背靠实力雄厚的大企业,众创空间以自有资源为基础,但众创空间作为多边参与的创新创业平台,为激发网络效应,引入第三方服务商(包含法律、审计、金融等中介服务)是必然发展结果。因在孵企业对服务的需求是专业化和定制化的[51][53],因此众创空间在引入服务商时,应对服务提供商的资质和稳定设立适当的门槛,要对空间平台总体服务需求的数量、种类进行合理规划,而非直接引入。可见,对服务商的引入和管理是众创空间未来发展的核心竞争力。

监管方是监督层的制定者、执行者以及交互层行为的监督者。从监管地位角度出发可分为:① 众创空间平台管理方;② 政府是平台组织的外部管制方。众创空间平台管理方主要是对内进行软性约束,主要体现在通过调节空间入驻费用或者条件来增加平台吸引力。同时,众创空间并不关心服务提供商与在孵企业之间的交易价格问题,它只关心交易的质量。政府作为外部管制方,主要进行硬性约束。在当前这种高度社会网络化的时代,信息自带商业和社会双重价值,信息本身或者对信息利用的方式和目的都会对社会造成不可估量的影响,甚至是性命攸关的影响,因此这种保障公共安全的公权力只能由政府来实施硬性约束。

在孵企业可以通过众创空间进行产业链上的纵深拓展,参与产业链上的分工合作。纵向产业链上的成员也许是众创空间的在孵企业,或者是其他众创空间的在孵企业,也可以是不属于任何众创空间的各类型企业。众创空间为在孵企业提供链接产业的接口。

横向产业融合主要是指,为了方便在孵企业的跨界融合发展,众创空间提供处于不同行业的企业信息,为有需求的企业提供接口服务。同时横向对象也包含处于同一产业链相同节点的处于竞争位置的不同企业,他们之间可以通过包络或竞合的方式聚合发展。

# 3.3 众创空间的组织结构运行机制

## 3.3.1 交互层提供信息

交互层中的在孵企业、服务商、监管方、纵向产业和横向行业成员各有各的特征,这些独有的个体信息构成了原始信息,即第一层信息。在众创空间中,各个参与方信息得到匹配,进行的交互行为成为第二层信息。随着参与的各方之间交互行为日益复杂,原本独立的个体信息被多重交叉匹配,从而形成第三层信息。

## 3.3.2 监督层规范行为

监督层对原始信息进行筛选处理,按照一定的筛选原则进行匹配。该种原则可以是来自交互层的某个单一成员主体的自我标准,也可以是参与成员之间互相匹配的标准。这个原则也可以是多个参与者互相作用的结果,尤其是众创空间在管理交互成员的时候也会制定一定的标准,如入驻标准、收费标准、考核标准等。从个体、群体到群体间的互动作用,都包含自然的、人为的、团体的制定,甚至是法律上的标准、原则、制度等,这一切构成了规则体系,规范交互层行为。

## 3.3.3 数据层处理数据

经过监督层筛选后的数据,在数据层通过信息技术解构为大数据(核心数据、外围数据、有效数据、无效数据),这些数据被重新组合和解析,混沌状态中的活动和信息才能呈现出一般规律。有效使用这些大数据背后的规律可以调整现存的规则或者制定出符合当前经济活动的规则,同时,这些规律还可以指引众创空间的交互层主体的行为,促进各方利益体交易更加频繁和规范,从而创造更大的社会价值和经济价值。

## 3.3.4 众创空间的组织结构运行机制

综上所述,众创空间的交互层提供原始信息,在监督层信息规范的有机作用下形成数据结构,再由数据层的信息技术处理后成为抽象化的大数据,提炼出一般规律,同时指引交互层行为,促进监督层规则的完善(如图 3-3 所示)。在众创空间组织系统的这个作用过程中,交互层、监督层和数据层各个层级之间互相作用、反馈。监督层是过滤器,筛选规范化信息;是桥梁,连接数据层与交互层。交互层的反馈优化众创空间的组织结构,更加完善的众创空间组织更有效地促进参与各方的交互,在孵企业的成长能力得以提升。

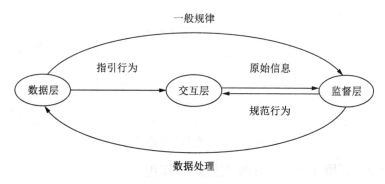

图 3-3　众创空间的组织结构运行机制

# 3.4　众创空间与在孵企业之间的互相作用机制

众创空间与在孵企业之间的作用是相互的。众创空间对在孵企业具有通过提供优质交互,提高其成长能力的正向驱动作用。在孵企业通过独立反馈和群体反馈向众创空间进行服务需求反馈和价值反馈促进众创空间不断完善(如图 3-4 所示)。

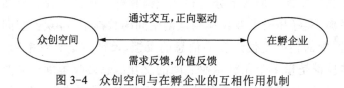

图 3-4　众创空间与在孵企业的互相作用机制

## 3.4.1　众创空间对在孵企业的正向驱动

众创空间组织结构运行机制构建的基本目标是为了促进核心交互。核心交互是任何平台内部活动的主要形式,众创空间也不例外。核心交互的重点是实现价值交换。虽然众创空间的交互层由多方主体构成,其交互形式并不单一,但核心交互的首要地位不会动摇。对于众创空间来说,其核心交互就是众创空间管理团队与在孵企业之间的孵化与被孵化的交互,其他交互关系(比如,在孵企业之间的交互、与空间外部企业的交互)都紧紧围绕着这一交互来进行。创业团队选择入驻众创空间也是为了获得这些交互关系,从而实现成长。因此,可以说众创空间的价值在于为在孵企业提供高质量的交互,从而提高其成长能力。众创空间组织结构运行机制的完善能够确保并促进该种高质量交互,因此众创空间对在孵企业具有通过提供优质交互,提高其成长能力的正向驱动作用,如图 3-5 所示。

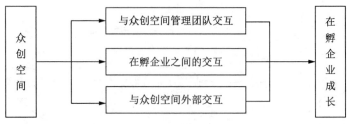

图3-5　众创空间对在孵企业的正向驱动作用

### 3.4.2　在孵企业对众创空间的反馈作用

虽然众创空间参与主体的性质、来源以及目的呈现出多元化特征,但是核心交互的根本参与者只有两种,即创造价值的生产者和使用价值的消费者。在众创空间的孵化情景下,在孵企业同时扮演这两种角色。在孵企业既使用众创空间本身产生的价值,也会创造价值反馈众创空间。众创空间所提供的工具或服务的有效性依赖于在孵企业的反馈,适时的反馈有助于众创空间的持续完善,而完善的工具能更好地为在孵企业提供精准服务。有效的反馈可以促进更多交互,并强大网络效应。

在孵企业的反馈从形式上分为独立反馈和群体反馈。独立反馈是指单个在孵企业的兴趣、喜好和需求被收集到众创空间的数据平台,众创空间以此来进行精准匹配,匹配的精准度促进更多信息的反馈,反馈数量和频率越高,匹配越有效果。群体反馈是指多个在孵企业之间的交互信息被收集到众创空间的数据平台,有价值的交互会刺激更多的有效活动,而众创空间根据这些信息会构建或调整工具或规则完善他们之间的交互。

从在孵企业的反馈内容上看,有服务需求反馈以及价值反馈两种。在孵企业通过基础服务需求反馈、个性化服务需求以及规模化定制服务需求反馈反哺众创空间的孵化功能。基础服务需求是解决在孵企业的基本生存需求,包含办公场所、设施、设备、人力资源以及资金。众创空间平台提供的这些基础服务的质量给目标小微企业留下初步印象,吸引他们入驻成为在孵企业。单个在孵企业的特征反馈(前文所提的喜好、兴趣、需求等)属于个性化服务需求的范畴,众创空间识别个性化服务需求是其孵化功能的体现,众创空间收集、整理每个在孵企业的特征反馈,帮助他们减少搜寻合作伙伴的成本,每一次反馈都促进更多交互发生。多个在孵企业的个性化需求反馈被收集,众创空间利用信息技术处理之后,会总结出多个在孵企业的共性服务需求,从而形成规模化定制服务需求。规模化定制需求反馈反哺众创空间的集成化群体孵化功能。

在孵企业对众创空间的价值反馈分为经济价值反馈和社会价值反馈两种。平台化发展带来了网络化效应,从而产生海量化数据。众创空间吸引众多创业型小微企业入驻成为在孵企业,多个在孵企业的交互生成网络化效应,而海量的数据和活跃的交互行为本身并不创造价值,众创空间必须找到网络化效应中的价值所在并激活,简单讲就是盈利模式,也就是在孵企业对众创空间实现经济价值反馈的路径,包括入驻租金、交易费用、定制化服务费用以及股权。

（1）入驻租金。

普通平台企业会非常慎重对用户收取入驻费用,尤其是依托互联网技术的平台,因为消费者习惯于免费使用互联网服务,贸然对用户收费会造成网络负效应。而众创空间平台是融合了线上、线下的物理空间,保留了传统孵化器功能的部分,所以在孵企业对物理设施,比如办公场地、设备、设施等基础服务支付使用费用是正常的,各方也早已习以为常。但入驻基础费用、租金等并不能成为众创空间的主要收入来源,以至于一些众创空间在开办初期为了吸引企业入驻,实行免基础设施租金。所以入驻租金虽然为众创空间带来经济价值反馈,但不是主要经济收入来源,更不是众创空间的目标。

（2）交易费用。

在孵企业通过众创空间取得与其他在孵企业交易的机会,以及与服务提供商的交易机会,或者本众创空间外部企业的交易机会。这些包含金钱交易的交互都是通过众创空间的匹配实现的,所以众创空间可以从这些交易价格中进行抽成,也可以为每一笔交易制定固定费用。

（3）定制化服务费用。

针对那些无法实现规模化定制的服务,众创空间会提供有针对性的个性化服务,而这些个性化服务如果没办法实现规模化,众创空间就不能利用集成服务,势必产生额外的成本,那么在孵企业理应承担这部分费用。该类服务体现了众创空间提供异质化孵化服务的能力,也是区别于其他众创空间的标志,所以在在孵企业对众创空间的经济价值反馈中,该类反馈属于较高层次的反馈。

（4）投资股权。

在孵企业的来源大多数是创业型小微企业,这类企业最大的特点就是融资困难,众创空间为在孵企业提供各种金融服务,比如,为在孵企业申请小额贷款进行信任背书,提供天使投资的对接机会,帮助申请政府扶持基金等。除此之外,一些众创空间本身也会筛选有潜质的创业项目进行投资,购买股权。在孵企业运营良好,以分红的形式反哺众创空间。该类形式的经济反馈并不会发生在所有众创空间中,通常有投行背景或以大企业为依托的众创空间比较有实力来投资在孵企业。

在孵企业对众创空间社会价值反馈是指在孵企业对众创空间社会声誉的贡献。在孵企业的成功意味着众创空间的孵化能力通过了验证,作为创新创业服务平台,优异的创新创业成功率帮助众创空间取得更广泛的社会认可,从而吸引更多有潜力的优质创业团队申请入驻众创空间。在孵企业成功出孵后反哺众创空间的社会网络。比如,美国知名众创空间 Y Combinator 成立 13 年来已成功孵化出 1700 多家创业企业,目前尚有 1900 家在孵企业。通过集中孵化后,创业者们自动加入 YC "校友会" 网络,企业将终身获得这些网络资源。"校友会" 网络形成 YC 孵化体系的创业生态,成功的创业者会作为创业导师和资金来源反哺 YC 的孵化业务。与此同时,成功的创新创业案例可发挥榜样力量[171],对仍处在众创空间孵化周期内的在孵企业或持观望态度的创新创业者起促进作用。

综合以上,在孵企业对众创空间的反馈作用如图 3-6 所示。

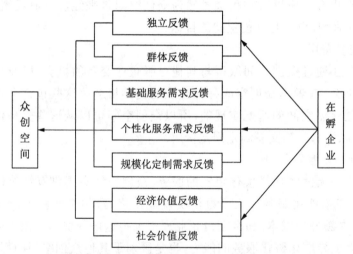

图 3-6　在孵企业对众创空间的反馈作用

## 3.5　基于众创空间的在孵企业成长能力形成机制

通过本书第 2 章对企业能力理论各个分支核心观点的梳理可知,企业成长能力并不是几个单一因素的简单叠加或转化而来,而是多种知识、多种技能以及多因素相互作用、相互影响的结果。资源基础论强调了能力的内生性,核心能力理论与知识基础理论基于能力内生的说法认为企业成长的优势源于内部能力体系中核心能力的识别和知识管理。而核心能力与知识本身并不会直接促进企业成长,因此吸收能力理论提出企业识别出新知识、吸收并将其应用到现实目标中来才能产生成长绩效。动态能力理论进一步拓展了吸收能力理论,认为能够整合内外资源以应对动态市场的企业更具成长优势。Helfat 等(2007)[156] 认为能力是否存在与能力强弱是两码事,只要企业能够执行某一项任务就应该被视为具有这项能力,执行效果体现的是能力的强弱而不是有无。而能力的维持与提升发生在对能力使用过程中,重复地使用某一种能力,其过程就是对能力的积累、修正、娴熟的验证过程。

### 3.5.1　能力形成过程

通过上文的论述,结合众创空间孵化情景,在孵企业成长能力的获得是依托其自身资源与可获得的孵化资源,并从中识别出成长机会,借助众创空间积累能力,在动态环境中验证能力,经过反复应用使能力娴熟的过程。每一种能力的获得都需要经过系统的学习、积累跟应用。本书将在孵企业成长能力形成的过程分成:能力意识、能力习得、能力验证、能力应用。如图 3-7 所示。

图 3-7　在孵企业成长能力形成过程

能力意识是在孵企业成长能力形成过程的出发点,是在孵企业在确定成长发展目标之后,明确了不同的目标应该配备何种能力的一种认知。在该阶段,在孵企业为获得目标能力,通过众创空间搜寻匹配的能力服务或培训以及获得能力的方法或路径,并形成能力获得的方案。

能力习得阶段是在孵企业确认了能力获得方法或路径之后,与众创空间内外部的接口对接,通过各种方式,包含服务、培训、个性化定制等,获得本身所需的知识,快速升级并完善成长能力。

能力验证阶段是在在孵企业的运营中检验获得的能力是否有效的阶段。能力是否有效需要两个方面的验证:① 该能力是否直接或间接地体现在在孵企业成长绩效上面;② 众创空间组织专家按照考核制度评判成长能力。这一阶段一般需要多次反复进行。

能力应用阶段分两个层次,一是将获得的能力投入到运营管理中,通过产品或服务的销售实现经济价值;二是实现能力的协同效应,即获得的能力是否能应用到其他产品或服务中去,或者可否以该种能力与其他在孵企业或众创空间外部的其他企业实现合作。

### 3.5.2　SECI 模型介绍

SECI 模型是野中郁次郎和竹内弘高基于日本企业的知识管理构建而提出的,该模型定义了对知识创造和知识创新的两个维度和四个阶段[172]。该模型的假设前提是任何个人的学习成长、知识创新都处在社会交往的群体情景中实现。企业的成长能力获得仰赖于从创始人到普通员工的学习成长和知识创造,众创空间更具针对性的为在孵企业提供了社交群体情景。野中郁次郎认为企业管理知识可分为隐性知识和显性知识两个维度,而在隐形和显性知识互相转换的过程遵循四个阶段(如图 3-8 所示),即社会化(Socialization),外部显性化(Externalization),融合发展化(Combination),内部升化(Internalization)。

| | Tacit K | Tacit K | |
|---|---|---|---|
| Tacit K | Socialization<br>(Originating Ba) | Externalization<br>(Interacting Ba) | Explicit K |
| Tacit K | Internalization<br>(Exercising Ba) | Combination<br>(Cyber Ba) | Explicit K |
| | Explicit K | Explicit K | |

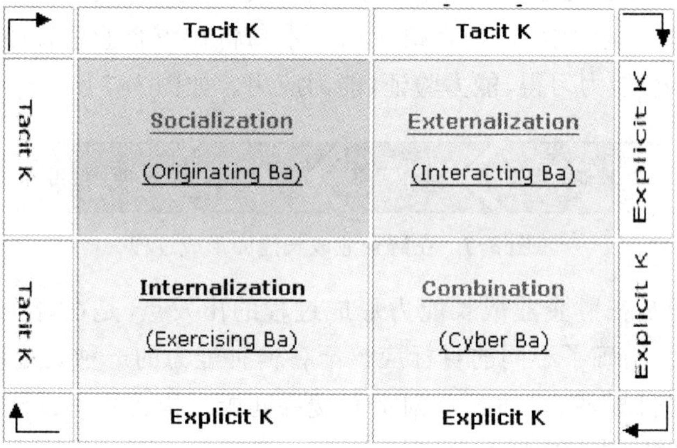

图 3-8　SECI 模型框架

(转自野中郁次郎(Ikujiro Nonaka)和竹内弘高(Hirotaka Takeuchi)于 1995 年在合作的《创新求胜》)

第一阶段社会化(socialization),是一种只可意会不可言传的阶段,即隐性知识转移到另个载体后,依然是隐性知识,该过程是通过观察、模仿和实践,并非通过口头或者书面的语言传递。第二阶段的外部显性化(externalization)是隐性知识转化成显性知识的过程,该过程会把现象抽离成一般规律,把隐性知识进行清晰界定,用书面或口头语言把知识概念化,学习者可以通过书本、影像等得到知识。第三阶段的融合发展化(combination)是显性知识和显性知识的结合发展,学习主体从不同渠道得到的显性知识之后,总结汇合之后形成新的显性知识。最后阶段的内部升华(internalization),是显性知识转化成隐性知识的阶段,学习主体在习得新的显性知识后,因为背景不同,各个主体对相同的显性知识解读不同,获得的经验不尽相同,显性知识通过不同学习主体的吸收、消化之后升华成具有个体特色的隐性知识,之后进入新一轮知识能力的学习。

### 3.5.3　基于 SECI 模型的在孵企业成长能力形成机制

在孵企业成长能力形成的过程实际上也是知识转换的过程,虽然不同的能力在形成过程的具体细节会略有不同,但大致上都会遵循能力意识、能力习得、能力验证、能力应用这条发展主线,而每一个形成阶段都伴随着知识转换。因此以 SECI 模型的角度来揭示在孵企业成长能力的形成规律是符合实际情况的。本研究基于 SECI 模型的在孵企业成长能力形成机制如图 3-9 所示。

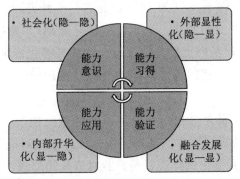

图 3-9　基于 SECI 模型的在孵企业成长能力形成机制

首先,在能力意识产生阶段,在孵企业意识到发展目标和当前状态的距离,并确认应获得何种成长能力和获得路径,这个过程就是通过观察、模仿学习目标的能力行为而获得的,即隐性能力向隐性能力的转移(也可以说是个体经验的传授)。第二,在能力习得阶段,在孵企业根据实际需求,通过与其他在孵企业、众创空间平台管理团队、或空间外部企业的沟通获取知识,并将其融入能力构建中,这个过程遵循隐性向显性的转换规律。在能力验证阶段,需要运用符合实际需求的科学方法检验所获得能力的有效性,找出仍需改进的方面,持续完善,将不同显性知识汇总形成在孵企业自身的显性知识和能力的过程。能力得到应用时,其应用效果体现在管理运营中,以不同的形式得到传播、扩散,在孵企业从创始人到员工在应用能力的时候得到自己的经验,使能力在内部得到升华,即呈现出显性能力转换成隐形能力的过程规律。

# 3.6　企业生命周期理论

　　企业处于孵化情景中才被视为在孵企业,在孵企业的成长阶段就是被孵化的过程,成长阶段的划分就是孵化周期的划分。众创空间孵化周期是在孵企业成长环境的重要组成部分。在孵企业在不同的孵化周期需求不同,众创空间对处于不同孵化周期的在孵企业发挥不同的孵化功能,才能有效培养其成长能力。

　　孵化的主要目标是发现、识别、筛选、创造机会、推动创新、促进成果转化、降低创业风险、提高创业成活率、培养企业和企业家、创造新经济增长点、促进产业结构调整和区域经济发展等。孵化方以培养和提升在孵企业的成长能力来实现以上目标。成长孵化周期就是在孵企业在孵化情景中,通过孵化网络交互,培育出足以支撑在孵企业出孵后可持续发展的成长能力的过程。在孵企业虽然处于孵化情景这个特殊条件下,但是也属于企业的一个种类,其发展特征既区别于一般企业又具有一般企业的共性。为了研究孵化周期,本章接下来将回顾一般企业生命周期理论,在此基础上划分出在孵企业成长孵化周期,并分析各个时期的在孵企业特征以及众创空间与之匹配的服务功能,从而构建在孵企业成长能力孵化链运行机制。

　　任何事物的成长都是其内部与外界发生能量交换,从低级走向高级阶段的过程。企业是社会经济系统中的基本组织单位。人类对成长的追求是与生俱来的,这一现象在经济发展中的体现就是企业对成长的追求。企业作为社会组织是否具有生物那样的生命特征? 企业从产生到衰亡是否存在规律性周期? 在企业发展的各个阶段具有怎样的特征? 这整个周期过程中,有哪些因素驱动企业前进? 对这一系列的回答构成了企业生命周期理论体系。将企业组织类比生物体,不少学者在此基础上进行了大量而深入的研究。主要的企业生命周期理论有斯坦梅茨的四阶段模型[173]、葛雷纳的企业成长模型[132]、丘吉尔和刘易斯的五阶段模型[133]、爱迪思的十阶段模型[115]和弗莱姆兹的七阶段理论[174]。

## 3.6.1　斯坦梅茨四阶段模型

　　对企业生命周期的最初表述出现在斯坦梅茨 1969 年的研究中,他通过对大量企业发展过程的观察,从组织结构的角度出发,发现小企业的成长过程体现出 S 曲线,并认为企业成长的过程可分为四个阶段,即直接控制、指挥管理、间接控制以及部门化组织。

（1）直接控制阶段。

在企业创办初期，人员规模较小，创业者并没有实际的管理问题可言。创业者直接对业务对产品负责，亲自参与市场和销售。随着业务发展，人员规模的增加是必然的，此时创业者要考虑授权问题，以及从对业务的直接管理过渡到对管理人员的管理。如果此时创业者能够营造一种鼓励创新的企业文化，和实施基本的管理工具（如计划、组织、指挥、控制等），那么企业会开始过渡到下一个阶段（指挥管理阶段）。

（2）指挥管理阶段。

进入该阶段的企业，创业者开始关注合理授权，开发测量企业绩效的工具，选择企业未来成长和扩张的路径，关注企业的财务问题，为投资决策提供依据。管理规范化职业化带来了管理费用的增加，组织规模的扩张也会伴随着产品质量和效率问题。

（3）间接控制阶段。

企业组织进一步扩大，中层管理人员增多，有一些管理人员积攒了管理和行业经验以后离职创业，或加入竞争对手企业。企业的管理费用、经营费用进一步上升，企业成长速度减慢。对中层管理人员的管理，以及寻找新的盈利业务成为该阶段企业的主要任务。

（4）部门化组织。

此时的企业已基本脱离了小企业的范畴，迈入中型企业，企业组织内部门增多，种类日益齐全。

### 3.6.2 葛雷纳的企业成长模型

拉瑞·葛雷纳认为，企业成长的过程就是演变和变革的动态交替过程。演变反映了企业的渐进式成长发展，变革反映了企业的突发事件。他以企业年龄、企业规模、演变的阶段、变革的阶段、产业成长率为指标，区分了企业成长的五个阶段（创业阶段、集体化阶段、规范化阶段、精细化阶段、合作阶段）。

处于创业阶段的企业大多依靠创业者的个人特质，此阶段的企业重视研发和市场，不需要太复杂的组织管理。该阶段企业通过创造而成长。集体化阶段的企业通过建立专业化管理团队来管理各个部门，指导工作，引导员工执行决策等。该阶段企业通过领导而成长。规范化阶段的企业高速成长，市场更加广泛，此时授权过多会失去控制，管控过多会影响组织效率。因此，此时的企业通过平衡而成长。精细化阶段，企业组织规模进一步扩大，官僚主义现象凸显，企业需要更规范、全面的管理体系和业务流程来处理各方关系。合作阶段的企业在产业链占据重要位置，协调上下游企业的合作，提升产业链效率是此时企业成长的关键。

### 3.6.3　丘吉尔和刘易斯的五阶段模型

丘吉尔和刘易斯的五阶段模型包含了创业阶段、生存阶段、摆脱束缚或成功发展阶段、起飞阶段、成熟阶段等。每个阶段都有可能出现维持现状、持续增长、战略性转移、被收购、破产等情况的可能性。该理论模型从组织规模和管理因素两个维度描述了企业成长中各个阶段的特点。根据这个理论模型，很少有企业会长久维持现状，很多企业会在发展过程中寻求战略转移，之后又会进入不同的发展阶段（如图 3-10 所示）。

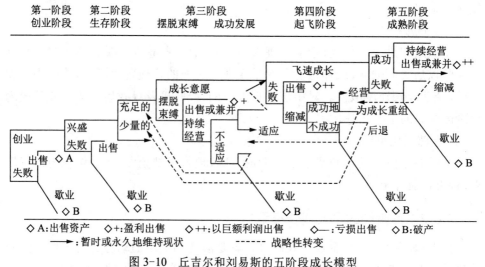

图 3-10　丘吉尔和刘易斯的五阶段成长模型

### 3.6.4　爱迪思的十阶段模型

伊查克·爱迪思把企业的生命周期分为两个大阶段十个时期。第一个阶段是成长阶段包含了孕育期、婴儿期、学步期、青春期、壮年期、稳定期。稳定期是企业的成长高峰期，达到这一时期意味着企业进入了老化阶段，历经贵族期、官僚化早期、官僚期，直至死亡。

爱迪思绘制了企业生命周期十阶段曲线图（如图 3-11 所示），根据该理论这条"山峰"曲线可以延续几十乃至上百年，然后在商业实践中，鲜有企业走完这条曲线描述的全程，有的企业仅仅成立几年就消失了，其根本原因是，企业在面临转型时没有越过成长陷阱。比如,处在学步期或青春期的企业面临着由创业型向管理型企业转型,此时企业如果受创业者或其家族局限制约,就会落入发展陷阱。

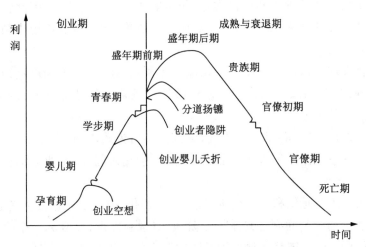

图 3-11　爱迪思企业生命周期十阶段曲线图

爱迪思认为,壮年期是一个企业最为理想的阶段,该阶段企业在控制与灵活性上达到平衡。企业此时对现有业务、未来发展目标以及战略选择都有明确而且清晰的认识。壮年期并非企业的发展顶点,此时企业应该通过创新、变革、再创业来保持持续成长,如果企业失去活力,就会停止成长,最终走向官僚、死亡。

### 3.6.5　弗莱姆兹的七阶段理论

厄威克·弗莱姆兹将企业的生命周期划分为新建阶段、扩张阶段、专业化阶段、巩固阶段、多元化阶段、一体化阶段、衰落阶段或复兴阶段。所有的企业都要经历不同的发展阶段,这些阶段的分化标志由企业的规模所决定,而企业的规模由其年收入来代表。

新建企业最重要的任务是存活下去,此时人员情况简单,创业者的重心在如何实现盈利,所以此时企业需要重点开拓市场和产品的销售,企业的年销售额少于一百万美元。

渡过了生存期的企业开始进行业务扩张,产品销往更广泛的市场,人员增加,组织结构开始复杂,为提高销路,企业需要重点发展经营系统,确保盈利可以支持企业扩张,此时企业年销售额大于一百万美金少于一千万美金。

企业步入专业化阶段,部门日益齐全,职业管理人员增加,企业的重心从业务和产品上转移到对管理人员的管理,此时的发展重点是建立和完善管理体系,此时企业年销售额大于一千万美金小于一亿美金。

企业的管理体系全面建立后,各种流程规范化,同时人员对企业的认同感、归属感决定着企业的效率和产品质量,更影响着各部门的协作,因此管理重心需要放在企业文化的建设上来,进一步巩固发展成果,此时企业年销售额大于一亿美金小于五亿美金。

多元化发展阶段的企业需要寻求新的盈利点,在产品、市场以及经营管理上均需要创新,并且拓展多元化业务以分散投资风险。此时企业年销售额大于五亿美金小于十亿美金。

多元化发展之后,各个业务不同,各部门各自为政,影响企业凝聚力,因此此时的企业发展重点是不同业务单位的一体化,强化协同性,企业年销售额大于六亿美金小于十一亿美金。

企业在经历多元化和一体化阶段后,组织僵化,或许陷入官僚主义陷阱,这时的企业急需一场变革回到之前某一个阶段,寻求新发展,以复苏一个阶段带动企业整体的复兴。企业年销售额因为不同的企业复苏到不同的阶段因此无法量化。

# 3.7　众创空间孵化周期阶段的划分

在孵企业的成长阶段主要是被孵化的过程,在该过程中通过孵化网络的交互,培育出足以支撑在孵企业毕业出孵后可持续发展的成长能力是企业进入众创空间的主要目的,也是众创空间的价值所在。在比较早期的传统孵化器中,接受成立不足3年的初创企业入驻,孵化周期一般为3～5年(吴寿仁、李湛,2002)[13]。近几年来,我国孵化周期有缩短趋势,一般在48个月以内(毕可佳,2016)[45],而且企业入驻前一般不超过1年。美国著名的创客空间Y Combinator和位于波士顿的Techstars在选定了创业项目之后只有3个月孵化期;腾讯(上海)众创空间的孵化周期是6～12个月,创客网建议将孵化期分成三阶段(基础阶段、验收阶段、交付阶段)。对于企业生命周期的划分,如果仅仅以时间点划分可能会过于片面,因为企业所属行业不同,同样时间点会表现出不同的特征。但如果时间节点不清晰,单纯以组织特征来划分企业成长阶段,各个阶段间的界限过于抽象,不易观察企业成长的微观过程。同样,针对孵化周期的划分亦不能单纯以时长为标准。通过观察以及综合对国内外知名众创空间的信息搜索,同时吸收了学术界专家和本研究调研的众创空间管理层的建议,本书不对每个孵化时期设定统一时间节点,但鉴于孵化的特殊情景,本书将总孵化周期设定为十八个月,同时按照每个时期的在孵企业成长特征,将在孵企业孵化周期分为预孵期、入孵初期、入孵中期、准出孵期共计四个阶段。

按照前文对企业生命周期理论的回顾,以及第二章中对在孵企业概念的界定,本书认为在孵企业的成长孵化周期对应的是斯坦梅茨的四阶段模型中的直接控制阶段,葛雷纳的企业成长模型中的创业阶段,丘吉尔和刘易斯的五阶段模型中的创业阶段和生存阶段,爱迪思的十阶段模型中的成长阶段(孕育期、婴儿期、学步期、青春期、壮年期)以及弗莱姆兹的七阶段理论中的新建企业阶段。其中,爱迪思十阶段模型对成长阶段的描述比较全面,而且划分较为细致。成长孵化周期中的预孵期对应的就是孕育期,入孵初期对应的是婴儿期、入孵中期对应的是学步期、准出孵期对应的是青春期和壮年早期(如表 3-2 所示)。

表 3-2　孵化周期阶段及在孵企业阶段性特征

| 孵化周期阶段 | 所对应的生命阶段 | 在孵企业特征 | 在孵企业需求 |
| --- | --- | --- | --- |
| 预孵期 | 孕育期 | 尚未注册、空有创业构想,或企业初创、未经现实检验、 | 办公场所、基础设施、创业指导、培训、管理咨询服务等 |
| 入孵初期 | 婴儿期 | 缺乏资金、产品具有前景、创业者陷入矛盾 | 匹配金融资源、创业者能力培训、管理咨询服务等 |
| 入孵中期 | 学步期 | 业务膨胀、发展迷茫 | 管理技能培训、投资决策培训等 |
| 准出孵期 | 青春期、壮年早期 | 个性化领导和职业化管理的矛盾、企业发展由量变转向质变、或分化衍生出新的创业团队 | 职业管理培训、咨询服务、员工培训等 |

### 3.7.1　预孵期——创业空想期

预孵期内的孕育期企业是拥有创业构想,尚未注册公司,或刚刚成立不久的初创企业,往往对未来带有美好的想象,对创业项目的前景通常很乐观,面对投资者时雄心壮志地描绘商业蓝图。然而,当创业团队面对一些比较落地的常规性问题,比如该如何做、什么时候做、谁来做、在哪里做、为什么等问题时,却常常受不住"拷问",可见孕育期的企业缺乏现实市场的检验,缺乏可操作性,创业项目停留在幻想阶段。这种脱离实际的幻想阶段很有可能无法顺利发展到下一阶段,创业项目在孕育期遭遇"胎死腹中"。爱迪思将这种情况称为"创业空想"。此时的在孵企业需要集中精力将创业项目从构想到商业化的打磨。准确的市场信息和专业的行业知识决定着创业项目是否能成功落地。

### 3.7.2　入孵初期——夭折风险期

入孵初期内的婴儿期企业成立不久,面对的问题主要是资金短缺以及创业者没有承担相应义务造成的。此时的企业成立不久,办公场所、设备设施和招聘员工等都需要资金支持,而这些消耗都是初始投入,企业正常业务尚未成型,还没获得收入或者获得的收入小于开支,常常处于入不敷出的状态。企业从构想到实质发展阶段遇到的种种困境,可能会使创业者陷入矛盾,如企业发展与个人生活的矛盾、个人期许与现实的矛盾等,同时外部的干涉会使创业者动摇对企业的认同感,影响创业热情,产生自我否定等负面情绪。这两方面的原因会使创业者不能承担相应义务,很有可能导致婴儿期的企业"夭折"。此时的在孵企业产品已经通过市场检验,符合市场需求,极具发展潜能,需要资金保证产品供给,同时保持创新性和灵活性以应对动态的市场环境。

### 3.7.3　入孵中期——业务膨胀期

入孵中期内的学步期企业进入快速发展,因业务的发展而膨胀,被动的销售导向等特点,创业者容易盲目尝试不同领域且又不能长久坚持,很可能因为缺少经验导致亏损,而使刚刚实现盈利的企业顷刻坍塌。此时企业取得了一定的市场份额,销售收入实现从 0 到 1 的转变,并有一定量的积累,但是缺乏组织管理能力,企业内部没有完善的流程和管理制度。学步期企业组织灵活,取得盈利是生存下去的根本,业务发展依靠创业者或核心成员的决策,因此,企业中的组织机构通常"因人设事"。创业者对企业的运作事必躬亲的做法常常使企业的发展受创业者个人能力的局限,这就是爱迪思所讲的"创业者陷阱"。此时的在孵企业需要管理的连续性和侧重点的区分。

### 3.7.4　准出孵期——发展转折期

准出孵期内的青春期及壮年早期企业已经运营一段时间,发展进一步壮大,企业面临职权授予以及企业发展目标转换的问题。授权就要求创业者从个性化领导风格到职业管理者转变。在建立规章制度、执行规范化管理的过程中,创业者习惯了往日的"一言堂"做法,常常成为第一个打破规矩的人,使得刚刚建立起的规章制度失信于员工、形同虚设。此外,企业的目标在学步期时,疯狂追求市场份额、销售量,在青春期的目标转向对利润的质的追求。在实现企业组织规划与对业务质量的双重驱动下,处于青春期的企业若在创业者集权与授权之间徘徊过久,可能会使企业"未老先衰",也可能由于业务的扩展产生新的创业理念,从而衍生出新的创业团队。此阶段的在孵企业属于高成长期,总资产达到一定条件,销售额具有一定规模,初步具备了出孵的条件,处在即将出孵的关键阶段,企业的组织目标需要调整,组织结构尚待完善。

# 3.8　众创空间的孵化功能

进入任何一个众创空间的官方网站,或亲自到众创空间实地参观,都可以很方便地获得入孵的相关信息,比如申请入孵条件、申请入孵流程等。足够的入住率是众创空间得以成功运营的基础,进入众创空间接受孵化服务,不能仅仅依靠创业团队的主动申请,创业项目质量的优劣以及创业项目是否符合众创空间的文化理念需要众创空间管理团队的甄别筛选。因此在创业团队的申请阶段,众创空间孵化方与创业团队之间需要足够、充分的沟通,以确保适合的创业项目入驻,只有创业项目的孵化需求与众创空间的孵化供给相匹配才能提高在孵企业的成功率,众创空间的价值在于在孵企业能够创造价值。

创业团队通过筛选标准验证后成为在孵企业,在孵企业通过阶段性筛选验证后进入到下一个孵化阶段,便开始接受一系列孵化服务。本书通过在实地调研中与众创空间管理团队和在孵企业创业者的访谈,以及阅读各种文献,总的来说,目前众创空间所提供的服务包含了提供开放式办公场所、各种创新创造工具、基础设施、法律金融政策等中介服务、各种培训、管理咨询服务、沙龙聚会活动、产品推介、举办或协办创新创业大赛等。国内外文献中不乏对众创空间以及传统孵化服务的分类研究[175][176][177]。

不同众创空间根据本身的特点会提供不同的孵化服务,但总体来说大致可分为两种,即第一,帮助在孵企业进行内部积累,第二,帮助在孵企业应对外部环境。本书将第一种帮助在孵企业积累内部力量的服务功能称为过渡功能,将第二种帮助在孵企业应对外部环境的功能称为撮合功能。

综上所述,众创空间的孵化功能主要有筛选、过渡、撮合这三种。

## 3.8.1　贯穿全周期的筛选功能

通常来说,在未入驻成为在孵企业之前的创业团队叫作候选入孵对象。Hackett 与 Dilts 认为候选入孵对象有三类[178]:第一,创业项目与众创空间的孵化领域不相符;第二,创业项目具有发展潜质但缺乏资源帮扶;第三,创业项目非常成熟,具备立足资本。适合进入众创空间的候选入孵对象属于第二类。众创空间的筛选功能体现在在申请阶段挖掘出同时具有商业潜质和新创弱势的创业团队；也体现在孵化周期的每一个阶段识别出满足进入下一阶段孵化的特点。 因此，众创空间的筛选功能不仅仅存在于申请阶段，而是贯穿于整个孵化周期，也并不是所有的创业团队都会经历从预孵期到准出孵期的全过程，有的初创企业在申请阶段已经具备某个阶段性特点，便可直接进入该阶段接受相应地孵化。在孵企业入驻众创空间之后，每从一个阶段进入到下一个阶段都需要众创空间的筛选功能，通过对筛选标准的验证之后方可进入到下一阶段，最后一次通过筛选标准验证后便可成功出孵。没有通过筛选验证的创业团队或在孵企业可结合落选建议完善商业模式，或另申请其他适合的众创空间。在孵化周期内未通过阶段性筛选标准验证的在孵企业可返回之前的阶段进行再孵化。

由前文所述，申请阶段属于孵化周期的预孵阶段。该阶段创业团队的目的是达到筛选标准成为正式的在孵企业，众创空间的筛选标准是创业项目一定具有创新性，商业模式具有可行性，创业者理念与众创空间理念相符。对入孵初期并准备进入中期的在孵企业筛选标准是产品已进入市场初步通过考验，有创业者之外的组织成员加入，但资产规模较小。对处在入孵中期并准备进入准出孵期的在孵企业来说，筛选标准主要是企业实现盈利，市场份额增加，销售持续增长。对处于准出孵期并准备毕业出孵的企业来说，筛选标准是已经成立一段时间、资产达到一定规模、销售达到一定水平、组织机构初步建立（如表 3-3 所示）的。

表 3-3　不同孵化周期阶段的筛选标准

| 孵化周期阶段 | 所对应的生命阶段 | 筛选标准 |
|---|---|---|
| 预孵期 | 孕育期 | 创新性的创业项目、可操作性的商业模式、理念相符的创业者 |
| 入孵初期 | 婴儿期 | 资产规模较小，但产品已通过市场检验，组织规模开始扩大 |
| 入孵中期 | 学步期 | 市场份额增加、销售持续增长、实现盈利 |
| 准出孵期 | 青春期、壮年早期 | 组织机构初步建立，销售达到一定规模，资产达到一定水平 |

### 3.8.2　隔离外部风险的过渡功能

市场的不确定性和未知的风险、行业的竞争压力、对政策的误读及其他外部威胁等对于缺乏经验、能力欠缺的初创企业来说具有致命的打击。如果创业团队直接进入如此复杂的外部环境，那么将会花费较高的成本去搜寻市场信息和外部资源。初创企业本就缺乏资金,较高的搜寻成本会大大降低初创企业的成活率。因此众创空间应该提供一个可控的环境,人为降低环境威胁,帮助在孵企业渡过生存危机。这种人为可控的环境,可以认为是初创企业的"温室",将外部不利于在孵企业成长的负面因素隔离开,同时向在孵企业注入有利于发展的资源,比如办公场所、基础设备、管理培训、咨询服务、资金支持等,以提升在孵企业能力,以避免因资源短缺而夭折的缺憾。本书将众创空间这种为在孵企业设立"隔离带"提供"温室"的服务称为过渡功能。该功能的目的主要是为了创造一个受保护环境,通过直接输入有效资源来避免在孵企业直面外部的风险(如图 3-12 所示)。

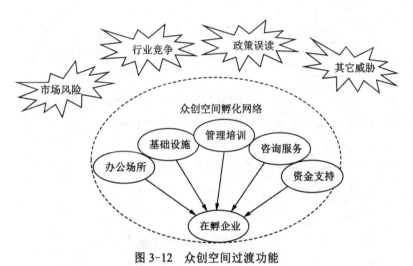

图 3-12  众创空间过渡功能

### 3.8.3  匹配有效资源的撮合功能

在孵企业的成长不仅仅需要内部能力的提升,更需要通过搭建社会网络关系来获得资源,这些社会网络资源来自各方利益相关者,包含了处于同一众创空间的其他在孵企业,在孵企业之间构建的网络可以帮助他们完善自身的价值链,该种网络关系也会延伸到出孵之后;还包含来自众创空间外部的机构,如拥有智力资本的高校或研究所,拥有金融资本的金融机构,提高政策和补贴的政府部门,提供法律意见的事务所以及拥有行业资源的知名企业等[177]。要获得这些资源就需要接触这些机构,与之达成合作意味着昂贵的搜寻成本、协议谈判成本以及由于信息不对称引发的道德问题等,但初创企业团队往往不具备这样的能力或资质。在孵企业要想挖掘这些社会资本资源,必须与拥有这些资源的外部组织建立足够数量和具有质量的合作关系。合作关系的数量是指通向足够多的社会网络节点，质量是指合作关系双方的互信程度。众创空间作为在孵企业和外部环境之间的嵌入网络，提供了在孵企业与外部机构联系的通道，实现资源供需双方有效匹配，本书将这种服务称为撮合功能。众创空间的撮合功能发挥效应，主要表现在一边连接在孵企业，一边连接掌握各种资源的外部机构。为在孵企业提供通道，可以在短时间内将所需资源聚集起来，解决了资源的数量问题；同时又通过组织各种活动，加深交流，促进信任，在质量上强化在孵企业已经构建的网络关系（如图 3-13 所示）。

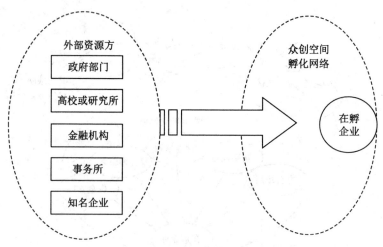

图 3-13　众创空间撮合功能

# 3.9　众创空间孵化链运行机制构建

综合上一节分析，本书认为众创空间的筛选功能贯穿孵化周期始终，过渡功能与撮合功能会相互配合，在每个孵化周期发挥不同作用。

### 3.9.1　预孵期：过渡功能起主导作用

处于预孵期的在孵企业可能只是尚未注册的团队，创业项目尚在空想状态，或者企业刚刚注册不久，创业项目未经事实检验。此时众创空间发挥过渡功能，提供办公场所、基础设施、培训、管理咨询等服务帮助在孵企业积累内部实力，同时帮助在孵企业梳理商业模式，分析市场现状，认清事实。此时众创空间的过渡功能发挥主导作用。

### 3.9.2 入孵初期：过渡与撮合功能并重

处于预孵期的在孵企业具有发展前景，但缺乏资金。创业者在从创业构想向现实落地的过程中历经种种困难，陷入事业与生活平衡，现实与梦想矛盾的困境。此时众创空间的过渡功能与撮合功能结合发生效用。在继续提供办公场所、基础设施、配合和管理咨询等服务帮助在孵企业提升内部能力的同时，发挥撮合功能，引进第三方服务商，如投资机构，对缺乏资金的在孵企业进行投资。创业者培训在此时对处于矛盾困境的创业者来说颇为关键，针对这一需求特征，众创空间可以通过管理咨询服务对创业者进行辅导，也可引进外部机构提供与成功人士交流的机会，同时也能够构建网络关系。可见此时众创空间需要过渡和撮合功能相互配合才能发挥作用，两种作用并重发展。

### 3.9.3 入孵中期：过渡与撮合功能并重

入孵中期的企业已经实现盈利，业务开始膨胀，占有一定市场份额，销售持续增长。但伴随成长而来的问题是企业面对快速增长失去了方向感，内部组织运转缺乏计划，行动混乱。针对此时的在孵企业，众创空间既然需要过渡功能与撮合功能相结合起来。继续提供管理咨询服务帮助在孵企业内部规范组织机构，同时引进外部机构撮合与在孵企业的合作，比如引入法律咨询中介以解决在孵企业的法律问题，引入高校或科研机构为在孵企业提供智本服务，比如招聘或者合作研发等。此时，众创空间的撮合功能与过渡功能需要并重发展。

### 3.9.4 准出孵期：撮合功能起主导作用

处于准出孵期的在孵企业处于高成长期，总资产达到一定条件，销售额具有一定规模，初步具备了出孵的条件，同时面临着创业者个性化与职业管理间的矛盾，企业发展由量变到质变的转变中，组织目标需要调整，组织结构尚待完善。此时的众创空间需要发挥撮合功能，引入咨询服务帮助在孵企业建立职业化管理；引入外部投资设计股权架构以平衡在孵企业的利益；引入高校或科研机构提供更规范的管理知识和合作研发；搭建与政府机构的合作平台等。此时，众创空间的撮合功能发挥主要作用，过渡功能辅助发展。

通过上述一系列分析，本书认为众创空间通过筛选、过渡、撮合三种功能组成了一条孵化服务功能链，为创业团队提供从构想到商业化落地再到成为高成长期企业的全周期创新创业孵化服务。众创空间通过筛选功能不仅将内部孵化服务链条与外部相关利益者连接起来，还把孵化服务链条内四个不同孵化周期阶段串联起来。在整个孵化服务链运行过程中,众创空间在预孵期通过筛选功能识别出适合的创业团队或初创企业,并主要发挥过渡功能,确保在孵企业进入入孵初期。在入孵初期,众创空间采取过渡和撮合功能并重的方式对在孵企业进行常规孵化,然后再通过筛选功能确认在孵企业是否能够进入下一阶段,若不能则返回再孵化,或者离开选择申请适合的众创空间。同样的方式一直运转到最后一个周期阶段(准出孵期),这一阶段众创空间发挥筛选功能,一来将合格的在孵企业完全推向市场使其自力更生,二来分辨出新衍生出的创业团队进入新一轮孵化。由此看来,众创空间的孵化链是一条四个孵化闭环构成孵化闭环链,由下图 3-14 所示。

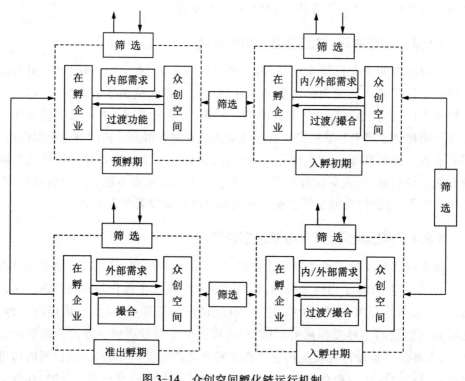

图 3-14　众创空间孵化链运行机制

# 3.10　本章小结

本章的重点是详细分析对基于众创空间的在孵企业成长产生直接影响的环境因素,即众创空间的组织结构、众创空间孵化周期、孵化功能以及运行机制等。

首先通过深度访谈和追踪调查的方法收集和分析资料,构建了众创空间的组织结构以及运行机制,探寻了众创空间与在孵企业之间的作用机制以及在孵企业成长能力的形成机制。然后。回顾了企业生命周期理论,重点阐述了五种企业成长经典模型(斯坦梅茨四阶段模型、葛雷纳的企业成长模型、丘吉尔和刘易斯的五阶段模型、爱迪思的十阶段模型、弗莱姆兹的七阶段理论);结合众创空间孵化情景以及相关研究成果将众创空间孵化周期划分为预孵期、入孵初期、入孵中期、准出孵期四个阶段;并根据不同周期阶段内被孵化方(在孵企业)的特点归纳众创空间的孵化功能(筛选、过渡、撮合);最后,在上述基础上构建了众创空间孵化链运行机制。

# 第 4 章

# 基于众创空间的
# 在孵企业成长能力的构成

任何事物的成长都受内部条件和外部环境的影响,然而这些现有讨论都是从性质的角度出发,如果进入具体的企业,或讨论各个企业的成长能力,建立一个在孵企业成长能力的框架系统是至关重要的。系统理论认为,任何系统都是由各种不同的要素构成的,各个要素之间互相作用产生影响,形成整体系统的结构。基于众创空间的在孵企业成长能力的框架系统的构成要素需要两个基本含义,第一,反映整个成长能力体系的结构;第二,反映成长能力构成要素在系统中的所属层次。也就是说,该系统需要包含各个层次的能力分项,各个能力要素又构成了每个能力分项。因此,对基于众创空间的在孵企业成长能力进行层次划分,构建其成长能力的维度,分析该成长能力系统的内部构成和相关联系,对于深入探究如何促进基于众创空间的在孵企业的成长,培育其能力有重大意义。本章采用文献分析法对基于众创空间的在孵企业成长能力构成要素进行分析,并构建其能力结构框架,然后依据该能力框架提出理论假设,为第 5 章的实证研究做好铺垫。

## 4.1 基于文献分析法的在孵企业成长能力结构分析

### 4.1.1 文献分析法介绍

文献分析法作为一种研究方法,主要针对某一项研究主题的相关文献进行搜索、筛选以及整理,并对文献内容进行系统而客观的分析来获取信息,帮助对事实构建科学的认识。文献分析法不同于文献综述,文献综述也不是文献分析法的产物,因此文献分析法的结论报告并不是文献综述。文献是一项研究活动的载体,因此可以通过对某一研究主题一段时期内所发表文献的分析来间接反映该领域的发展状况。文献计量与内容分析理论与方法是文献分析法的基础。采用文献分析法的前提是相关研究主题拥有一定数量的文献,文献数量偏少,搜索便无从谈起。本章需要对基于众创空间的在孵企业成长能力构成要素以及能力框架进行研究,经过多年的积累,目前对于企业成长能力的文献数量颇丰,因此文献分析法适应于本书研究。

文献分析法的一般步骤包括确定研究对象、文献搜索与筛选、文献分析与评价以及文献研究结论共计四个步骤。第一,确定研究对象,只有在确定研究对象的基础上才能明确文献搜索目标;第二,文献搜索与筛选,根据选定的对象,制定文献来源与筛选标准,最终得到一系列相关文献;第三,文献分析与评价,对入选的文献进行分析,一般来说根据研究需要进行不同角度的分析,比如词频统计、引文分析或研究方法分析等;第四,通过系统而客观的分析形成对研究有用的结论。

### 4.1.2 文献搜索与筛选

为建构在孵企业成长能力研究模型,本书笔者自 2018 年 1 月开始进行相关文献收集工作。根据第一章绪论中的阐述,众创空间是结合国外的创客空间、国内外孵化器以及我国创新创业的时代需求特点的,具有我国特色的。因此,搜索范围限定在中国知网、万方数据库、百度学术收录的公开发表的中国优秀硕博论文、期刊文献和会议文献,文献类型限定在实证研究和案例分析,以确保文献数据来源于一手资料并具有可靠性。因为基于众创空间的在孵企业成长能力研究是个新领域,先前的研究成果聚焦在此领域的并不多,所以如果以"众创空间"和"在孵企业成长能力"为关键词进行搜索,很可能陷入学术文献不足的困境,会给接下来的研究造成巨大障碍。考虑到众创空间是为广大创客提供了交流、展示并将创意转化成商品的平台,所以创客是在孵企业创始人及创始团队的来源,不管是传统的孵化器还是现在的众创空间,主要目的是协助创新创业,所以进驻的在孵企业均属于创业企业、新创企业,而且是规模很小的小微企业。因此本研究首先使用中国知网高级检索,并以"众创空间"并含"创客","众创空间"并含"在孵企业","在孵企业"并含"成长能力","在孵企业"并含"成长绩效","创业企业"并含"成长能力","新创企业"并含"成长能力","小微企业"并含"成长能力","小微企业"并含"成长绩效","企业"并含"成长能力","企业"并含"成长力","企业"并含"成长性"为关键词进行搜索。为查漏补缺,本书笔者对本研究领域的知名学者进行逐一检索,搜索他们已发表的与本书主题紧密相关的研究成果。首次检索后共获得273篇与本研究相关的文献。

针对这273篇文献,排除报刊文章,秉着选择实证材料和一手数据的原则,保留132篇文献。通过阅读文献摘要确认与本研究领域的相关性,为保证文献质量,保留了中国人文社会科学引文索引(Chinese Social Sciences Citation Index)、北京大学中文核心期刊以及省级或以上基金项目支持文献以及硕博论文,最终确定了39篇文献(如图4-1所示)。文献筛选标准如下:第一,入选文献必须包含成长能力维度或层次的划分,构成要素,评价指标,影响因素等类型变量;第二,入选文献必须属于实证研究或案例分析,文献综述研究予以剔除;第三,入选文献必须完整介绍数据来源和有效样本数量,量化研究必须完整报告检验结果以确保研究结果的可靠性。

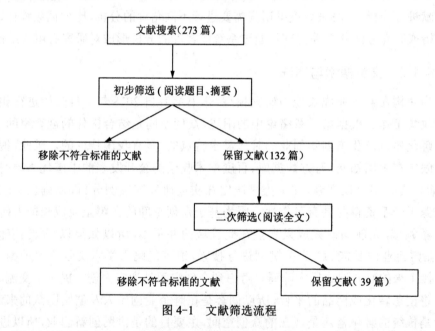

图4-1  文献筛选流程

经过阅读,所选文件的发表时间跨度为2007～2017,均采用实证研究(如表4-1所示),包含硕博论文19篇以及典型案例三篇。其中,针对在孵企业的文献4篇;针对中小微企业的文献八篇;以上市企业为研究对象的文献13篇,其中包含4篇创业板;以创新或创业企业为研究样本六篇;以高科技企业为研究样本5篇;以某一行业企业为研究样本的文献12篇。从入选文献来看,以上市企业为研究对象的文献占比最大,其次是以某一行业为研究样本的文献,文献的数量反映了目前研究者对企业成长能力研究的聚焦点。除此之外,正如本书之前预料一般,按照目前的文献选用标准,以在孵企业为视角的相关研究偏少,尚无关于基于众创空间的在孵企业成长能力的研究。

概言之,本书文献涉及的地域覆盖了全国范围。文献中研究对象所属行业涉及农业、高科技、房地产、建筑类、物流、钢铁、医药、云计算、电子商务以及丝绸等行业,可见行业分布较为均匀。

表4-1　入选文献概况

| 序号 | 发表时间 | 样本数量 | 研究对象 | 要素数量 |
|---|---|---|---|---|
| 1 | 2016 | 286 | 北京市小微企业 | 4 |
| 2 | 2008 | 170 | 江苏省高科技企业 | 9 |
| 3 | 2008 | 16 | 齐齐哈尔市农产品加工企业 | 5 |
| 4 | 2011 | 296 | 河南省在孵或毕业企业,成立1～5年 | 5 |
| 5 | 2012 | 105 | 浙江、江苏、广东、上海、北京、重庆等地成立八年以内的新创公司 | 9 |
| 6 | 2010 | 500 | 209个孵化器中的500个在孵企业 | 2 |
| 7 | 2007 | 101 | 湖南、广东、江苏、浙江和新疆的制造业企业为主 | 6 |
| 8 | 2017 | 150 | MBA学生 | 7 |
| 9 | 2009 | 400 | 山东省中小型科技企业 | 13 |
| 10 | 2008 | 440 | 建筑类企业 | 4 |
| 11 | 2014 | 141 | 江西、安徽两省成立八年以下小微企业 | 4 |
| 12 | 2014 | 41 | 云计算上市企业 | 5 |
| 13 | 2014 | 203 | B2C电子商务企业 | 8 |
| 14 | 2016 | 33 | 新疆上市公司 | 4 |
| 15 | 2009 | 136 | 山东省中小型科技企业 | 3 |
| 16 | 2015 | 10 | 河北省上市公司 | 4 |
| 17 | 2010 | 17 | 旅游上市公司 | 4 |
| 18 | 2010 | 136 | 山东省中小型科技企业 | 2 |
| 19 | 2014 | 273 | 南京市高新技术开发区内的在孵企业 | 4 |
| 20 | 2017 | 1 | 庞大集团 | 4 |
| 21 | 2014 | 232 | GHZ集团内部员工 | 4 |

| 序号 | 发表时间 | 样本数量 | 研究对象 | 要素数量 |
|---|---|---|---|---|
| 22 | 2012 | 6 | 广西丝绸企业 | 9 |
| 23 | 2013 | 163 | 建筑幕墙企业 | 5 |
| 24 | 2013 | 2 | 农业上市公司 | 5 |
| 25 | 2014 | 26 | 天津股权交易所挂牌企业 | 9 |
| 26 | 2014 | 10608 轮次 | 1999—2012 的投资事件 | 2 |
| 27 | 2017 | 39 | 第三方物流上市企业 | 6 |
| 28 | 2010 | 90 | 某房地产企业 | 7 |
| 29 | 2010 | 49 | 在深沪两地上市的企业 | 13 |
| 30 | 2011 | 36 | 创业板上市公司 | 4 |
| 31 | 2014 | 311 | 中小板和创业板上市公司 | 4 |
| 32 | 2011 | 108 | 中小板和创业板上市公司 | 5 |
| 33 | 2015 | 28 | 贵州小微企业 | 8 |
| 34 | 2012 | 18 | 钢铁行业上市公司 | 4 |
| 35 | 2015 | 25 | 创业板医药上市公司 | 3 |
| 36 | 2015 | 44 | 知识密集型高新技术上市公司 | 4 |
| 37 | 2015 | 142 | 新疆企业管理者 | 4 |
| 38 | 2015 | 4 | 信息技术创业企业 | 2 |
| 39 | 2017 | 230 | 陕西省孵化器的在孵企业 | 4 |

资料来源：本书笔者根据相关文献整理

### 4.1.3　文献分析与评价

研究过程中，本书笔者发现，对企业成长能力的实证研究主要分为以下五类：第一，对企业成长能力层次或维度的划分，分别有两个维度（四篇文献），三个维度（五篇文献）和四个维度（一篇文献）；第二，某种能力要素对企业成长能力的影响，比如，管理约束对企业成长能力的影响、智力资本对企业成长能力的影响以及创业投资网络对成长能力的影响；第三，某种要素与企业成长之间的关系，比如，网络多元性、在孵企业战略创业与孵化绩效以及企业文化、人力资源与企业成长的关系等；第四，基于不同方法的企业成长性评价，比如基于突变级数法的旅游企业成长性评价、基于 DEA 模型的企业成长性评价以及基于 PCA-EWA

的企业成长能力评价等;第五,针对特定行业的企业成长能力的研究,如房地产、医药、建筑、丝绸、旅游等等。总而言之,目前对企业成长能力的相关研究日趋细化,针对不同行业不同种类企业的成长能力的研究更加有意义。

与此同时,有的学者在衡量企业成长能力指标时偏向定量指标,比如员工总数、总资产、资产负债率、债务融资率、资本投资比率、资产增长率、净利润增长率、主营业务收入增长率、资产回报率、现金股利支付率以及托宾 Q 值等;有的偏向定性指标,比如经营管理能力、创新能力以及资源整合能力等;有的兼而有之。也有学者认为企业在不同的生命周期表现出不同的成长能力,因此衡量标准也应不同。这说明学术界对企业成长能力内涵的讨论并未达成一致,同时企业成长能力的表现是多方面的,因此研究视角与衡量标准也是多元化的,这给未来研究提供了切入点。

本书旨在针对基于众创空间的在孵企业成长能力要素和维度结构进行研究,因此本书笔者重点对通过筛选的文献中提及的能力要素和能力层次或维度进行摘录,便于为基于众创空间的在孵企业成长能力的维度研究以及要素结构框架提供参考。在通过筛选的 39 篇文献中,累积获得 208 个企业成长能力要素(如表 4-2 所示)。学者们对这些要素的名称界定不同,但通过分析,本书总结出出现频次较高的要素依次为创新能力、网络能力、资源能力、组织管理能力、企业家能力、市场营销能力、融资能力、文化能力、学习能力、环境适应能力、环境适应能力、战略能力、技术能力等。要素出现的频次较高意味着该要素在企业成长能力要素结构中比较重要,同时也反映了学者们的研究共识,更为构建基于众创空间的在孵企业成长能力结构框架提供依据。

表 4-2 入选文献中企业成长能力要素统计

| 序号 | 要 素 | 要素数量 |
|---|---|---|
| 1 | 网络规模、网络中心度、网络关系强度、资源获取 | 4 |
| 2 | 关键种因子内生能力(创新学习、创新模仿、模仿 - 创新、自主创新);优势种因子内生能力(决策、激励、分工与协作、文化);冗余种因子内生能力(冗余占有率) | 9 |
| 3 | 学习与创新、资源整合利用力、环境适应力、决策能力、财务能力 | 5 |
| 4 | 技术能力、融资能力、管理能力、营销能力、信息获取能力 | 5 |
| 5 | 生存能力(资源组织能力、市场拓展能力、融资能力、风险控制能力);占位能力(市场占位、技术占位、社会网络占位);突破能力(自主创新能力、优化产业管理) | 9 |
| 6 | 在孵企业资源聚集、在孵企业战略性参与 | 2 |

| 序号 | 要　素 | 要素数量 |
|---|---|---|
| 7 | 内核能力(学习能力、创新能力);主导能力(企业家能力、战略能力);基础能力(技术能力、组织能力) | 6 |
| 8 | 网络相关能力、机会相关能力、运营管理能力、自我能效、创业警觉性、先前经验、创业激情 | 7 |
| 9 | 外部成长能力(政策法律环境、产业及行业环境、企业集群环境、区域创新环境、金融生态环境、社会服务及基础设施)内部成长能力(企业家素质、技术创新、人力资源、融资能力、产品与市场、治理结构、企业文化) | 13 |
| 10 | 市场识拓能力、组织管理能力、技术创新能力、网络合作能力 | 4 |
| 11 | 网络构建能力、网络嵌入能力、关系管理能力、吸收能力 | 4 |
| 12 | 盈利能力 销售能力 偿债能力 营运能力 现金能力 | 5 |
| 13 | 资源能力(财务资源能力、人力资源能力);市场能力(市场营销能力、产品服务能力);技术能力(核心技术能力、技术创新能力);管理能力(资源协调能力、管理运营能力) | 8 |
| 14 | 盈利能力、营运能力、偿债能力、发展能力 | 4 |
| 15 | 决策创新能力、领导协调能力、企业家素养 | 3 |
| 16 | 企业治理能力、企业创新能力、企业资源能力、企业承载能力 | 4 |
| 17 | 发展能力、盈利能力、资产运营能力、现金实力 | 4 |
| 18 | 企业文化、人力资源 | 2 |
| 19 | 财务状况、客户市场、内部运营、学习成长 | 4 |
| 20 | 盈利能力、偿债能力、资产营运能力、获取现金能力 | 4 |
| 21 | 现实成长力(发展能力、营运能力、竞争能力);潜在成长力(适应能力、社会责任、创新能力、无形资产积累) | 7 |
| 22 | 管理能力、学习能力、创新能力、生产能力、市场能力、财务能力 | 6 |
| 23 | 组织管理能力、市场营销及开拓能力、财务绩效、人力资源能力、技术创新能力 | 5 |
| 24 | 资源管理能力、知识管理与研发创新能力、市场营销能力、环境适应与风险控制能力 | 4 |
| 25 | 运营能力、风险性、盈利能力、稳定性 | 4 |
| 26 | 网络位置、网络关系、特征属性 | 3 |
| 27 | 基础设施、人力资源、创新投入、信息化水平、服务、管理 | 6 |
| 28 | 表现能力(行业把握能力、市场识拓能力、产品规划设计能力、品质开发能力、资金与土地竞拍能力);基本能力(企业家领导力、制定适应性战略能力、资源整合能力、内部结构反应能力);<br><br>潜在能力指标(价值理念与经营哲学、学习创新能力、人才数量与质量) | 12 |

| 序号 | 要　素 | 要素数量 |
|---|---|---|
| 29 | 偿债能力、发展能力、盈利能力 | 3 |
| 30 | 盈利能力、成长潜力、资金运营能力、生存状态、企业规模 | 5 |
| 31 | 关系型融资 | 1 |
| 32 | 盈利能力、运营能力、技术创新能力、产品竞争能力 | 4 |
| 33 | 成长潜力(人力资源水平、信息技术水平);成长效果(规模成长能力、业务发展能力) | 4 |
| 34 | 财务指标 | 1 |
| 35 | 盈利能力、偿债能力、运营能力、发展能力、创新能力 | 5 |
| 36 | 企业生命周期、结构化智力资本、非结构化内部智力资本、非结构化外部智力资本 | 4 |
| 37 | 企业外部生态环境(社会环境因子、人才环境因子、融资环境因子、服务环境因子、民族文化因子、援疆支持因子、国际环境因子);企业内部生态环境(企业家因子、产权制度因子、人力资源因子、组织沟通因子、企业文化因子) | 12 |
| 38 | 创业能力(机会能力、运营能力);动态适应能力(资源整合能力、资源再配置能力、学习能力);创新能力(创新领先战略导向、创新机会发现能力、组织创新演化能力) | 8 |
| 39 | 网络多元性、机会搜寻、优势挖掘 | 3 |

资料来源:本书笔者根据相关文献整理

　　在通过筛选的文献中,针对企业成长能力层次或维度研究的文献共 10 篇,主要有三种分类,即二层、三层和四层(如表 4-3 所示)。在这些文献中,能力层次或维度的划分主要集中在二层次和三层次,并且不同学者对相同层次数量的命名不同,这说明学者们的研究视角不同,以及不同类型不同行业企业的成长能力结构中的针对性不同。对企业成长能力层次或维度的探讨,为构建基于众创空间的在孵企业成长能力结构框架提供了重要借鉴。

表 4-3　入选文献中企业成长能力层次研究统计

| 分类 | 二层 | 三层 | 四层 |
|---|---|---|---|
| 频次 | 4 | 5 | 1 |

　　通过对这 39 篇入选文献的研究,笔者发现,成长能力层次或维度的划分主要基于以下三点原则。第一,按照企业成长能力要素的来源划分为内部能力和外部能力,比如,张玉明与段升森在不同行业中小型科技企业成长能力评价比较研究中认为外部成长能力包括政策法律环境、产业及行业环境、企业集群环境、区域

创新环境、金融生态环境、社会服务及基础设施,内部成长能力包括企业家素质、技术创新、人力资源、融资能力、产品与市场、治理结构、企业文化;第二,按照企业成长能力要素的功能和作用来划分,比如,计亚东认为生存能力包括资源组织能力、市场拓展能力、融资能力、风险控制能力,占位能力包括市场占位、技术占位、社会网络占位,突破能力包括自主创新能力、优化产业管理;第三,按照企业成长能力要素发挥效用时间的长短来划分,比如,可以产生短期效用的现实成长能力以及产生未来效用的潜在成长能力。

### 4.1.4　文献研究结论

本书采用文献分析法梳理了企业成长能力要素以及其能力层次或维度的划分,秉着选择实证材料和一手数据的原则,筛选出 39 篇相关文献,通过精读、摘录以及分析后,得出以下结论:第一,39 篇文献累积共涉及 208 个企业成长能力要素;第二,企业成长能力层次或维度的划分有三类,即二层、三层和四层;第三,能力层次的划分与命名取决于学者的研究视角与不同的企业类型。

由于本书所选文献仅限于中国企业,并且目前鲜有针对基于众创空间的在孵企业成长能力的相关研究,这给本研究带来一定困难,但本书设定了严谨的文献筛选标准,保证了入选文献的质量,因此上述分析结论为基于众创空间的在孵企业成长能力要素和维度的划分提供了有力支持。

## 4.2　基于众创空间的在孵企业成长能力结构框架构建

能力是指企业所拥有的,相对于其他竞争者,展现出更优异、更高级、可习得的、模式化的,行为表现集合。国内外研究者对能力构成的不同维度和分类有丰富的研究。Henderson（1994）[179]认为企业能力由元件能力和构架能力两方面组成。元件能力指的是企业为了完成某一项任务而具备的某个单项能力,比如生产能力、销售能力、金融能力等;构架能力指的是企业将各个单项能力有效组合,发挥整体效应的能力,比如战略能力、网络能力等。Winter（2003）[138]将能力分成"零级"能力（zero order）和"一级"能力（first order）,零级能力指的是一般组织能力,是任何企业都需要的,用来组织生产、销售产品,谋取生存的通用能力;一级能力指的是动态能力,主要是企业调节产品组合、生产流程、组织结构能来适应市场的能力。概言之,零级能力是对现有资源的开发利用,一级能力是对新机会的识别和实施。

国内学者在层次研究的基础上,针对每一层的能力构成要素有明确的规定。王核成(2006)认为企业能力体系由主导能力、战略管理能力、基于价值链的能力三个维度构成。主导能力包含企业家能力、学习能力和创新能力,是企业成长的源泉;战略管理能力决定着企业的成长方向;基于价值链的能力是包含了技术、生产、营销、人力、财务等确保企业正常运营的保障能力[180]。李允尧(2007)将企业成长能力分为内核能力、主导能力和基础能力三个维度。内核能力包含学习能力和创新能力,对企业成长起决定性作用;主导能力包含企业家能力和战略能力,对企业成长的进程起主导作用;基础能力包含技术能力和组织能力,是内核能力和主导能力的支撑基础[67]。计东亚将(2012)创业企业成长能力分为生存能力、占位能力、突破能力三个维度。生存能力包含资源组织能力、市场拓展能力、融资能力以及风险控制能力;占位能力包含市场占位能力、技术占位能力、社会网络占位能力;突破能力包含了持续创新能力和战略管理能力。生存能力解决企业的生产基础;占位能力决定企业成长的轨迹、方向和程度;突破能力帮助企业解决成长瓶颈问题[71]。李建桥(2013)对企业能力的种类分析中提出企业能力主要分为四大类,即资源配置能力(企业对不同资源用途的分配能力)、运营管理能力(企业对整条价值链的集成管理能力)、市场营销能力(企业通过价值交换获得利润的能力)、供应链与合作伙伴管理能力(企业对物流与合作伙伴的管理能力)[69]。

基于上述分析以及在孵企业处于众创空间孵化情景内的特殊情况,即在孵企业的外部环境同时包含众创空间的孵化网络以及众创空间之外的环境,同时在孵企业的孵化周期较短(根据第3章论述,正式孵化周期为十八个月),因此基于众创空间的在孵企业成长能力层次的划分不能按照内部和外部能力以及现实能力和潜在能力之分,因此本书按照成长能力功能和作用的视角对基于众创空间的在孵企业成长能力进行划分。

根据本书第二章的论述,基于众创空间的在孵企业具有向长尾市场延伸、创业动机多元、涉及行业多元、创客来源大众化草根化多元化、全产业链布局、共享理念、企业组织平台化、用户全过程参与等特点。因此其成长能力的构成理应体现以上特点。本书第二章论述中对在孵企业成长能力内涵的论述,基于众创空间的在孵企业成长能力是:为实现量与质的成长,达到出孵毕业的标准,以内外资源和知识为基石,借助众创空间平台不断适应和完善的过程中,通过各种方式积累形成的各种技能与知识的总和。它包含了结合自身、众创空间、外部环境三方资源配置的能力;组织运营管理能力;协调利益相关者及拓展市场促进企业成长的能力。因此,基于众创空间的在孵企业成长能力的特殊点在于它是多方耦合的结果,尤其是众创空间的出现增加了在孵企业外部环境的复杂性,一方面在孵企业与一般企业都处在同样的外部环境下(比如:政策、经济、行业、科技等),另一方面在孵企业可使用众创空间自带资源(比如:信任背书、供应链、投融资等)同时众创空间还起到为在孵企业过滤外部信息的作用(比如:相关政策的解读、交易撮合等)从而为在孵企业降低了搜寻资源的成本,提高了资源匹配度。

根据系统理论,企业成长能力体系应包括三个方面的能力,即能够帮助产生其他能力的基础能力,能够决定企业成长方向的能力,以及保障企业各项职能正常运转的能力。结合在孵企业处于众创空间情景下的特点以及众多学者在能力构成方面的研究,本书将基于众创空间的在孵企业成长能力分为元能力、通用能力、关键能力三个层次维度。

### 4.2.1　元能力——禀赋能力

《左传·襄公九年》提到"元,体之长也"。"元"的意义在于根本,根源。本书认为创业者能力与创新能力共同构成元能力,意思是说创业者能力与创新能力是在孵企业发展和培育其他能力的基础,属于在孵企业的禀赋能力。创业团队要通过申请审核方可成为在孵企业(详见本书第 3 章论述),根据本书笔者的调研,作为审核方的众创空间管理层表示,筛选创业团队的标准主要看两个方面:第一,创业者特质,本章文献分析法的研究中获得的企业家、领导力等要素与创业者特质的内涵相通,创业者特质体现在创业者的过往经验、自信心程度、抗压能力以及风险承受力等,创业者特质影响着日后孵化过程中与众创空间管理方的交互方式,也是企业文化能力建设的根本;第二,创业团队的创新性,创新并不是某一种具体的业务,而是伴随着创业活动的发展由商业构想到产品,从抽象到具象的全过程,在申请审核阶段主要体现在其商业模式的创新性以及产品的创新性,众创空间通过创业团队的创新性来判断该团队的发展潜力。

### 4.2.2　通用能力——支撑发展

《后汉书·律历志下》中记载:"各有改作,不通用"。"通用"一词的释义为普遍使用。通用能力虽然对基于众创空间的在孵企业的成长即不起根本性作用,也不指引在孵企业的成长方向,但该能力是在孵企业各项活动的重要支撑,它保证企业的正常运营,确保在孵企业的各项战略计划的有效落实。本书将组织管理能力与文化能力视为通用能力的构成,因为虽然企业来自不同的行业,但不同的企业组织都属于社会组织,具有类似的组织结构,企业的组织管理能力可以产生协同效应。例如约翰斯卡利在 1970 年到 1983 年曾任百事公司的副总裁和总裁,从 1983 年至 1993 年任苹果公司的首席执行官,不管后来他与乔布斯之间的关系如何变化,在他任职期间两家公司都创造了不菲的销售成绩。百事与苹果属于完全不相关的两个行业,由此可见企业的组织管理能力作为一种技能可在不同环境下产生协同效应。而文化能力是企业组织中的黏合剂,是确保员工上下行动统一的指引。文化能力的构建在不同行业的企业中也存在共性(例如各行各业掀起学习海底捞的热潮),因此我们说组织管理能力与文化能力同属通用能力。

### 4.2.3　关键能力——决定方向

众创空间为在孵企业提供同样的孵化情景,孵化资源也都公开,而在孵企业的成长路径和成长绩效却各有不同,究其原因是在孵企业有不同的成长目标和方向,成长目标不同决定着其战略行为和与外界交互的方式不同。战略行为和交互方式由在孵企业的战略创业能力和网络能力决定。因此本书认为战略创业能力和网络能力共同构成基于众创空间的在孵企业的关键能力。战略能力一直被视为重要的企业成长能力之一,但是研究者通常认为谈战略是大型企业或上市企业的专属,属于小微规模的创业企业的首要任务是克服生存困境。然而通过上文文献分析法的研究发现,具有战略能力的小微企业或创业企业会有更好地成长表现。在孵企业的战略能力不同于以往的战略能力,本书认为基于资源拼凑理论的战略创业能力(即现有的资源搜寻机会和挖掘优势的能力,详见本章下节论述)可说明在孵企业的战略能力。网络能力是企业构建、管理并维护社会资本的能力,在孵企业的社会网络分别来自与众创空间、与其他在孵企业、与众创空间外部的交互。战略创业能力体现在孵企业的发展格局,网络能力是在孵企业实现战略目标的有效保障,战略创业能力与网络能力决定着在孵企业成长方式、进程及方向。

### 4.2.4　基于众创空间的在孵企业成长能力结构框架

概言之,元能力是整个在孵企业成长能力体系的基础,是在孵企业成长的源泉和永动机,是众创空间筛选在孵企业的主要考量方面;关键能力决定了在孵企业的成长方向和进程;通用能力是在孵企业进入众创空间接受孵化的阶段性目标,也是在孵企业离开众创空间成功出孵的检验指标,是元能力和关键能力发挥效用的保障。如果将整个成长能力体系比喻成汽车,那么元能力就是引擎,通用能力是车身,关键能力是方向盘。综合以上论述,本书认为元能力包含创业者能力和创新能力,通用能力包含组织管理能力和文化能力,关键能力包含战略创业能力和网络能力是基于本书第二章的理论推导、笔者实地调研以及文献分析法研究之后做出的基本判断。

本书构建基于众创空间的在孵企业成长能力结构框架如下图4-2所示。

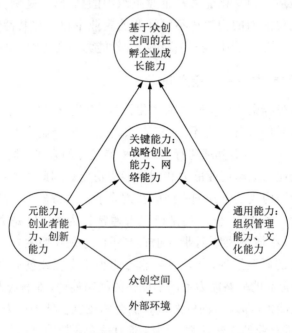

图4-2 基于众创空间的在孵企业成长能力结构框架

## 4.3 基于众创空间的在孵企业成长能力结构要素解析

### 4.3.1 创业者能力

在孵企业在进入众创空间之前,可能是成立不久的小微企业,也可能是还没注册企业,但拥有创业构想的创业者。此时创业者的过往经验、自我能效(自信程度、风险能力等)对于在孵企业来说是天生自带,还未经过众创空间的孵化,是未来一切的基础。在人类社会中,交易出现的同时就产生了创业活动。经济学家认为,创业者是经济发展中最重要的群体,没有之一。创业者,也可翻译成企业家(Entrepreneur)一词源于法国,对该概念的表述最早出现在 Richard Cantillon 对十八世纪经济发展的描述,他认为创业者是能够预测风险、承担风险、降低风险并采取行动创造利润的人。J. B. Say 以英国纺织行业为例区分了科技能力与创业技能,同时他以 17 世纪荷兰与中国的茶叶交易为例,拓展了 Richard Cantillon 关于创业的理论,他认为创业活动是在引入新产品或进入新市场时的控制风险的实验。与法国经济学家不同的是,英国古典经济学家认为创业者是资本的提供者。Adam Smith 认为创业者是在逐步积累资本的勤俭者。总的来说,古典经济学与早期新古典经济学对创业活动及创业者的表述中都回避了历史原因。到十九世纪后半叶,J. S. Mill, F. A. Walker, A. Marshall 等将创业与承担者再一次介绍到经济学理论中,他们认为创业就是承担风险、协调资源、组织生产、降低成本、提高利润的过程。以上表述都是将创业当作一种管理功能,并没有包含现在所讲的动态与创新的内涵[178]。Joseph Schumpeter 在《资本主义、社会主义与民主》一书中提出:创业的本质是创新;创业者是推动经济发展的主体;创新的主要动力来自创业者特质。社会学家在研究创业时需要将创业者、创业者的企业与行业、市场、社会、经济以及政治等因素结合起来。在熊彼特理论中,脱离了上述背景谈创业是毫无意义的[151]。

关于创业者能力,Thompson, Stuart 和 Lindsay(1996)[181] 认为中小企业的管理人员必须具备控制、组织、投入、应变、技术创新、人力资源、销售七个方面能力。苗青(2003)[182] 认为企业家能力由机遇能力、关系能力、概念能力、组织能力、战略能力和承诺能力构成。杨俊(2005)[183] 认为企业家能力分为机会能力、组织能力、战略能力、关系能力、概念能力和承诺能力。

以上研究的样本都是成立了一定时间,并且组织结构齐全的企业,他们彼时的状态正是众创空间内的在孵企业的努力目标。结合中外研究结果发现,创业者能力或企业家能力主要包含了风险管理能力、组织管理能力以及各种关系管理能力。在还未入孵或刚刚入孵的在孵企业由于人员规模较小,组织结构较为灵活,面对生存的压力,创业者需要对风险有敏锐的感知和决断,此时的组织管理能力与关系管理能力更多地体现在创业者本身自我能效(比如自信、营造氛围的能力、抗压能力等)对团队成员的影响,来提高效率和凝聚力。同时,创业者能力是作为孵化方的众创空间筛选在孵企业的重要考量依据,唐炎钊等(2017)[184] 在对科技创业孵化链条的运作机制研究中指出成为在孵企业之前,创业构想的创新性和创业者的专业背景是重要的筛选指标。这一点亦得到了本研究访谈对象的一致认可。

综上所述,本书认为基于众创空间的在孵企业创业者能力是指创业者根据本身的以往经验,发现创业机会,并带领团队实现企业成长目标的能力。创业者能力是由创业者本身带有的,属于在孵企业的禀赋能力,是作为孵化方的众创空间筛选创业团队成为在孵企业的重要指标,是在以后孵化期内培养出其他成长能力的基础。创业者能力包含创业者以往背景、风险感知和管理能力,以及创业者的自我能效,这决定着企业未来的文化能力特色,以及与众创空间管理团队的沟通方式,和需求特点。

### 4.3.2  创新能力

"创新"一词起源于拉丁语,具有三层含义,即更新、制作新的事物和改变。创新就是利用已有的资源创造新事物的手段。由前文阐述可知,Joseph Schumpeter 第一次将创新跟动态视角加入创业活动中,认为创新是一个经济概念,包含五个种类:第一,提供一种新产品;第二,提供新生产方法;第三,发现新市场;第四,发现新的原材料;第五,构建新组织。Joseph Schumpeter 认为创新的主要动力来自创业者精神,创业活动以创造利润为直接目的,但不一定出自创业者本身的个人财富欲望,个人财富可以是创业者的目的之一,而不是仅有的。Joseph Schumpeter 认为创业者精神包含以下几个方面:第一,实现个人价值的理想,尤其是对于没有其他机会获得名利的人来说,这种由创业获得的个人价值实现是极具诱惑力的;第二,对成功的热爱,创业者通常拥有征服的意志,在赢得竞争中获得成就感,他们不是为了成功的结果,而是成功过程的本身;第三,享受创造的喜悦,创业者是一群反享乐主义者,在制造一个事物或完成一件事情的过程中施展了个人能力而获得快乐,这种主动寻找困难解决困难,以冒险为乐的创业动机无处不在;第四坚强的个人意志,阻碍创新的因素主要有环境的不确定性和个人的惰性,由信息不对称造成的不确定环境严重影响着创业团队的生存,随时都有夭折的危险,而即便是没有环境的因素,个人行为依然受过往背景的局限对新事物新方法产生排斥心理。为解决这两个阻碍,创业者需要有应对风险的敏锐度和解决能力,以及开阔的思路和较高的自我能效,敢于带领团队迎难而上。后续各国学者者在 Schumpeter 的基础上进一步深入研究,将创新划分成产品创新、技术创新、市场创新、资源配置创新和组织创新五个种类;从创新模式上分为技术推动型、需求拉动型、相互作用型、整合型和系统性五种模式;从创新理论体系来看,分为技术创新体系、机制创新体系和双螺旋创新体系三种[185]。

由以上论述可知,在创业构想形成的同时,创新已经发生,并伴随着企业的成长融合到企业的方方面面。也就是说创新并不是企业的某一项业务,只要企业存在,创新就不会结束,创新贯穿在企业发展的各个阶段,并且随着时间推移创新能力由抽象到具象的动态变化着。Schumpeter 认为创新并非源于外部环境的强加而是内部自行发生的变化,这充分说明了创新的内驱动性和本源性。对于在孵企业来说,创业者创新思想就是在孵企业的创新内驱和本源。本书认为基于众创空间的在孵企业创新能力指的是创业者提出创新性创业项目的能力,在成为在孵企业以后的产品全链条管理以及企业日常运营中提出创新性理念以及为实现企业成长目标,基于自身条件在技术、管理、模式等方面的突破能力。

### 4.3.3 组织管理能力

组织管理能力是指企业管理者按照企业成长的目标,构建组织结构和团队,明确权责利的关系,确定职务,通过科学合理的管理方法有效配置资源,使员工之间协作配合,实现组织目标的能力。关于组织管理能力的研究,钱德勒(Chandler)最具代表性,他通过对欧美等发达国家工业发展史的研究,提出企业的最重要的优势并不是规模经济产生的效益,而是在生产、管理、营销等方面长期积累出的巨大的组织能力,在组织内部形成了习得惯例[113]。这种习得惯例是组织资源发挥作用的重要纽带,企业管理人员在组织管理能力方面的差异是造成企业能力差异的重要因素[157]。

传统的管理学理论认为,组织管理的内容就是管理如何分责、分权、分利,一百年来的组织管理都是紧紧围绕着这三条主线开展的。但在今天的管理情境中,该种界限分明的做法不利于提高组织效率,效率来源于协同而不再源于分工[186]。管理能力与经营能力是企业管理者必须具备的两种能力,经营能力确保企业在做正确的事,即解决"干什么"的问题,管理能力保证企业在正确地做事情,即解决"如何干"的问题。祖成韬(2014)[187]认为在企业内部,经营管理能力是一整套系统,它涵盖了人力资源管理、财务管理、业务管理、生产管理等模块。虽然祖成韬研究中的表述不同,但根据他的定义,经营管理能力与本研究所讲的组织管理能力是一致的。管理是手段而不是目的,管理始终为经营目标而服务,管理就是服务,管理是为组织目标服务,而不是为人服务。本研究所指的组织管理能力是包含了这两种能力的广义概念。组织管理能力的水平具体体现在企业的决策、执行、灵活性以及知识的储备上。

在孵企业都是初创企业,他们面对的组织管理能力问题主要是急需一套能够配合生产或经营的组织结构,由于并无先前的接触,创业者此时需要根据以往经营,配合组织目标,创建一套高效的柔性组织机构。因为面对不确定的环境,组织机构能够配合市场适时调整柔韧性决定着企业的生存状况。众创空间作为孵化方根据在孵企业本身的特点帮助设计组织机构,并在未来的孵化时期中逐步完善,可以说组织管理能力是创业团队成为在孵企业之后才开始建设的,并且是孵化时期阶段性考核的重点项目之一。综上所述,本研究认为基于众创空间的在孵企业组织管理能力指的是在众创空间的扶持下,构建组织机构,合理配置资源,使员工协作一致实现成功出孵具备自力更生的能力。

### 4.3.4　文化能力

企业文化作为管理理论的一种,源自 20 世纪 80 年代美国。著名管理学家彼得·德鲁克认为文化已经超越资本、土地和劳动成为具有决定意义的生产要素。根据哈佛商学院对各国企业长期研究的结论,企业文化是社会影响企业成长业绩的深层原因。文化是一个群体中的共同哲学、意识形态、价值观,这意味着文化以一种隐形的力量影响着人的行为。Jacques 认为企业文化是企业组织上上下下一致认同的工作态度和方法,新加入的员工通过培训学习并认同其中的核心部分[188]。Harrison 认为,企业文化代表着企业内部的思想、信仰和价值观,是组织中员工处事方法的依据[189]。企业文化研究的相关文献比较丰富,但学者们广泛认同的企业文化概念出自 Schein 的著作《企业文化与领导》,他认为企业文化是企业组织在解决内部成员适应和外部资源整合过程中提出的全组织共享的基本假设,该假设指导新成员在面对问题时如何思考和行动[190]。我国对企业文化的研究始于 21 世纪,学者们结合了我国特色形成了中国企业特点的企业文化。李国华(2010)认为企业文化受一定社会大环境影响,经过企业管理者长期倡导和员工实践,形成的具有企业特色的、约定俗成的道德规范和行为准则[191]。

如果说企业的其他能力在组织管理能力的作用下才能发挥效用,那么企业文化能力就是整个在孵企业成长能力体系的灵魂。以海尔兼并红星电器厂为例。1995 年,红星是个老牌洗衣机生产厂,其厂房设备、工人技术等相当完好,但由于缺乏市场意识而负债累累。海尔兼并红星没有投入一分钱,保留了原厂人员和设备,派了三个人前往该厂讲解海尔的企业文化,并在该厂全方位渗透海尔的文化思想,在各种管理上强化海尔文化,比如竞聘上岗、奖优惩劣等。海尔文化将这种兼并措施称为"激活休克鱼"。世界上但凡具有影响力的企业都是通过兼并收购成长起来的。然而,如果没有文化渗入,仅仅依靠资产规模、人员规模、组织机构的扩大是无法实现"1＋1 大于 2"的效应的,反而会陷入道德风险陷阱,葬送企业前程。可见,企业的成长,不仅仅是组织规模的成长,更是企业文化能力的成长。

在孵企业的企业文化受两方面影响,即创业者本身的特质和众创空间的风格。众创空间在筛选在孵企业时会根据创业者特质判断是否符合众创空间本身的文化理念,因此企业文化就像基因一样由众创空间传到在孵企业身上。在孵企业在以后的成长发展中虽然也会形成自己的特色,但是因为受孵化倾向,曾经同属一个众创空间的在孵企业多多少少会有相近的企业文化。综上所述,本研究认为基于众创空间的在孵企业文化能力指的是结合了社会因素和众创空间孵化环境因素,构建员工认同的行为准则和道德规范的能力,以及通过培训能够使新员工迅速融入的能力。

### 4.3.5 战略创业能力

战略创业(Strategic Entrepreneurship,简称 SE),是将战略管理和创业结合起来的新领域,最早出现在 2001 年的战略管理期刊,战略创业期刊于 2007 年成立。战略创业的建立围绕着两个核心思想:① 战略制定和执行包含基本的创业行为,例如预警、创造及判断,创业者通过资源获取和竞争占位来创造价值;② 创业领域的核心是机会搜寻,战略管理领域的核心是优势搜寻。战略创业融合了创业和战略的视角来设计和实施创业策略,并创造价值[192]。战略创业在活跃的经济环境中意义重大,它将创业行为和战略功能融合起来。战略创业的目标是持续创造竞争优势,以创造最大财富。熊彼特描述创业是破坏性创造的过程。创业者带来新的组合方式,可以是全新的产品,或者全新的方式。Ireland 认为战略创业包含四个方面[193]:第一,企业管理者应该具有创业思维(创业思维包含机会、风险预警、机会选择以及创业行动框架);第二,创业文化与创业领导力是战略创业中最重要的方面;第三,战略性管理组织资源为企业机会搜寻和优势搜寻提供基础;第四,创造与创新的应用。

我国学者张颖颖等认为资源拼凑理论可为战略创业行为的解释提供新思路。拼凑的概念来源于科技和产品创新[194],由 Levi-Strauss(1966)最初在比较工程师和拼凑工匠提出。他发现工程师在工作中严格遵守一定的程序,而拼凑工匠首先会先查看手头现有什么资源,这种资源组合产生异质性。拼凑即可以产生在创业的个人层面,也有可能产生于组织层面[123]。我们的关注点在于在孵企业,所以本研究讨论组织层面的拼凑。组织层面的拼凑可以看作"说的过去"(muddling through)有中国学者也叫作"将就"[125]。这是一种指导组织在资源短缺环境下做决定的方式。拼凑就是将现有资源进行战略组合来创造机会为客户提供更大价值。Baker & Nelson（2005）[126]认为拼凑战略是通过组合现存资源来解决问题。拼凑是相对于搜寻新资源、新机会来说的。大量的文献在组织层面的研究重点在特定领域的短缺。拼凑理论和企业成长在以创新方式重组资源方面共享一个相似的隐含逻辑。因此，以资源拼凑理论来解释战略创业行为就是在现在市场搜寻机会和在新市场挖掘优势。综上所述，本书认为基于众创空间的在孵企业的战略创业能力是指在孵企业利用现有的资源（包含众创空间提供的和自身原有的资源）搜寻机会和挖掘优势的能力。

### 4.3.6　网络能力

在网络经济时代，企业组织的效率来自协同而非分工[186]，企业组织的日益扁平化和众包方式的盛行，使企业嵌入到越来越多的网络中，企业与供应商、消费者、竞争对手等外部相关利益者的关系从简单的二元关系发展到多组织多层次间相互依赖关系[195]。网络是企业获得竞争优势的来源，因为处于网络中的企业行为会受到网络活动、网络资源共享的影响[196]。网络发生效用取决于网络成员之间的有价值交互，因此企业要想取得网络中的资源，除了企业自身要有实力之外，更要积极主动地构建网络，并管理和维护与网络成员之间的关系。这种构建、管理和维护网络关系的能力叫作网络能力。Ritter 和 Gemundenr 认为网络能力由执行任务能力和资质能力两种构成，即执行特定任务的能力和交叉任务的能力，以及专业技能和社会资质[197]。资质能力是任务能力的前提，在运用任务能力的过程中得到强化。

我国学者在以上理论基础上扩展了网络能力维度。马刚（2005）[198]认为，网络能力应该有任务执行、资质和组织学习三个维度构成。朱秀梅（2010）等[199]认为网络能力应该融入行为的视角，网络能力应该包含网络导向、网络构建和网络管理的维度。在孵企业处于众创空间孵化情景内，比一般的企业多了一层网络，在孵企业的网络关系包含了与众创空间孵化管理团队之间的关系，与同一孵化网络内的其他在孵企业之间的关系，以及与孵化网络空间外部相关利益者之间的关系。因此基于众创空间的在孵企业网络能力指的是构建、管理并维护上述三种关系的能力。

### 4.3.7　基于众创空间的在孵企业成长能力结构要素框架

综合以上内容，基于众创空间的在孵企业成长能力结构要素框架如下表 4-4

所示：

表 4-4

| 成长能力 | 能力维度 | 能力结构要素 | 要素概念表述 |
|---|---|---|---|
| 基于众创空间的在孵企业成长能力 | 元能力 | 创业者能力 | 创业者根据本身的以往经验,发现创业机会,并带领团队实现企业成长目标的能力,属于在孵企业的禀赋能力,决定着企业未来的文化能力特色,以及与众创空间管理团队的沟通方式,和需求特点。 |
| | | 创新能力 | 创业者提出创新性创业项目的能力,在成为在孵企业以后的产品全链条管理以及企业日常运营中提出创新性理念以及为实现企业成长目标,基于自身条件在技术、管理、模式等方面的突破能力。 |
| | 通用能力 | 组织管理能力 | 在众创空间的扶持下,构建组织机构,合理配置资源,使员工协作一致实现成功出孵具备自力更生的能力 |
| | | 文化能力 | 结合了社会因素和众创空间孵化环境因素,构建员工认同的行为准则和道德规范的能力,以及通过培训能够使新员工迅速融入的能力。 |
| | 关键能力 | 战略创业能力 | 在孵企业利用现有的资源(包含众创空间提供的和自身原有的资源)搜寻机会和挖掘优势的能力。 |
| | | 网络能力 | 构建、管理并维护与众创空间孵化管理团队之间,与同一孵化网络内的其他在孵企业之间,以及与孵化网络空间外部相关利益者之间的关系网络的能力。 |

## 4.4　研究假设的提出

根据以上分析,本书提出以下研究假设。

H1　基于众创空间的在孵企业成长能力由创业者能力、创新能力、组织管理能力、文化能力、战略创业能力、网络能力来反映。

H2　创业者能力与创新能力共同构成基于众创空间的在孵企业的元能力。

H3　组织管理能力与文化能力共同构成基于众创空间的在孵企业的通用能力。

H4　战略创业能力与网络能力共同构成基于众创空间的在孵企业的关键能力。

焦豪(2010)[200] 在企业动态能力绩效机制及其多层次影响要素的研究中,将样本企业成立时长分为 5 年及以下、6～10 年、11～15 年、16～20 年和 21 年及以上,研究结果显示成立时间较长的企业比成绩时间较短的企业更有能力去采用不同的创新方式,能够取得更有利的竞争优势。也就是说该研究表明,成立时间较长的企业比成立时间较短的企业有更强的动态能力,表现出更优异的绩效。李允尧(2007)[67]在企业成长能力研究中将研究对象分为初成长期、高速发展期、再成长期三类。研究结果表明处于高速发展期的企业在学习能力、创新能力、企业家能力、战略能力、技术能力这五方面能力均强于处于另外两个时期的企业。企业发展阶段对成长能力有显著影响,但成长能力并不是随着企业成立时长越来越强。

肖兴志等(2014)[201]认为企业的能力积累影响企业续存时间,其中研发能力是企业得以持续生存的关键因素;企业扩张行为显著影响企业续存时间,其中企业扩张到一定规模可以有效降低企业退出市场的风险,但是扩张过度又会威胁企业续存。扩张取决于企业的战略选择,因此能否掌控扩张的规模和速度体现着企业的战略能力。该研究的研究逻辑是能力的积累程度和扩张行为影响企业的存在时长,那么按照该逻辑,我们可以说企业存在的时间可以一定程度上反映出该企业能力水平。赵萌和姚峰(2015)[202]的研究发现处于成熟期后期的企业比成熟期前期的企业的盈利能力弱,企业持续发展能力呈下降趋势。

综合往期学者们的研究成果,企业成长能力并不一定与其成立时长成正比,即呈现出成长能力最优状态的企业并不是研究样本中资格最老的企业。成立时间可以反映出一定的能力水平,但同时一些能力也会随着时间变弱。虽然学者们的结论呈现多元化,但是在企业成长阶段(一些文献中称之为企业续存时间或企业发展周期)对企业成长能力有显著影响这一问题上达成了共识。同时,近年来一些关于孵化的研究中虽然缺乏如何培养在孵企业成长能力的研究,但在关于孵化周期的研究中,学者们区分了不同孵化周期中的在孵企业需求特点,以及针对不同需求特点孵化方应配合怎么样的孵化功能[203][204]。这也可以理解为在不同的孵化周期阶段,在孵企业需要被培养的能力目标不同,不同的成长能力在不同孵化周期阶段也会发挥不同的效应。

基于以上分析,同时根据已构建的基于众创空间的在孵企业成长能力体系框架提出以下假设:

H5 入孵时长对基于众创空间的在孵企业成长能力的影响有显著差异。

张玉明与段升森(2009)[205]在不同行业的中小型科技企业成长能力评价比较研究中发现新材料行业企业表现出最强劲的外部成长能力,而内部成长能力评分最高的是生物医药行业企业,同时也是综合成长能力最高的企业。按照该研究中的评价指标体系来看,外部成长能力包含了政策环境、产业行业环境、企业集群环境、区域环境、金融环境、社会基础环境等;内部成长能力包含了企业家能力、技术创新能力、人力资源能力、治理结构、融资、产品、市场、企业文化等企业内部情况。由此可见,外部成长能力跟社会网络能力相关,内部成长能力与企业内部的组织管理能力有关。王建秀等(2010)[206]运用 2004～2008 年间 39 个行业的小型企业数据研究小企业的成长状况,发现行业的发展成熟度对企业成长能力有影响。研究建议处于成长期行业的企业应以扩大市场份额为导向,利润导向可为企业带来短期利益,但从长远来看,占领有利的市场份额是其能力的体现。处于发展成熟期的行业,产品已经有了行业标准,该行业的企业应着重发展社会网络能力,以建立战略联盟。李晓(2015)[207]的研究重点是分析企业成长水平、审计意见与风险溢价之间的关系。结果表明,审计师对工业企业开具的审计意见要高于其他行业的保证水平,审计师鉴定意见是与企业成长能力相关的,因此工业企业的成长能力要强于其他行业的企业。

在双创背景下,众创空间内的在孵企业所属行业比较多元化,近年来创业团队也不仅仅局限于精英群体,在本研究的访谈对象中很多在孵企业来自文化、旅游、休闲等新兴领域。尽管早期学者的样本多集中在高科技行业(新能源、新材料、生物医药、电子信息、装备制造等等),但研究结果显示,从行业种类到行业发展程度都会对企业的成长能力产生一定影响。

基于以上分析,本书提出假设。

H6 不同行业对基于众创空间的在孵企业成长能力的影响有显著差异。

创业者的年龄代表了创业者精力体能的旺盛程度、对困境的态度、行业经验积累程度等。通常来说,随着创业者的年龄增长其精力体能旺盛程度递减;对困境的态度由盲目乐观到谨慎;行业经验随着年龄增大而越来越丰富。因此,本书提出假设:

H7 创业者年龄层次对基于众创空间的在孵企业成长能力的影响有显著差异。

杨建东(2010)[208]等在创业者特质、社会资本与风险投资的关系研究中发现,创业团队规模(即创业合伙人人数)与企业获得的风险投资机会成反比,这意味着创业合伙人人数越多反而降低创业企业的融资能力。这背后的原因在于,创业者的背景多元化,互相配合,可以形成优势互补,有利于企业的成长,与此同时,合伙人越多说明企业内部发生理念冲突、拉帮结伙、争权的可能性越大,从而有损企业能力的提升。基于此,本书提出假设:

H8 创业者人数对基于众创空间的在孵企业成长能力的影响有显著差异。

# 4.5　本章小结

本章采用文献分析法获得相关研究文献对企业成长能力层次或维度以及能力要素的研究结果,在此基础上对基于众创空间的在孵企业成长能力的层次进行了分析,总结出不同能力维度的概念,并论述了各个能力维度的构成要素。提出了基于众创空间的在孵企业成长能力结构框架,该框架以元能力、通用能力、关键能力为主体,包含创业者能力、创新能力、组织管理能力、文化能力、战略创业能力、网络能力六个要素。并在该结构框架基础上提出研究假设。该框架的构建是进行问卷调查的基础,本书也将在下一章通过实证研究来验证该能力结构的本质。同时,本章通过对各个要素的深化分析,加深了我们对在孵企业成长能力的认识,为在孵企业实际成长能力的培育和提升提供借鉴。

# 第 5 章

# 基于众创空间的
# 在孵企业成长能力实证研究

在上一章的理论分析中,本书对基于众创空间的在孵企业成长能力层次和构成要素进行了研究,并提出了研究假设。接下来,本章将以基于众创空间的在孵企业为研究对象,通过发问卷的方式收集数据,利用 SPSS22.0 和 MPLUS7 统计分析软件对上一章提出的基于众创空间的在孵企业成长能力结构要素框架和研究假设进行验证,为基于众创空间的在孵企业成长实践提供理论基础。

## 5.1　研究设计与方法

### 5.1.1　研究对象的特征、调查方法与数据收集

（1）研究对象的特征。

根据需要,本书的研究对象具有以下特征:① 处于众创空间孵化情景内的孵化周期中的在孵企业。众创空间中所包含的仅仅具有创新创业创意,而未成立企业的个体创客不在本研究范围内。② 本研究所调查的在孵企业涵盖各行各业,其孵化周期从初入孵到临近毕业。③ 本研究样本数量在规模上符合研究标准。

（2）调查方法。

本书的调研内容以众创空间的在孵企业成长能力的综合信息为主,以实地考察、问卷和访谈相结合的方式展开。为便于实地调研与访谈,本研究联系到济南市三家众创空间愿意协助调研。具体调研步骤如下:① 由众创空间管理人员总体介绍该空间内在孵企业情况。② 在众创空间管理人员的介绍下,与在孵企

业的创始人或创始人团队核心成员进行面对面访谈。③ 委托众创空间管理团队向在孵企业发放问卷。

（3）数据收集与分析。

本研究问卷数据主要有三个来源，即韩都衣舍众创空间（国家备案）、济南创客药谷众创空间（国家备案、省备案、市立项）以及参加创客中国山东省创新创业大赛的创业团队。问卷借助问卷星平台制作、发放并收回，本研究共发放问卷300份，回收234份，其中有效问卷192份，回收率78%，有效回收率64%。无效问卷原因如下：① 有未完成问卷，即空白处。② 问题回答只集中在一两个尺度上。③ 填写人员不理解问卷要求，在填空部分答非所问。

本研究首先采用统计软件 SPSS 22.0 对变量的信度效度进行检验分析，随后采用 MPLUS 7 通过结构方程软件工具来验证在孵企业成长能力模型。

### 5.1.2　问卷设计

问卷调查是目前最为广泛的调查方式，根据不同的调查目的设计不同种类的调查问卷，采取随机抽样或整体抽样的方式确定调查样本，通过对样本的收集与统计，分析得出调查结果的一种方式。

（1）设计过程。

第一阶段：文献收集

在孵企业成长能力相关研究比较少，但小微企业、初创企业成长能力、孵化绩效、网络能力等相关研究颇丰，并且已经积累了不少高质量的量表，本研究的问卷为确保问卷的信度和效度，结合了众创空间的孵化情景，借鉴了国外研究者的成果。

第二阶段：征求专家

所有问卷内容，均已经过与管理学和经济学专业的教授、副教授、以及博士同学的认真探讨，反复斟酌。

第三阶段：征求业内人士

由 2017 年开始，本研究笔者开始走访联系到的两家众创空间的孵化管理人员，和创新创业大赛组织管理人员，以及在孵企业团队成员，面对面征求他们的意见。

第四阶段：预测试

在前期工作的基础上，本研究对问卷进行了预测试。委托其中一家众创空间的管理人员，发放了 40 份纸板问卷，进行小范围测试，删除了不合适的题项，进一步明确了题目。

（2）高质量的问卷设计遵循以下六点原则：① 合理性：问卷内容必须与调查主题密切相关。本研究问卷应该尽可能体现在孵企业成长能力的本质特征。② 一般性：问题的设置应该具有普遍意义，要避免在提问中出现常识性错误以及专业性术语，力图做到通俗易懂，因为这直接影响答卷质量以及答卷人对本次问卷的看法。③ 逻辑性：问卷要有整体性，问题与问题之间的衔接要合乎逻辑，环环相扣，使答卷人答题过程流畅。④ 明确性：所谓明确性是指，问题是否清晰，便于回答。⑤ 非诱导性：提问要保持客观原则，拒绝诱导性问题。⑥ 便利性：成功的问卷设计还要方便收集调查，需要考虑到后期的数据分析工作的便利性。

（3）问卷内容安排。

本书问卷共分三部分（详见附录），第一部分主要介绍本次调查的主体和目的，并对如何填写问卷进行详细说明。同时向参与答卷人员说明了本调查非商业行为，调查结果、分析与运用采用匿名方式。第二部分主要是在孵企业的基本情况，包含在孵企业的创业者团队成员年龄层次、创业者团队人员数量、所属行业以及孵化时长等。第三部分是本研究问卷的核心与主体，主要用来收集基于众创空间的在孵企业成长能力的综合情况。通过收集实际数据，对变量进行分析，验证本研究理论及假设。各个变量题项是在借鉴了国内外研究者的成果，同时通过征求专家和业内人士的意见修改而成。

（4）问卷尺度。

瑟斯顿量表（Thurston scale），李克特量表（Likert scale）和戈特曼量表（Guttman scale）是在调查研究中常用的三种量表。在这三种量表中，同样信度标准下，李克特量表最易编制。李克特量表以一些陈述开始，每一个陈述表达一种明确肯定或者明确反对的态度，要求被访者对每一句陈述进行等级回答。因此，本次调查采用李克特量表。

常见的李克特量表有 4 点式、5 点式、6 点式、7 点式，甚至是 9 点和 10 点式。在编制量表的过程中，学者们大多根据经验来决定等级数，因此等级数的划分较为随意。李克特量表可以分两类，奇数等级（如 5 点式、7 点式）和偶数等级（4 点式、6 点式）。多项研究表明等级越多，量表内部的一致性越高[209][210][211]。鉴于我国对 5 点式和 7 点式量表较为熟悉，本次调查采用李克特 7 点式量表对各变量进行测量，被访者需要根据其所在的众创空间的在孵企业的实际情况来判断每个题项的陈述，从非常同意到非常不同意 7 种回答，分别记为 7 到 1，文字表述对应如下表 5-1 所示。

表 5-1 李克特量表 7 点式及含义

| 7 点式尺度 | 尺度内涵 |
|:---:|:---:|
| 7 | 非常同意陈述内容 |
| 6 | 同意陈述内容 |
| 5 | 部分同意陈述内容 |
| 4 | 一般（对陈述内容不确定） |
| 3 | 部分不同意陈述内容 |
| 2 | 不同意陈述内容 |
| 1 | 非常不同意陈述内容 |

### 5.1.3 数据分析方法

本书根据需要，采用统计软件 SPSS 22.0 进行信度分析、效度分析、探索性因子分析、方差分析；采用统计软件 MPlUS 7 进行验证性因子分析和结构方程模型。

信度分析（Reliability），即可靠性分析，指的是对同一测量对象使用相同的方法反复测量所得到的结果的一致性程度。信度指标大致以三类相关系数表示：稳定系数，即跨时间一致性；等值系数（跨形式一致性）；内在一致性系数（跨项目一致性）。信度分析方法主要有重测信度法、复本信度法、折半信度法、α 信度系数法（克隆巴赫系数）。本书的研究采用目前最常用的克隆巴赫信度系数法，这种办法评价的是各个测量题项得分间的一致性，属于内在一致性，适用于态度、意见式的量表测量[212]。

效度分析（Validity），即测量的准确性分析和有用性分析，是看测量工具在多大程度上能反映出测量对象的程度。效度分析分为内容效度和结构效度，内容效度是指自变量和因变量之间关系的明确程度。结构效度可通过因子分析中的积累贡献百分比、共同度以及因子载荷量来表示[212]。

探索性因子分析（Exploratory Factor Analysis, 简称 EFA）是因子分析法中的一种。该分析法主要用降维的技术处理数据，找出众多观察变量的本质结构，因此 EFA 可将众多观察变量综合、归纳成少数核心因子。对于主因子分析法来说，异常值、等距值、线形值等等情况均不存在[213]。

验证性因子分析（Confirmatory Factor Analysis, 简称 CFA）与 EFA 同样，都属于因子分析。该分析法主要用来测量一个因子与相对应观察变量之间的关系是否符合学者设计的理论关系。在实际检验中，验证性因子分析的过程就是检验理论模型的过程[213]。

结构方程模型(Structural Equation Modeling,简称 SEM)是一种重要的多元数据分析工具,模型中即可包含可见的观察变量,也包含不能直接观察的潜变量;可以体现单项指标在整体中的作用也可以体现各个单项指标之间的联系[213]。

方差分析(Analysis Of Variance,简称 ANOVA)也叫作变异数分析,因由 Fister 发明,所以也叫作 F 检验。该分析方法主要检验两个或两个以上变量的样本均值差异的显著性[212]。

## 5.1.4　研究变量的测量

根据本书第四章的研究假设,本书通过以下六个题项来体现在孵企业概况,即创业者及其团队的年龄层次,创业者团队人数,创业者及团队教育背景,企业名称及成立时间,企业入孵时长,以及企业所属行业。在预测试阶段,本书笔者发现创始人及团队的教育背景比较集中在本科,有个别的硕士研究生,在与众创空间管理人员核实之后,笔者认为由于创始人及团队的教育水平差异性不大,因此就该变量进行方差分析无意义,故将此题项移除。另外,通过与众创空间管理层沟通,创业团队的入孵条件之一是成立未满一年,因此研究入孵时长对其成长能力的影响更具意义,同时,虽然调查问卷以匿名形式进行,但在孵企业规模都属于小微企业,提供企业名称相当于提供创始人个人信息,因此将企业名称以及成立时间的题项移除。调整题项后,体现在孵企业概况的题项包括四个:创业者及其团队平均年龄层次,创业者团队人数,在孵企业入孵时长,以及企业所属行业。其中,在孵企业入孵时长的划分已经在本书第三章中对孵化周期的划分中有充分的论述,其他三项题目均根据众创空间管理人员提供的入孵情况而设计,如表 5-2 所示。

表 5-2　基于众创空间的在孵企业概况题项表

| 测量题项 | 题项描述 |
| --- | --- |
| 创业者及其团队平均年龄层次 | 25 岁以下;25～29 岁;30～34 岁;35～39 岁;40 岁或以上; |
| 创业者或创业团队人数 | 独立创始人;2～3 名;4～5 名;5 名以上; |
| 企业入孵时长 | 小于 6 个月;6～12 个月,包含 12 个月;12～18 个月,包含 18 个月;18 个月以上; |
| 企业所属行业 | 电子信息、软件技术服务;生物医药;新能源、新材料;文化创意、体育、娱乐;教育、法律、金融、租赁等商业咨询、中介服务等;餐饮、旅游;制造、加工; |

基于众创空间的在孵企业成长能力的六个潜在变量分别是创业者能力、创新能力、组织管理能力、文化能力、战略创业能力以及网络能力。六个潜在变量又分别包含若干观察变量。每个潜在变量的观察变量只和自己的潜在变量相关，不会与其他潜在变量相关，即交叉载荷量为零。一般来说，一个构面不能少于三个题项，估计参数为三个残差，两个因子载荷量以及一个变异量，共计六个估计参数，因此恰好够辨识。虽然不少学者建议 4～6 个题项组成一个构面为最佳，但是基于以上原因，三个题项也是可以接受的[214]。

（1）创业者能力的测量。

众创空间内的在孵企业都是初创型小微企业，其成长在很大程度上取决于创业者或创业者团队（联合创始人等）的个人行为。中国著名天使投资人徐小平表示，在选择投资项目时，重点考察的是创业者本身的素质，创业项目是第二位因素。对于创业者能力的测量，学者们根据不同的研究内容提出了不同的指标。Rego（2009）将创业者或创业者团队的风险识别及风险处理能力作为创业者能力的指标[215]。在此基础上，杨隽萍等（2015）将自我能效纳入创业者能力的测量指标[216]。大量前期研究为本书测量指标的建立提供了参考。本书认为，创业的创意或项目来源于创业者本身的先前经验，如行业经验或相关技术能力等。其次在创业过程中，创业者能否敏锐识别风险信号、预测、并能妥善处理风险，是初创企业得以续存的关键。在企业内部，创业者的个人风格往往直接影响团队文化，因此创业者的自信也会感染员工的意愿并为之效力。最后，创业过程随时承受着生存压力，以及需要解决各种突发事件，创业者能否在压力和冲突下有效组织工作也是创业者能力的一种体现。

（2）创新能力的测量。

在孵企业创新能力向来是企业管理领域的热点，企业不断创新是企业可持续发展的源泉。钱锡红等（2010）认为创新得以体现在产品上以及实现在产值上才能最终表示企业具有创新能力[217]。刘万兆等（2014）[218] 将创新能力作为潜变量设计四个观察变量，分别是收集新创意、开发新产品、发现新市场、开发新的生产营销或管理办法来体现小微企业的创新能力。盛伟忠（2015）[219] 将创新能力分为机会识别能力、创新实现能力以及商业化能力三个维度。这里的创新实现能力与商业转化能力与钱锡红（2010）[217] 所提的将创新体现在产品以及产值上观点一致。本书在总结前期学者的基础上，认为创新之所以为新，是因为与以往不同，那么能够最先推出与以往不同的新产品或服务的企业可以被认为是具有创新力的。其次，新产品或新服务得到消费者的肯定，才能进行商业转化，所以良好的市场反应是对企业创新能力的认可。另外,技术或生产工艺的创新对在孵企业的成长具有重要意义。同时,企业能够进行内部开发新产品新技术,意味着其能够吸纳创新思想并勇于尝试,反映了其创新能力的可持续性。最后,创新实现高产值是创新能力的综合体现。

(3)组织管理能力的测量。

在孵企业的组织管理能力决定着企业的生产经营与组织活动的效率,是确保企业顺利成长的根本保障。罗公利等(2012)[220]将企业组织管理能力作为影响企业成长的内部因素,强调了核心团队的重要性。张红波(2012)[68]认为企业的组织管理能力就是对资源的有效配置与整合的能力。市场变化转瞬即逝,因此企业的决策贵在效率,优容寡断容易错过商机,好的决策通过好的执行才能发挥效力,因此高效的决策和执行力是企业组织管理能力的重要体现。在孵企业的组织管理能力通过内部沟通和外部协作来整合各方资源和信息,以识别、获取、开发技能和知识,因此有效的内部沟通和外部协作也是在孵企业组织管理能力的重要体现。另外,在孵企业在面对不断动态的市场环境,应充分发挥船小好调头的优势,努力提升组织灵活性和效率,柔性化的经营模式在此处较有优势。企业知识是企业本身所拥有的关于企业经营管理办法、组织与文化方面的知识,这些属于企业专有知识是通过长期积累所成,具有异质性,这些异质性知识是区别于企业与其他竞争对手的组织管理能力的源泉,因此在孵企业在发展过程中应重视丰富知识技能以提升效率。企业成长是个长期过程,一些不能带来立竿见影效果的信息不容易被察觉,但一旦获取即可在未来占据先发优势,因此在孵企业应重视潜在信息的获取。

(4)文化能力的测量。

企业文化作为一种软约束,一直以来都是管理学领域的热门研究问题之一,这是一种非制度安排,但在企业成长中发挥着重要作用。但是在孵企业都是初创小微企业,具有规模小、人员少的特点,因此文化表现难以识别。但不得不承认的是,小微企业依然存在着企业文化,并且作为一种能力指导着未来发展战略。优质、适时的企业文化能给企业带来广阔的发展空间。在孵企业的企业文化在其初创阶段就存在了,通过陈前前(2016)[221]对存活的小微企业的调研发现,这些企业具有一些共同的文化特质,比如统一的价值理念等。陈武与李燕萍(2018)[222]的研究表明,众创空间与创业者之间的价值观冲突会加剧二者之间的心理距离,因此众创空间管理方与在孵企业之间是否价值观一致影响其成长能力的培育及提升。为促进众创活动,众创空间通常会举办各种众创主题活动(众智、众筹、众帮),在孵企业是否积极参与此类活动表明其对众创、共享理念的认同程度。此外,众创空间本身也是一种企业,与在孵企业之间更多的是合作关系,因此双方的发展理念影响着其合作效果更决定了成长能力的培育及提升。基于众创空间的在孵企业的企业文化同时受创业者特质影响以及所处众创空间平台的文化影响。综合以上分析,本书认为在孵企业的文化能力首先体现在是否能让员工认同企业的价值观;员工是否对企业有强烈的归属感和荣誉感;企业与众创空间的价值观是否一致;同时,企业能否积极参与以众创为主题的相关活动。

(5)战略创业能力的测量。

在以往的研究中,学者们往往关注知名大企业的战略,鲜少将目光投放在像在孵企业这类小微初创企业上,然而创业与战略管理关注成长与财富的创造。成长与财富创造正是创业的目标。Zahra 和 Dess(2001)[223] 将战略管理融合到创业领域的研究中。在近年来的现实商业活动中,学者们也发现创业型企业比已经存在多年的企业更热衷于战略管理的实践。战略创业(Strategic Entrepreneurship,简称 SE)是将战略管理和创业结合起来的新领域,最早出现在 2001 年的战略管理期刊,战略创业期刊于 2007 年成立。战略创业的建立围绕着两个核心思想:① 战略制定和执行包含基本的创业行为,例如预警、创造及判断,创业者通过资源获取和竞争占位来创造价值。② 创业领域的核心是机会搜寻,战略管理领域的核心是优势搜寻。两者需要结合起来。张颖颖(2017)[194] 探讨了在网络孵化情景下,在孵企业的战略创业行为对孵化绩效的影响。综合上述分析,战略创业能力应该被纳入在孵企业成长能力体系中来。结合创业和战略两大核心特点,在孵企业战略创业能力体现在能否整合有效资源开拓新市场,以及能否在现有市场中捕捉到机会(优势搜寻),同时对于处于众创空间的在孵企业来说,成为某类组织的一员,取得政策性补贴或扶持对初期存活至关重要,最后在孵企业应与众创空间积极沟通获得战略支持。

(6)网络能力的测量。

在孵企业处于众创空间孵化情景中,有三种网络关系,即与同孵化空间内的其他在孵企业之间的关系、与孵化空间管理团队之间的关系以及与孵化空间外部组织机构的关系。屈维意等(2011)[224] 提供了组织间的关系为企业增值和增加竞争优势的理论视角。费钟琳(2014)[57] 认为孵化器管理方与在孵企业之间信任互惠关系促进企业技术创新绩效。在孵企业借助众创空间与外部网络建立合作关系的能力是日后在孵企业成功出孵的保障,是企业吸收多元化信息的有效途径和创新路径。综合上述分析,本书认为在孵企业的网络能力体现在在孵企业之间能否保持密切关系,并提供所需资源,同时随着环境变化而随时调整他们之间的关系。在孵企业与孵化空间管理团队之间是否能够坦诚相处,在孵企业是否能积极主动的表达诉求是体现其网络能力的方面之一。在孵企业毕业出孵之前,是否能够积极主动与外部组织建立关系并适时优化与外部组织的关系影响着企业出孵后的成长发展。

综合以上论述,结合实地调研,本书构建基于众创空间的在孵企业成长能力测量题项表如下表 5-3 所示。

表 5-3　基于众创空间的在孵企业成长能力测量题项表

| 研究对象 | 潜变量 | 观察变量 | 测量题项 | 代码 | 参考文献 |
|---|---|---|---|---|---|
| 基于众创空间的在孵企业成长能力（IGC） | 元能力（MA） | 创业者能力 | 创业者或创业者团队拥有丰富的行业经验或技术能力。 | EA1 | 杨隽萍（2015）；Rego L etc（2009） |
| | | | 创业者或创业者团队能够敏锐识别风险信号。 | EA2 | |
| | | | 创业者或创业者团队能够有效预测风险,并妥善处理。 | EA3 | |
| | | | 创业者或创业者团队自信可以创造良好的工作氛围使员工愿意为之效力。 | EA4 | |
| | | | 创业者或创业者团队自信可以在压力和冲突下有效进行工作。 | EA5 | |
| | | 创新能力 | 企业能够在行业内率先推出新产品或服务。 | IA1 | 钱锡红,杨永福,徐万里（2010）；刘万兆,李学（2014）；盛伟忠,陈劲（2015） |
| | | | 产品改进与创新能够取得良好的市场反应。 | IA2 | |
| | | | 产品或服务包含最新的技术与工艺。 | IA3 | |
| | | | 企业经常在内部开发新产品或新技术。 | IA4 | |
| | | | 企业的新产品或服务产值非常高。 | IA5 | |
| | 通用能力（GA） | 组织管理能力 | 企业的决策非常有效率,并能得到很好的执行。 | OA1 | 张红波（2012）；罗公利,边伟军,李静（2012） |
| | | | 企业可以有效进行内部沟通和外部协作。 | OA2 | |
| | | | 企业注重组织灵活性和效率的提升,且经营模式颇具柔性化。 | OA3 | |
| | | | 企业重视丰富知识技能以提升效率。 | OA4 | |
| | | | 企业重视潜在信息的获取。 | OA5 | |

续表

| 研究对象 | 潜变量 | 观察变量 | 测量题项 | 代码 | 参考文献 |
|---|---|---|---|---|---|
| 基于众创空间的在孵企业成长能力（IGC） | 通用能力（GA） | 文化能力 | 员工与企业价值观一致。 | CA1 | 陈前前（2016）；李燕萍，陈武（2017）（2018） |
| | | | 员工对企业有强烈的荣誉感和归属感。 | CA2 | |
| | | | 企业与众创空间价值观一致。 | CA3 | |
| | | | 企业积极参与以众创为主题的相关活动 | CA4 | |
| | | | 企业与众创空间的发展理念相融合 | CA5 | |
| | 关键能力（KA） | 战略创业能力 | 企业能够有效整合现有资源开拓新市场。 | SEA1 | 张颖颖（2017）；张力，刘新梅（2010） |
| | | | 企业能够在现有市场中准确捕捉到创业机会。 | SEA2 | |
| | | | 企业能够在新市场创造有效资源。 | SEA3 | |
| | | | 企业能够积极与政府、商会、协会等组织构建关系，并获取扶持或专项基金。 | SEA4 | |
| | | | 企业能够积极试图成为某类组织的一员 | SEA5 | |
| | | | 企业能够积极地通过众创空间获得战略支持 | SEA6 | |
| | | 网络能力 | 企业与同众创空间内其他在孵企业联系密切，并互相提供所需资源。 | NA1 | 屈唯意，周海炜，姜骞（2011）；费钟琳，许景，王朦（2014） |
| | | | 企业能够与同众创空间内其他在孵企业在经营活动中适时调整合作关系。 | NA2 | |
| | | | 企业能够与众创空间管理团队坦诚相处、认真沟通。 | NA3 | |
| | | | 企业能够积极主动向众创空间管理团队提出自身需求。 | NA4 | |
| | | | 企业积极主动与众创空间外部组织建立合作关系。 | NA5 | |
| | | | 企业能够适时调整并优化与众创空间外部组织的关系。 | NA6 | |

在预测试阶段，本书笔者在请教了专家和众创空间管理人员的意见，以及分析了一些在孵企业创始人的反馈之后，认为个别题项在意义上有重复的现象，比如一些在孵企业创始人认为如果企业组织内外沟通和协作，以及重视知识技能

的提升,那么就已经覆盖到了潜在信息的获取,因此建议移除题项 OA5。众创空间管理人员认为企业与众创空间的发展理念是否相融与双方的价值观相关,因此 CA3 与 CA5 保留一项即可。在广泛征询专家意见之后,本书笔者认为企业能够在新市场创造有效资源与有效整合现有资源开拓新市场属于同类问题,SEA5企业能够积极试图成为某类组织的一员可与 SEA4 企业积极与政府、商会、协会等组织构建关系,并获取帮扶合并。SEA6 企业能够积极通过众创空间获得战略支持属于网络能力问题,企业与众创空间管理人员坦诚沟通、积极主动提出需求获得的是众创空间有针对性的扶持,不仅仅是战略支持方面。综合以上分析,在移除了 OA5、CA5、SEA3、SEA5、SEA6 这 5 个题项之后,得到调整后题项表如表 5-4 所示。

表 5-4　基于众创空间的在孵企业成长能力测量调整后题项表

| 研究对象 | 潜变量 | 观察变量 | 测量题项 | 代码 | 参考文献 |
|---|---|---|---|---|---|
| 基于众创空间的在孵企业成长能力（IGC） | 元能力（MA） | 创业者能力 | 创业者或创业者团队拥有丰富的行业经验或技术能力。 | EA1 | 杨隽萍（2015）；Rego L etc（2009） |
| | | | 创业者或创业者团队能够敏锐识别风险信号。 | EA2 | |
| | | | 创业者或创业者团队能够有效预测风险,并妥善处理。 | EA3 | |
| | | | 创业者或创业者团队自信可以创造良好的工作氛围使员工愿意为之效力。 | EA4 | |
| | | | 创业者或创业者团队自信可以在压力和冲突下有效进行工作。 | EA5 | |
| | | 创新能力 | 企业能够在行业内率先推出新产品或服务。 | IA1 | 钱锡红,杨永福,徐万里（2010）；刘万兆,李学（2014）；盛伟忠,陈劲（2015） |
| | | | 产品改进与创新能够取得良好的市场反应。 | IA2 | |
| | | | 产品或服务包含最新的技术与工艺。 | IA3 | |
| | | | 企业经常在内部开发新产品或新技术。 | IA4 | |
| | | | 企业的新产品或服务产值非常高。 | IA5 | |

续表

| 研究对象 | 潜变量 | 观察变量 | 测量题项 | 代码 | 参考文献 |
|---|---|---|---|---|---|
| 基于众创空间的在孵企业成长能力（IGC） | 通用能力（GA） | 组织管理能力 | 企业的决策非常有效率，并能得到很好的执行。 | OA1 | 张红波（2012）；罗公利，边伟军，李静（2012） |
| | | | 企业可以有效进行内部沟通和外部协作。 | OA2 | |
| | | | 企业注重组织灵活性和效率的提升，且经营模式颇具柔性化。 | OA3 | |
| | | | 企业重视丰富知识技能以提升效率。 | OA4 | |
| | | 文化能力 | 员工与企业价值观一致。 | CA1 | 陈前前（2016）；李燕萍，陈武（2017）（2018） |
| | | | 员工对企业有强烈的荣誉感和归属感。 | CA2 | |
| | | | 企业与众创空间价值观一致。 | CA3 | |
| | | | 企业积极参与以众创为主题的相关活动 | CA4 | |
| | 关键能力（KA） | 战略创业能力 | 企业能够有效整合现有资源开拓新市场。 | SEA1 | 张颖颖（2017） |
| | | | 企业能够在现有市场中准确捕捉到创业机会。 | SEA2 | |
| | | | 企业能够积极与政府、商会、协会等组织构建关系，并获取扶持或专项基金。 | SEA3 | |
| | | 网络能力 | 企业与同众创空间内其他在孵企业联系密切，并互相提供所需资源。 | NA1 | 屈唯意，周海炜，姜骞（2011）；费钟琳，许景，王朦（2014） |
| | | | 企业能够与同众创空间内其他在孵企业在经营活动中适时调整合作关系。 | NA2 | |
| | | | 企业能够与众创空间管理团队坦诚相处、认真沟通。 | NA3 | |
| | | | 企业能够积极主动向众创空间管理团队提出自身需求。 | NA4 | |
| | | | 企业积极主动与众创空间外部组织建立合作关系。 | NA5 | |
| | | | 企业能够适时调整并优化与众创空间外部组织的关系。 | NA6 | |

## 5.2　样本分布统计分析

本研究共发放问卷300份,回收234份,其中有效问卷192份,回收率78%,有效回收率64%。总体样本分布如下表5-5、表5-6所示。

表5-5　统计量

| | | 创业者年龄层次 | 创业者团队人数 | 在孵企业所属行业 | 在孵企业入孵时长 |
|---|---|---|---|---|---|
| N | 有效 | 192 | 192 | 192 | 192 |
| | 缺失 | 0 | 0 | 0 | 0 |

表5-6　描述性统计

| 维　度 | | 频　率 | 百分比 |
|---|---|---|---|
| 创业者年龄层次 | 25岁以下 | 12 | 6.3 |
| | 25～29岁 | 39 | 20.3 |
| | 30～34岁 | 71 | 37.0 |
| | 35～39岁 | 36 | 18.7 |
| | 40岁或以上 | 34 | 17.7 |
| | 总计 | 192 | 100.0 |
| 创业者人数 | 独立创始人 | 30 | 15.4 |
| | 2～3名 | 84 | 43.6 |
| | 4～5名 | 37 | 19.7 |
| | 5名以上 | 41 | 21.4 |
| | 总计 | 192 | 100.0 |
| 在孵企业所属行业 | 电子信息、软件技术服务 | 76 | 39.6 |
| | 生物医药 | 14 | 7.3 |
| | 新能源、新材料 | 36 | 18.9 |
| | 文化创意、体育、娱乐 | 10 | 5.2 |
| | 教育、法律、金融、租赁等商业咨询、中介服务等 | 18 | 9.3 |
| | 餐饮、旅游 | 4 | 2.0 |
| | 制造、加工 | 34 | 17.7 |
| | 总计 | 192 | 100.0 |

续表

| 维　度 | | 频　率 | 百分比 |
|---|---|---|---|
| 在孵企业入孵时长 | 6个月及以下 | 34 | 17.9 |
| | 12个月及以下 | 43 | 22.2 |
| | 18个月及以下 | 36 | 18.8 |
| | 18个月以上 | 79 | 41.0 |
| | 总计 | 192 | 100.0 |

# 5.3　信度与效度分析

敏感性的判断偏差是社会科学研究与为获得常识所做的日常观察之间的最主要区别。始终对偏差保持警觉是科学研究的重要特征。学者对偏差的来源、科研中的不确定性，以及在检验假设时如何避免偏差进行专门的系统研究，并在社会科学研究中采用系统的研究方法检验假设以尽量避免偏差。公认的研究规范和批判性评价体系保证研究朝着正确的方向发展。评价体系的核心指标是研究的有效性和可靠性（即效度和信度）。本书所采用的量表是在前人研究的基础上，并结合了案例访谈和咨询专家修改而成，因此在内容效度上有一定保证，但由于本书对借鉴的量表进行了不同程度的修改，同时结合了众创空间的新型孵化情景，因此非常有必要对本书量表进行信度和效度检验。

## 5.3.1　信度分析

本书采用 SPSS22.0 软件对测量题项进行信度检验。总的来说，如表5-7所示，量表的克隆巴赫系数的最低接受门槛是 0.5，在此之下表示量表不具内部一致性，应放弃；系数 0.5 或 0.5 与 0.6 之间表示量表的内部一致性可接受；0.6 或 0.6 与 0.7 之间代表量表内部一致性尚可；0.7 或 0.7 与 0.8 之间表示量表内部一致性良好；0.8 或 0.8 到 0.9 之间表示一致性很好；0.9 及以上意味着表内一致性非常好。除此之外，另一个检验信度的常用参数是校正后项目与总分相关性，如果该参数大于 0.5，并且综合克隆巴赫系数大于 0.7，则表示采用这些题项来测量相应的变量是具有可靠性的[225]。

表 5-7

| 克隆巴赫系数 | 内部一致性 |
|---|---|
| $0.9 \leqslant \alpha$ | 非常好 |
| $0.8 \leqslant \alpha < 0.9$ | 很好 |
| $0.7 \leqslant \alpha < 0.8$ | 良好 |
| $0.6 \leqslant \alpha < 0.7$ | 尚可 |
| $0.5 \leqslant \alpha < 0.6$ | 可接受 |
| $\alpha < 0.5$ | 放弃 |

（1）基于众创空间的在孵企业创业者能力量表的信度分析。

如表 5-8 所述,在孵企业创业者能力测量题项的校正后项目与总分相关性均高于 0.5 的最低要求,综合克隆巴赫系数为 0.853,并且每个因子题项删除后,其克隆巴赫系数均未超过目前因子对应的克隆巴赫系数。说明创业者能力量表信度很好。

表 5-8　基于众创空间的在孵企业创业能力信度检验

| 题项 | 校正后项目与总分相关性 | 项目删除后的克隆巴赫系数 | 综合克隆巴赫系数 |
|---|---|---|---|
| EA1 | 0.632 | 0.831 | |
| EA2 | 0.653 | 0.826 | |
| EA3 | 0.727 | 0.807 | 0.853 |
| EA4 | 0.669 | 0.821 | |
| EA5 | 0.650 | 0.826 | |

（2）基于众创空间的在孵企业创新能力量表的信度分析。

如表 5-9 所述,在孵企业创新能力测量题项的校正后项目与总分相关性均高于 0.5 的最低要求,综合克隆巴赫系数为 0.906,虽然删除 IA4 题项后综合系数会升高到 0.916,但综合系数 0.906 已属于信度非常好的范畴,且 IA4 题项本身的校正后项目与总分相关性为 0.614,大于最低要求,所以不需要删除该题项。

表 5-9　基于众创空间的在孵企业创新能力信度检验

| 题项 | 校正后项目与总分相关性 | 项目删除后的克隆巴赫系数 | 综合克隆巴赫系数 |
|------|------------------------|--------------------------|------------------|
| IA1 | 0.800 | 0.877 | |
| IA2 | 0.829 | 0.872 | |
| IA3 | 0.802 | 0.877 | 0.906 |
| IA4 | 0.614 | 0.916 | |
| IA5 | 0.789 | 0.880 | |

（3）基于众创空间的在孵企业组织管理能力量表的信度分析。

如表 5-10 所述，在孵企业组织管理能力测量题项的校正后项目与总分相关性均高于 0.5 的最低要求，综合克隆巴赫系数为 0.873，并且每个因子题项删除后，其克隆巴赫系数均未超过目前因子对应的克隆巴赫系数。说明组织管理能力量表信度很好。

表 5-10　基于众创空间的在孵企业组织管理能力信度检验

| 题项 | 校正后项目与总分相关性 | 项目删除后的克隆巴赫系数 | 综合克隆巴赫系数 |
|------|------------------------|--------------------------|------------------|
| OA1 | 0.788 | 0.813 | |
| OA2 | 0.726 | 0.843 | |
| OA3 | 0.659 | 0.865 | 0.873 |
| OA4 | 0.759 | 0.827 | |

（4）基于众创空间的在孵企业文化能力量表的信度分析。

如表 5-11 所述，在孵企业文化能力测量题项的校正后项目与总分相关性均高于 0.5 的最低要求，综合克隆巴赫系数为 0.851，虽然删除 CA4 题项后综合系数会升高到 0.853，但综合系数 0.851 属于信度很好的范畴，且 CA4 题项本身的校正后项目与总分相关性为 0.580，大于最低要求，所以不需要删除该题项。

表 5-11　基于众创空间的在孵企业文化能力信度检验

| 题项 | 校正后项目与总分相关性 | 项目删除后的克隆巴赫系数 | 综合克隆巴赫系数 |
|------|------------------------|--------------------------|------------------|
| CA1 | 0.807 | 0.758 | |
| CA2 | 0.761 | 0.778 | |
| CA3 | 0.624 | 0.839 | 0.851 |
| CA4 | 0.580 | 0.853 | |

（5）基于众创空间的在孵企业战略创业能力量表的信度分析。

如表 5-12 所述,在孵企业战略创业能力测量题项的校正后项目与总分相关性均高于 0.5 的最低要求,综合克隆巴赫系数为 0.848,虽然删除 SEA3 题项后综合系数会升高到 0.907,但综合系数 0.848 属于信度很好的范畴,且 SEA3 题项本身的校正后项目与总分相关性为 0.586,大于最低要求,而且该量表三个题目是最低要求数量,所以不应删除该题项。

表 5-12　基于众创空间的在孵企业战略创业能力信度检验

| 题项 | 校正后项目与总分相关性 | 项目删除后的克隆巴赫系数 | 综合克隆巴赫系数 |
| --- | --- | --- | --- |
| SEA1 | 0.812 | 0.695 | |
| SEA2 | 0.766 | 0.740 | 0.848 |
| SEA3 | 0.586 | 0.907 | |

（6）基于众创空间的在孵企业网络能力量表的信度分析。

如表 5-13 所述,在孵企业组织管理能力测量题项的校正后项目与总分相关性均高于 0.5 的最低要求,综合克隆巴赫系数为 0.923,并且每个因子题项删除后,其克隆巴赫系数均未超过目前因子对应的克隆巴赫系数。说明组织管理能力量表信度非常好。

表 5-13　基于众创空间的在孵企业网络能力信度检验

| 题项 | 校正后项目与总分相关性 | 项目删除后的克隆巴赫系数 | 综合克隆巴赫系数 |
| --- | --- | --- | --- |
| NA1 | 0.826 | 0.904 | |
| NA2 | 0.839 | 0.901 | |
| NA3 | 0.743 | 0.915 | |
| NA4 | 0.768 | 0.911 | 0.923 |
| NA5 | 0.783 | 0.909 | |
| NA6 | 0.730 | 0.916 | |

### 5.3.2　效度分析

Kaiser-Meyer-Olkin（KMO）和 Bartlett 球形检验用于比较变量间相关系数以及偏相关系数的指标,通常应用在多元统计分析和因子分析。统计量取值在 0 到 1 之间,如表 5-14 所示,其度量标准为:0.9 以上表示很适合;0.8 表示适合;0.7

表示一般;0.6表示不太适合;0.5以下表示极不适合。当所有变量间的简单相关系数平方和大于偏相关系数平方和时,KMO值越接近1,意味着变量间的相关性越强,原有变量越适合因子分析;反之,KMO值越接近0,意味着变量间的相关性越弱,原有变量越不适合因子分析。Bartlett P值小于0.05表示相关性显著,结果较好。共同因子下的相关性较强的各个题项可合并为一组,若得到的合并结果与理论结构接近,就可以判定本研究的测量工具具有构思效度(吴明隆,2003)[226]。

表 5-14

| 类别 | 取值范围 | 因子分析适合度 |
|---|---|---|
| KMO 值 | 大于 0.9 | 非常适合 |
| | 0.8~0.9 | 很适合 |
| | 0.7~0.8 | 适合 |
| | 0.6~0.7 | 勉强适合 |
| | 0.5~0.6 | 不太适合 |
| | 小于 0.5 | 不适合 |
| Bartlett P 值 | 小于 0.05 | 适合 |

# 5.4 探索性因子分析

本书采用SPSS22.0软件进行探索性因子分析,来提取测量题项的共同因子,当KMO值属于适合范畴,且各题项载荷系数超过0.5时,说明同一变量的各个测度题项可以合并成为一个因子进行后续分析。KMO和Barlett球形检验结果如表5-15所示,KMO数值为0.891,并且Bartlett球形度检验显著性水平p = 0.000,也说明适合做因子分析。

表 5-15 基于众创空间的在孵企业成长能力量表的 KMO 样本测度和 Barlett 球形检验结果

| KMO 和巴特利特检验 | | |
|---|---|---|
| KMO 取样适切性量数。 | | 0.891 |
| Bartlett 的球形度检验 | 上次读取的卡方 | 4713.037 |
| | 自由度 | 351 |
| | 显著性 | 0.000 |

本书按照特征根大于 1 为提取因子的原则,对 27 个题项做因子分析,利用主成分法提取因子,最大方差法进行因子旋转,最终提取六个因子,各种分析结果如表 5-16 所示,总方差解释累积贡献百分比为 76.662%。

表 5-16　基于众创空间的在孵企业成长能力探索性因子分析结果

| 组件 | 总方差解释 | | | | | | | | |
|---|---|---|---|---|---|---|---|---|---|
| | 初始特征值 | | | 提取载荷平方和 | | | 旋转载荷平方和 | | |
| | 总计 | 方差百分比 | 累积 % | 总计 | 方差百分比 | 累积 % | 总计 | 方差百分比 | 累积 % |
| 1 | 13.190 | 48.852 | 48.852 | 13.190 | 48.852 | 48.852 | 4.445 | 16.462 | 16.462 |
| 2 | 2.194 | 8.125 | 56.977 | 2.194 | 8.125 | 56.977 | 3.913 | 14.492 | 30.954 |
| 3 | 1.694 | 6.272 | 63.249 | 1.694 | 6.272 | 63.249 | 3.332 | 12.342 | 43.296 |
| 4 | 1.404 | 5.201 | 68.450 | 1.404 | 5.201 | 68.450 | 3.326 | 12.319 | 55.616 |
| 5 | 1.189 | 4.403 | 72.853 | 1.189 | 4.403 | 72.853 | 3.081 | 11.411 | 67.027 |
| 6 | 1.029 | 3.810 | 76.662 | 1.029 | 3.810 | 76.662 | 2.602 | 9.635 | 76.662 |
| 7 | 0.779 | 2.884 | 79.547 | | | | | | |
| 8 | 0.647 | 2.397 | 81.944 | | | | | | |
| 9 | 0.574 | 2.125 | 84.069 | | | | | | |
| 10 | 0.519 | 1.922 | 85.991 | | | | | | |
| 11 | 0.477 | 1.768 | 87.759 | | | | | | |
| 12 | 0.424 | 1.571 | 89.330 | | | | | | |
| 13 | 0.363 | 1.346 | 90.676 | | | | | | |
| 14 | 0.337 | 1.247 | 91.923 | | | | | | |
| 15 | 0.319 | 1.181 | 93.104 | | | | | | |
| 16 | 0.279 | 1.032 | 94.136 | | | | | | |
| 17 | 0.244 | 0.903 | 95.039 | | | | | | |
| 18 | 0.224 | 0.831 | 95.870 | | | | | | |
| 19 | 0.204 | 0.755 | 96.625 | | | | | | |
| 20 | 0.174 | 0.645 | 97.271 | | | | | | |

续表

| 组件 | 初始特征值 | | | 提取载荷平方和 | | | 旋转载荷平方和 | | |
|---|---|---|---|---|---|---|---|---|---|
| | 总计 | 方差百分比 | 累积 % | 总计 | 方差百分比 | 累积 % | 总计 | 方差百分比 | 累积 % |
| 21 | 0.157 | 0.580 | 97.851 | | | | | | |
| 22 | 0.144 | 0.534 | 98.385 | | | | | | |
| 23 | 0.119 | 0.440 | 98.825 | | | | | | |
| 24 | 0.104 | 0.384 | 99.209 | | | | | | |
| 25 | 0.090 | 0.332 | 99.541 | | | | | | |
| 26 | 0.072 | 0.268 | 99.809 | | | | | | |
| 27 | 0.052 | 0.191 | 100.000 | | | | | | |

总方差解释

提取方法:主成分分析。

旋转后的因子载荷矩阵如表 5-17 所示,基于众创空间的在孵企业创业者能力的五个题项在因子四上有比较大的载荷值,并且因子载荷系数均大于 0.5(最大值为 0.800,最小值为 0.533),因此这五个题项可以归为一组,称为创业者能力。基于众创空间的在孵企业的创新能力的五个题项在因子一上有较大的载荷值,并且因子载荷系数均超过 0.5,其中最大值为 0.783,最小值为 0.658,因此这五个题项可以同属一组,称为创新能力。基于众创空间的在孵企业的组织管理能力的四个题项在因子三上有较大载荷值,最大值为 0.817,最小值为 0.575,均超过 0.5,因此组织管理能力的四个题项可被合并为一组。基于众创空间的在孵企业的文化能力的四个题项在因子五上有较大载荷值,最大值为 0.802,最小值为 0.642,均超过 0.5,因此文化能力的四个题项可被合并为一组。基于众创空间的在孵企业的战略创业能力的 3 个题项在因子六上有较大载荷值,最大值为 0.672,最小值为 0.636,均超过 0.5,因此战略创业能力的三个题项可同属一组。基于众创空间的在孵企业的网络能力的六个题项在因子二上有较大载荷值,最大值为 0.779,最小值为 0.537,全部大于 0.5,因此网络能力的六个题项可归为一组。探索性因子分析的结果显示,基于众创空间的在孵企业成长能力得到的六因子测量题项分布与原先问卷设置一致,可见六因子效度较好。

表 5-17　基于众创空间的在孵企业成长能力因子载荷矩阵

| | \multicolumn{6}{c}{旋转后的成分矩阵 [a]} |
| | 组　件 | | | | | |
| | 1 | 2 | 3 | 4 | 5 | 6 |
|---|---|---|---|---|---|---|
| EA1 | 0.197 | 0.028 | 0.224 | 0.741 | − 0.114 | 0.316 |
| EA2 | 0.404 | 0.066 | 0.247 | 0.533 | 0.279 | 0.254 |
| EA3 | 0.091 | 0.120 | 0.039 | 0.800 | 0.377 | 0.052 |
| EA4 | 0.239 | 0.310 | 0.209 | 0.689 | 0.026 | 0.038 |
| EA5 | 0.050 | 0.132 | 0.106 | 0.745 | 0.313 | − 0.037 |
| IA1 | 0.708 | 0.313 | 0.107 | 0.246 | 0.118 | 0.362 |
| IA2 | 0.783 | 0.322 | 0.187 | 0.067 | 0.161 | 0.219 |
| IA3 | 0.741 | 0.353 | 0.224 | 0.132 | 0.120 | 0.155 |
| IA4 | 0.658 | 0.037 | 0.184 | 0.359 | 0.120 | − 0.030 |
| IA5 | 0.778 | 0.290 | 0.136 | 0.089 | 0.152 | 0.123 |
| OA1 | 0.124 | 0.199 | 0.817 | 0.125 | 0.247 | 0.253 |
| OA2 | 0.183 | 0.275 | 0.731 | 0.229 | 0.174 | 0.174 |
| OA3 | 0.319 | 0.304 | 0.575 | 0.255 | 0.173 | 0.080 |
| OA4 | 0.396 | 0.173 | 0.671 | 0.131 | − 0.041 | 0.358 |
| CA1 | 0.179 | 0.226 | 0.156 | 0.225 | 0.802 | 0.097 |
| CA2 | 0.359 | 0.225 | 0.107 | 0.276 | 0.707 | 0.176 |
| CA3 | 0.044 | 0.228 | 0.087 | 0.028 | 0.677 | 0.498 |
| CA4 | 0.149 | − 0.003 | 0.489 | 0.251 | 0.642 | − 0.127 |
| SEA1 | 0.421 | 0.121 | 0.398 | 0.112 | 0.314 | 0.644 |
| SEA2 | 0.396 | 0.163 | 0.293 | 0.181 | 0.238 | 0.672 |
| SEA3 | 0.092 | 0.496 | 0.253 | 0.087 | − 0.005 | 0.636 |
| NA1 | 0.386 | 0.765 | 0.152 | 0.212 | 0.163 | 0.123 |
| NA2 | 0.427 | 0.779 | 0.195 | 0.157 | 0.105 | 0.086 |
| NA3 | 0.105 | 0.527 | 0.458 | 0.211 | 0.420 | 0.260 |

续表

| 旋转后的成分矩阵 [a] | | | | | |
|---|---|---|---|---|---|
| 组 件 | | | | | |
| 1 | 2 | 3 | 4 | 5 | 6 |

| | 1 | 2 | 3 | 4 | 5 | 6 |
|---|---|---|---|---|---|---|
| NA4 | 0.475 | 0.688 | 0.262 | 0.018 | 0.171 | 0.032 |
| NA5 | 0.146 | 0.678 | 0.148 | 0.168 | 0.281 | 0.406 |
| NA6 | 0.219 | 0.537 | 0.285 | 0.262 | 0.209 | 0.388 |

提取方法：主成分分析。

旋转方法：Kaiser标准化最大方差法。

a. 旋转在9次迭代后已收敛。

# 5.5 结构方程模型

通过探索性因子分析,本书已经找到基于众创空间的在孵企业成长能力的本质结构。验证性因子分析用来检验测量一个因子与相对应的观察变量之间的关系是否符合学者设计的理论关系[213]。本书提出,基于众创空间的在孵企业成长能力由创业者能力、创新能力、组织管理能力、文化能力、战略创业能力、网络能力来反映。 其中,创业者能力与创新能力共同构成基于众创空间的在孵企业的元能力;组织管理能力与文化能力共同构成基于众创空间的在孵企业的通用能力;战略创业能力与网络能力共同构成基于众创空间的在孵企业的关键能力。以上观点需要通过实证检验。接下来,本书在上述研究的基础上,采用统计软件MPLUS 7进行验证性因子分析来验证上述观点,其研究结果主要根据结构方程的拟合指数来决定。

## 5.5.1 正态性检验

要想对结构方程模型进行估计,首先要检验观察变量是否服从正态分布,正态性检验需要通过对数据的偏度和峰度系数进行计算来实现。一般来说,数据峰度绝对值要小于五,偏度要小于二,该样本才符合正态分布的要求。本书的192份样本的数据如下表5-18所示,全部符合峰度绝对值小于五,偏度小于二的要求。因此本研究所采集的数据符合正态分布。

表 5-18

| 变量 | 数字 | 最小值（M） | 最大值（X） | 平均值（E） | 标准偏差 | 偏度 | | 峰度 | |
|---|---|---|---|---|---|---|---|---|---|
| | 统计 | 统计 | 统计 | 统计 | 统计 | 统计 | 标准错误 | 统计 | 标准错误 |
| EA1 | 192 | 1 | 7 | 5.53 | 1.286 | −0.921 | 0.175 | 0.759 | 0.349 |
| EA2 | 192 | 2 | 7 | 5.51 | 1.149 | −0.591 | 0.175 | 0.382 | 0.349 |
| EA3 | 192 | 1 | 7 | 5.92 | 1.182 | −1.261 | 0.175 | 2.024 | 0.349 |
| EA4 | 192 | 1 | 7 | 5.51 | 1.334 | −0.758 | 0.175 | 0.124 | 0.349 |
| EA5 | 192 | 1 | 7 | 5.60 | 1.282 | −1.153 | 0.175 | 2.114 | 0.349 |
| IA1 | 192 | 1 | 7 | 5.19 | 1.471 | −0.887 | 0.175 | 0.623 | 0.349 |
| IA2 | 192 | 1 | 7 | 5.38 | 1.328 | −1.068 | 0.175 | 1.440 | 0.349 |
| IA3 | 192 | 1 | 7 | 5.29 | 1.489 | −0.896 | 0.175 | 0.654 | 0.349 |
| IA4 | 192 | 1 | 7 | 5.17 | 1.445 | −0.821 | 0.175 | 0.585 | 0.349 |
| IA5 | 192 | 1 | 7 | 5.35 | 1.350 | −1.081 | 0.175 | 1.724 | 0.349 |
| OA1 | 192 | 1 | 7 | 5.52 | 1.202 | −0.909 | 0.175 | 1.131 | 0.349 |
| OA2 | 192 | 1 | 7 | 5.72 | 1.030 | −1.096 | 0.175 | 3.093 | 0.349 |
| OA3 | 192 | 2 | 7 | 5.75 | 1.211 | −0.867 | 0.175 | 0.309 | 0.349 |
| OA4 | 192 | 1 | 7 | 5.63 | 1.296 | −1.109 | 0.175 | 1.612 | 0.349 |
| CA1 | 192 | 3 | 7 | 5.82 | 1.121 | −0.727 | 0.175 | −0.202 | 0.349 |
| CA2 | 192 | 3 | 7 | 5.83 | 1.146 | −0.724 | 0.175 | −0.172 | 0.349 |
| CA3 | 192 | 3 | 7 | 5.69 | 1.133 | −0.539 | 0.175 | −0.514 | 0.349 |
| CA4 | 192 | 3 | 7 | 6.26 | 1.005 | −1.230 | 0.175 | 0.575 | 0.349 |
| SEA1 | 192 | 1 | 7 | 5.52 | 1.302 | −0.952 | 0.175 | 0.946 | 0.349 |
| SEA2 | 192 | 1 | 7 | 5.45 | 1.333 | −0.972 | 0.175 | 1.176 | 0.349 |
| SEA3 | 192 | 1 | 7 | 5.47 | 1.294 | −0.810 | 0.175 | 0.515 | 0.349 |
| NA1 | 192 | 1 | 7 | 5.47 | 1.490 | −1.187 | 0.175 | 0.947 | 0.349 |

续表

| 变量 | 数字 | 最小值（M） | 最大值（X） | 平均值（E） | 标准偏差 | 偏度 | | 峰度 | |
|---|---|---|---|---|---|---|---|---|---|
| | 统计 | 统计 | 统计 | 统计 | 统计 | 统计 | 标准错误 | 统计 | 标准错误 |
| NA2 | 192 | 1 | 7 | 5.49 | 1.462 | −1.220 | 0.175 | 1.350 | 0.349 |
| NA3 | 192 | 1 | 7 | 5.81 | 1.196 | −1.339 | 0.175 | 2.383 | 0.349 |
| NA4 | 192 | 1 | 7 | 5.66 | 1.268 | −1.258 | 0.175 | 2.099 | 0.349 |
| NA5 | 192 | 1 | 7 | 5.66 | 1.309 | −1.237 | 0.175 | 2.063 | 0.349 |
| NA6 | 192 | 1 | 7 | 5.76 | 1.316 | −1.358 | 0.175 | 2.268 | 0.349 |
| 有效N（成列） | 192 | | | | | | | | |

*描述统计*

### 5.5.2 验证性因子分析

（1）基于众创空间的在孵企业成长能力潜因子模型检验。

基于众创空间的在孵企业成长能力是由创业者能力、创新能力、组织管理能力、文化能力、战略创业能力、网络能力等要素构成。这些构成要素对在孵企业成长能力整体有怎样的影响力？现实中，处于众创空间孵化情景中的在孵企业又存在哪些薄弱环节？接下来，本书将进行在孵企业成长能力的结构模型分析，以便对在孵企业成长能力的培育和提升提供指引。

Hair 建议在做结构方程模型时，如果模型本身具有七个或以下潜变量，样本数应不少于150[227]。本研究有效问卷192,27个测量题项（观察变量），分为六个潜变量，符合 Hair 的建议要求。本书使用统计软件 MPLUS 7 进行二阶验证性因子分析（结构方程模型中的测量模型），来对众创空间内的在孵企业成长能力潜因子模型进行检验，每个潜变量需要 3 个或以上观察变量（测量题项），变量在解释一阶因子时会存在误差，所以每个变量都有一个残差。由于标准化后的二阶因子模型的因子载荷同时衡量指标对一阶因子、一阶因子对二阶因子的因子载荷，比传统一阶因子模型反应指标之间内在联系的效果更好。观察变量与潜变量之间的标准化数值（箭头上所标数值）等同于因子分析结果（因子载荷量）（如图5-1）。

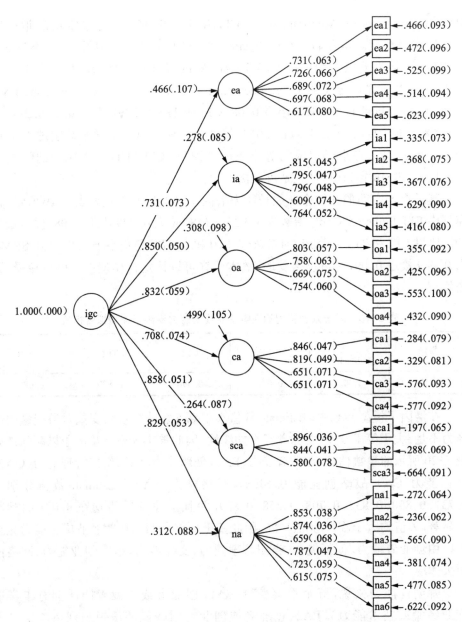

图 5-1　基于众创空间的在孵企业成长能力二阶因子分析

　　结构方式模型指标众多，要想符合所有指标标准几乎不可能，而且学者们也认为不存在完美的模型[228]。根据 Daire（2008）的建议[229]，结合国内外关于结构方程模型应用的文献[230]，本研究采用 Chi-Square（$X^2/df$）、RMSEA（Root

Mean Square Error Of Approximation)、CFI、TLI 及 SRMR 这些最常用的指标来报告模型拟合度。学者们对 Chi-Square ($X^2/df$)的标准范围认定不一,Wheaton (1977)[231] 认为五以下均可接受,Tabachnick and Fidell (2007)将标准限定在二以下[232],本研究决定采用 Dawn Lacobucci (2010)[233] 的建议 Chi-Square ($X^2/df$)小于三,(Marsha) RMSEA 小于 0.08,CFI 和 TLI (NNFI)大于 0.9,SRMR 小于 0.08。同时 Dawn Lacobucci (2010)的结论中还指出如果样本数超过 150,在 Chi-Square ($X^2/df$)小于三或约等于三的情况下,CFI 和 TLI (NNFI)的指数在 0.8,以及 SRMR 接近 0.09 也是可以接受的[233]。

基于众创空间的在孵企业成长能力潜因子模型拟合指数如表 5-19 所示,该模型中 Chi-Square ($X^2/df$)指数为 1.929,RMSEA 为 0.079 小于 0.08,样本量为 192,所以 CFI 和 TLI (NNFI)的指数(0.890 和 0.870)稍稍小于 0.9,以及 SRMR 为 0.089 接近 0.09,是可以接受的,故本研究可以认定该模型拟合度可接受,无需修正。

表 5-19　基于众创空间的在孵企业成长能力潜因子模型拟合指数

| 指标 | Chi-Square ($X^2/df$) | RMSEA | CFI | TLI | SRMR |
|------|------|------|------|------|------|
| 数值 | 1.929 | 0.079 | 0.890 | 0.870 | 0.089 |

在潜因子模型参数中,Estimate 数值小于 0.5 意味着观察变量对潜变量的解释力不足,大于等于 0.95 意味着存在共线性,因此该类观察变量应予以删除。如表 5-20 所示的参数估计,创业者能力(EA)、创新能力(IA)、组织管理能力(OA)、文化能力(CA)、战略创业能力(SEA)、网络能力(NA)的 Estimate 数值分别是 0.731、0.850、0.832、0.708、0.858、0.829,并且上述参数值均在 0.001 的标准上显著,Z 值均大于临界标准 1.96,因此基于众创空间的在孵企业成长能力完全可以由创业者能力、创新能力、组织管理能力、文化能力、战略创业能力、网络能力来体现。

就创业能力来说,五个观察变量:EA1(创业者或创业者团队拥有丰富的行业经验或技术能力)、EA2(创业者或创业者团队能够敏锐识别风险信号)、EA3(创业者或创业者团队能够有效预测风险,并妥善处理)、EA4(创业者或创业者团队自信可以创造良好的工作氛围使员工愿意为之效力)、EA5(创业者或创业者团队队自信可以在压力和冲突下有效进行工作)的 Estimate 数值分别是 0.731、0.726、0.689、0.697、0.614,符合 0.5～0.95 之间的范围。上述结果表明基于众创空间的在孵企业创业者能力量表的设计比较合理。由前文所述,在孵企业均为创业型企业,所以企业的创始人或创始人团队的创业能力直接影响了企业的存活状况,数据显示,创始人或创始人团队的风险意识是在孵企业创业能力的重要体现,因为在孵企业规模较小,存在新创弱势,所以抵御风险的能力较薄弱。因此创始人或创始人团队是否能够识别风险信号、预测风险、并带领团队妥善处理风险(包含规避或利用风险因势导利、转危为安等举措)是在孵企业克服新创弱势,渡过生存难关的重要条件,为企业未来成长奠定基础。在企业处于困境时,创始人或创始人的自我能效是影响和激励团队的重要特质,创始人或其团队本身的行业经验和技能是取得员工信任和做出正确决策的重要依据。在此基础上,由创始人及团队营造的良好工作氛围和承受压力以及解决冲突的自信在一定程度上反映了在孵企业的创业能力。

创新能力的5个观察变量,IA1(企业能够在行业内率先推出新产品或服务)、IA2(产品改进与创新能够取得良好的市场反应)、IA3(产品或服务包含最新的技术与工艺)、IA4(企业经常在内部开发新产品或新技术)、IA5(企业的新产品或服务产值非常高)的 Estimate 数值分别是 0.815、0.795、0.796、0.609、0.764,符合 0.5~0.95 之间的范围。上述结果表明基于众创空间的在孵企业创新能力量表设计比较合理。创新能力是企业保持活力以及适应市场的源泉。能否先于竞争对手推出新产品或新服务是在孵企业创新能力的直接体现。新产品和新服务不仅仅要体现在要素的新组合更要体现在新技术和工艺的应用。最终新产品新服务取得良好的市场反应和能否创造产值在最终体现了创新能力的实用价值。创新能力的获得路劲是多元化的,其中企业在内部开发是较为重要的路径。

组织管理能力的四个观察变量,OA1(企业的决策非常有效率,并能得到很好的执行)、OA2(企业可以有效进行内部沟通和外部协作)、OA3(企业注重组织灵活性和效率的提升,且经营模式颇具柔性化)、OA4(企业重视丰富项目知识技能以提升效率)的 Estimate 数值分别是 0.803、0.758、0.669、0.754,符合 0.5~0.95 之间的范围。上述结果表明基于众创空间的在孵企业组织管理能力量表设计非常合理。众创空间对在孵企业孵化的过程就是授之以渔的过程,组织管理能力就是所谓的"渔",组织管理能力是在孵企业日后成功出孵后独立立足市场的根本,是未来壮大企业规模(包含人员规模、业务拓展等规模)时保持企业组织有效运转的根基,该种能力是任何行业企业都应具备的能力。企业的决策效率和执行力是在孵企业组织管理能力的重要体现。企业对内外的沟通能力以及为了提升效率而关注项目知识技能的丰富也是在孵企业组织管理能力的保障路径。同时企业组织的灵活性和经营模式的柔性也在一定程度上体现在孵企业的组织管理能力。

文化能力的四个观察变量，CA1 员工与企业价值观一致，CA2 员工对企业有强烈的荣誉感和归属感，CA3 企业与众创空间价值观一致，CA4 企业积极参与以众创为主体的相关活动的 Estimate 数值分别是 0.846、0.819、0.651、0.651，符合 0.5～0.95 之间的范围。上述结果表明基于众创空间的在孵企业文化能力量表设计非常合理。企业文化能力决定了企业的行为以及行事风格，对于在孵企业来说，员工融于企业文化，认同企业的价值观，对企业有强烈的荣誉感和归属感是体现企业文化能力的重要方面。企业文化开放包容，员工才有可能用于表达并接纳新思想。在孵企业与众创空间价值观一致，并且积极参与与众创主题相关的活动才能促进二者之间的有效合作，深化其成长能力的培育和提升。

战略创业能力的三个观察变量，SEA1（企业能够有效整合现有资源开拓新市场）、SEA2（企业能够在现有市场中准确捕捉到创业机会）SEA3（企业能够积极与政府、商会、协会等组织构建关系，并获取扶持或专项基金）的 Estimate 数值分别是 0.896、0.844、0.580，符合 0.5～0.95 之间的范围。上述结果表明基于众创空间的在孵企业战略创业能力量表设计合理。以往只有达到一定规模的企业才会关注企业的战略能力，然而自从 Zahra 和 Dess 将战略管理融合到创业领域的研究中后，在现实的商业活动中，学者们也发现创业型企业比已经存在多年的企业更热衷于战略管理的实践。战略创业将战略和创业的核心，即机会搜寻和优势搜寻结合在一起，而资源拼凑提供了机会搜寻和优势搜寻的新方法新视角，即识别现有资源和对现有资源的将就的能力。在孵企业的战略创业能力就是以资源拼凑的方式在现有市场中搜寻机会，在新市场中发现自身优势，以及利用众创空间提供的信任背书获取外界的支持。实证结果支持有效整合现有资源开拓新市场和在现有市场中捕捉创业机会的能力是在孵企业战略创业能力的重要体现。企业从与政府、商会、协会等组织的关系中取得支持在一定程度上体现了战略创业能力。对于一般企业来说，这些资源不见得是企业的现有资源，这与创始人及团队的自身经历有关，但众创空间的孵化情景是整合了这些资源的，所以对于在孵企业来说，这些属于现有资源。

网络能力的六个观察变量，NA1（企业能够与同孵化空间内其他在孵企业联系密切，并互相提供所需资源）、NA2（企业能够与同孵化空间内其他在孵企业在经营活动中适时调整合作关系）、NA3（企业能够与孵化管理团队坦诚相处、认真沟通）、NA4（企业能够积极主动向孵化管理团队提出自身需求）、NA5（企业积极主动与孵化空间外部组织建立合作关系）、NA6（企业能够适时调整并优化与孵化空间外部组织的关系）的 Estimate 数值分别是 0.853、0.874、0.659、0.787、0.723、0.615，符合 0.5～0.95 之间的范围。上述结果表明基于众创空间的在孵企业网络能力量表设计合理。任何企业组织都处于社会网络中，众创空间是一种嵌入式网络，为在孵企业的网络资源获取提高了效率。众创空间孵化情景的出现直接为在孵企业带来三类网络资源，即在孵企业之间的网络、在孵企业与众创空间管理团队的接触、众创空间外部网络资源。在孵企业网络能力首要体现在在孵企业之间的网络能力（联系密切以及相互提供资源、能够适时调整合作关系）。积极主动向孵化管理团队表达诉求以及与众创空间外部建立合作关系也是在孵企业网络能力的重要体现。与众创空间管理团队坦诚相处以及适时调整与空间孵化环境外部组织的关系也是体现在孵企业网络能力的重要路径。

表 5-20　基于众创空间的在孵企业成长能力潜因子模型参数估计

| 路　径 | | Estimate | S. E. | Z 值（Est. /S. E.） | Two-Tailed P-Value |
|---|---|---|---|---|---|
| EA ← | EA1 | 0.731 | 0.063 | 11.527 | 0.000 |
| | EA2 | 0.726 | 0.066 | 10.965 | 0.000 |
| | EA3 | 0.689 | 0.072 | 9.574 | 0.000 |
| | EA4 | 0.697 | 0.068 | 10.322 | 0.000 |
| | EA5 | 0.614 | 0.080 | 7.632 | 0.000 |
| IA ← | IA1 | 0.815 | 0.045 | 18.282 | 0.000 |
| | IA2 | 0.795 | 0.047 | 16.805 | 0.000 |
| | IA3 | 0.796 | 0.048 | 16.574 | 0.000 |
| | IA4 | 0.609 | 0.074 | 8.260 | 0.000 |
| | IA5 | 0.764 | 0.052 | 14.595 | 0.000 |
| OA ← | OA1 | 0.803 | 0.057 | 14.070 | 0.000 |
| | OA2 | 0.758 | 0.063 | 12.016 | 0.000 |
| | OA3 | 0.669 | 0.075 | 8.935 | 0.000 |
| | OA4 | 0.754 | 0.060 | 12.559 | 0.000 |
| CA ← | CA1 | 0.846 | 0.047 | 18.139 | 0.000 |
| | CA2 | 0.819 | 0.049 | 16.610 | 0.000 |
| | CA3 | 0.651 | 0.071 | 9.161 | 0.000 |
| | CA4 | 0.651 | 0.071 | 9.157 | 0.000 |

| 路　径 | | Estimate | S. E. | Z 值<br>（Est. /S. E. ） | Two-Tailed<br>P-Value |
|---|---|---|---|---|---|
| SEA ← | SEA1 | 0. 896 | 0. 036 | 24. 736 | 0. 000 |
| | SEA2 | 0. 844 | 0. 041 | 20. 492 | 0. 000 |
| | SEA3 | 0. 580 | 0. 078 | 7. 426 | 0. 000 |
| NA ← | NA1 | 0. 853 | 0. 038 | 22. 715 | 0. 000 |
| | NA2 | 0. 874 | 0. 036 | 24. 510 | 0. 000 |
| | NA3 | 0. 659 | 0. 068 | 9. 638 | 0. 000 |
| | NA4 | 0. 787 | 0. 047 | 16. 641 | 0. 000 |
| | NA5 | 0. 723 | 0. 059 | 12. 276 | 0. 000 |
| | NA6 | 0. 615 | 0. 075 | 8. 237 | 0. 000 |
| IGC ← | EA | 0. 731 | 0. 073 | 10. 022 | 0. 000 |
| | IA | 0. 850 | 0. 050 | 17. 038 | 0. 000 |
| | OA | 0. 832 | 0. 059 | 14. 066 | 0. 000 |
| | CA | 0. 708 | 0. 074 | 9. 556 | 0. 000 |
| | SEA | 0. 858 | 0. 051 | 16. 920 | 0. 000 |
| | NA | 0. 829 | 0. 053 | 15. 665 | 0. 000 |

（2）基于众创空间的在孵企业成长能力维度模型检验。

对元能力、通用能力以及关键能力的维度检验，主要是各个维度所包含的潜变量之间的相关性，该相关性由标准化因子载荷量的平方来表示，即 $R^2$。结构模型中，$R^2$ 为 0. 19 或以下表示弱相关，0. 33 或以上表示中度相关，0. 67 或以上表示强相关。一般来说，$R^2$ 为 0. 36 或以上属于可接受程度，0. 5 或以上为相关性理想。

a. 创业者能力与创新能力的相关分析。

基于众创空间的在孵企业创业者能力与创新能力的相关性模型拟合指数如表 5-21 所示，Chi-Square（$X^2$/df）指数为 1. 912，小于 3，RMSEA 为 0. 078，小于 0. 08，CFI 指数 0. 919，大于 0. 9，TLI 指数 0. 893，接近 0. 9，SRMR 指数 0. 076，小于 0. 08。因此该模型拟合度属于可接受范围，无需修正。基于众创空间的在孵企业创业者能力与创新能力的相关模型如图 5-2 所示，$R^2$ 为 0. 613，大于 0. 5 的相关性理想最低标准，因此创业者能力与创新能力共同构成在孵企业的元能力是合理的。

表 5-21　基于众创空间的在孵企业创业者能力与创新能力的相关性模型拟合指数

| 指标 | Chi-Square ($X^2/df$) | RMSEA | CFI | TLI | SRMR |
|---|---|---|---|---|---|
| 数值 | 1.912 | 0.078 | 0.919 | 0.893 | 0.076 |

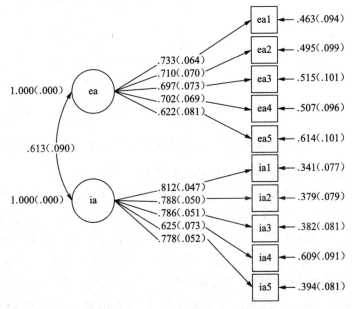

图 5-2　基于众创空间的在孵企业创业者能力与创新能力的相关性分析模型

b. 组织管理能力与文化能力的相关分析。

基于众创空间的在孵企业组织管理能力与文化能力的相关性模型拟合指数如表 5-22 所示。Chi-Square（$X^2/df$）指数为 2.674,小于 3,RMSEA 指数为 0.079,小于 0.08,CFI 指数为 0.897,TLI 指数为 0.848,SRMR 指数为 0.078,小于 0.08。因此该模型拟合度属于可接受范围,无需修正。基于众创空间的在孵企业组织管理能力与文化能力的相关模型如图 5-3 所示,$R^2$ 为 0.514,大于 0.5 的相关性理想最低标准,因此组织管理能力与文化能力共同构成在孵企业的通用能力是合理的。

表 5-22　基于众创空间的在孵企业组织管理能力与文化能力的相关性模型拟合指数

| 指标 | Chi-Square ($X^2/df$) | RMSEA | CFI | TLI | SRMR |
|---|---|---|---|---|---|
| 数值 | 2.674 | 0.079 | 0.897 | 0.848 | 0.078 |

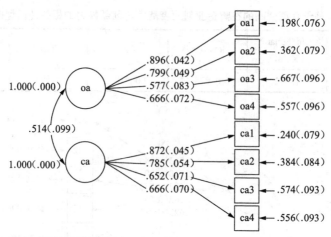

图 5-3　基于众创空间的在孵企业组织管理能力与文化能力的相关性分析模型

c. 战略创业能力与网络能力的相关性模型。

基于众创空间的在孵企业战略创业能力与网络能力的相关性模型拟合指数如表 5-23 所示,该模型中 Chi-Square（$X^2/df$）指数为 2.765,小于 3,RMSEA 指数为 0.074,小于 0.08,CFI 与 TLI 的指数分别为 0.853 和 0.806,SRMR 指数为 0.089 接近 0.09,属于可接受范围,因此该模型拟合度可接受,无需修正。基于众创空间的在孵企业战略创业能力与网络能力的相关性分析模型如图 5-4 所示,$R^2$ 为 0.626,大于 0.5 的相关性理想最低标准,因此战略创业能力与网络能力共同构成在孵企业的关键能力是合理的。

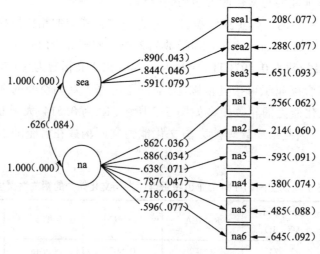

图 5-4　基于众创空间的在孵企业战略创业能力与网络能力的相关性分析模型

表 5-23　基于众创空间的在孵企业战略创业能力与网络能力的相关性模型拟合指数

| 指标 | Chi-Square ($X^2/df$) | RMSEA | CFI | TLI | SRMR |
|------|------|------|------|------|------|
| 数值 | 2.765 | 0.074 | 0.853 | 0.806 | 0.089 |

# 5.6　多因素方差分析

## 5.6.1　基于在孵企业入孵时长的多因素方差分析

本研究问卷主要有三个来源,即韩都衣舍众创空间(国家备案)、济南创客药谷众创空间(国家备案、省备案、市立项)、创客中国山东省创新创业大赛。由前文本研究问卷设计部分可知,本书将在孵时长以每六个月为节点,划分为四个阶段,分别是"六个月及以下"、"12 个月及以下"、"18 个月及以下"、"18 个月以上"。本书六个变量对在孵企业入孵时长的总体方差满足检验标准,具有方差齐性(方差齐性假设的显著性概率,即 P 值大于 0.05)如表 5-24 所示,说明该样本数据适合方差分析,可进行进一步分析。

表 5-24　误差方差的齐性 Levene's 检验 [a]

| 入孵时长 | F | df1 | df2 | 显著性 |
|------|------|------|------|------|
| EA | 0.967 | 3 | 188 | 0.409 |
| IA | 1.958 | 3 | 188 | 0.079 |
| OA | 1.527 | 3 | 188 | 0.209 |
| CA | 0.563 | 3 | 188 | 0.640 |
| SEA | 1.316 | 3 | 188 | 0.271 |
| NA | 0.029 | 3 | 188 | 0.896 |
| 检验各组中因变量的误差方差相等的零假设。 | | | | |

基于该四个入孵时长阶段对在孵企业成长能力的影响的多因素方差分析,如表 5-25 所示,结果表明创业者能力(EA)、创新能力(IA)、组织管理能力(OA)、文化能力(CA)、战略创业能力(SEA)、网络能力(NA)在各个不同入孵阶段的总体方差无显著性差异(显著性 p 值从 0.084 到 0.722,均大于 0.05)。由表 5-26 方差分析的描述性统计可见,各个阶段的在孵企业对该六种能力的评分均值全部五以上。因此本书可以得出结论,该六种能力不受在孵企业的入孵时长影响,处在任何孵化时长阶段的在孵企业都很重视成长能力的全面培养。

该结果与焦豪博士对一般企业动态能力的测量结果有一定出入,在他的结果中,企业成立时间越长其创新能力越强,更具竞争优势[200]。研究结果不一致的根源在于,焦博士的企业样本涵盖了初创企业到成立 21 年以上的企业,而本研究聚焦在孵化情景中的企业,成立时间最久的企业不过三年,孵化周期更短,企业还未来得及在短期内展现出能力的差异。

表 5-25　在孵企业入孵时长对成长能力影响的多因素方差分析

| 主体间效应的检验 | | | | | |
|---|---|---|---|---|---|
| 源 | | Ⅲ类平方和 | 自由度 | 均方 | F | 显著性 |
| 校正的模型 | EA | 2.108[a] | 3 | 0.703 | 0.714 | 0.545 |
| | IA | 4.906[b] | 3 | 1.635 | 1.121 | 0.342 |
| | OA | 3.133[c] | 3 | 1.044 | 1.020 | 0.385 |
| | CA | 5.557[d] | 3 | 1.852 | 2.249 | 0.084 |
| | SEA | 3.775[e] | 3 | 1.258 | 0.955 | 0.415 |
| | NA | 1.754[f] | 3 | 0.585 | 0.444 | 0.722 |
| 截距 | EA | 5474.059 | 1 | 5474.059 | 5558.888 | 0.000 |
| | IA | 4729.099 | 1 | 4729.099 | 3242.720 | 0.000 |
| | OA | 5495.626 | 1 | 5495.626 | 5368.286 | 0.000 |
| | CA | 6027.686 | 1 | 6027.686 | 7319.819 | 0.000 |
| | SEA | 5225.118 | 1 | 5225.118 | 3965.826 | 0.000 |
| | NA | 5505.298 | 1 | 5505.298 | 4176.105 | 0.000 |
| 贵企业入孵时长: | EA | 2.108 | 3 | 0.703 | 0.714 | 0.545 |
| | IA | 4.906 | 3 | 1.635 | 1.121 | 0.342 |
| | OA | 3.133 | 3 | 1.044 | 1.020 | 0.385 |
| | CA | 5.557 | 3 | 1.852 | 2.249 | 0.084 |
| | SEA | 3.775 | 3 | 1.258 | 0.955 | 0.415 |
| | NA | 1.754 | 3 | 0.585 | 0.444 | 0.722 |
| 错误 | EA | 185.131 | 188 | 0.985 | | |
| | IA | 274.174 | 188 | 1.458 | | |
| | OA | 192.460 | 188 | 1.024 | | |
| | CA | 154.813 | 188 | 0.823 | | |
| | SEA | 247.697 | 188 | 1.318 | | |
| | NA | 247.838 | 188 | 1.318 | | |

续表

| 主体间效应的检验 | | | | | | |
|---|---|---|---|---|---|---|
| 源 | | Ⅲ类平方和 | 自由度 | 均方 | F | 显著性 |
| 总计 | EA | 6239.760 | 192 | | | |
| | IA | 5621.600 | 192 | | | |
| | OA | 6332.625 | 192 | | | |
| | CA | 6846.250 | 192 | | | |
| | SEA | 6015.556 | 192 | | | |
| | NA | 6358.389 | 192 | | | |
| 校正后的总变异 | EA | 187.239 | 191 | | | |
| | IA | 279.080 | 191 | | | |
| | OA | 195.592 | 191 | | | |
| | CA | 160.370 | 191 | | | |
| | SEA | 251.472 | 191 | | | |
| | NA | 249.592 | 191 | | | |

a. R 平方 = 0.011（调整后的 R 平方 = － 0.005）　　b. R 平方 = 0.018（调整后的 R 平方 = 0.002）

c. R 平方 = 0.016（调整后的 R 平方 = 0.000）　　d. R 平方 = 0.035（调整后的 R 平方 = 0.019）

e. R 平方 = 0.015（调整后的 R 平方 = － 0.001）　　f. R 平方 = 0.007（调整后的 R 平方 = － 0.009）

表 5-26　在孵企业入孵时长对成长能力影响的多因素方差分析：描述统计

| | 6 个月及以下 n＝34 | | 12 个月及以下 n＝43 | | 18 个月及以下 n＝36 | | 18 个月以上 n＝79 | | 总计 N＝192 | |
|---|---|---|---|---|---|---|---|---|---|---|
| | 平均值 | 标准偏差 | 平均值 | 标准偏差 | 平均值 | 标准偏差 | 平均值 | 标准偏差 | 平均值 | 标准偏差 |
| EA | 5.688 | 1.371 | 5.582 | 0.911 | 5.789 | 0.748 | 5.518 | 0.957 | 5.615 | 0.990 |
| IA | 5.188 | 0.861 | 5.018 | 1.502 | 5.368 | 1.158 | 5.410 | 1.166 | 5.275 | 1.209 |
| OA | 5.828 | 0.831 | 5.443 | 0.964 | 5.645 | 1.266 | 5.705 | 0.965 | 5.654 | 1.012 |
| CA | 5.859 | 0.924 | 5.761 | 0.998 | 6.237 | 0.719 | 5.833 | 0.928 | 5.901 | 0.916 |
| SEA | 5.708 | 1.097 | 5.333 | 1.207 | 5.614 | 1.279 | 5.402 | 1.064 | 5.479 | 1.147 |
| NA | 5.656 | 1.180 | 5.583 | 1.006 | 5.825 | 1.355 | 5.577 | 1.100 | 5.641 | 1.143 |

### 5.6.2 基于行业的多因素方差分析

根据笔者对两个众创空间和一个创新创业大赛管理人员的访谈,结合专家建议,本书将在孵企业分为以下七类:电子信息、软件技术服务;生物医药;新能源、新材料;文化创意、体育、娱乐;教育、法律、金融、租赁等商业咨询、中介服务等;餐饮、旅游;制作、加工等。杨隽萍等[216]、李巍和许晖(2016)[234]的研究中将企业行业作为控制变量,因此创业者的风险能力、自我能效等创业能力是否在不同行业有不同的表现并没有体现在其研究结果中。周键博士对创业能力的研究中也没有对行业的相关研究假设[235]。本书中六个变量对在孵企业所属行业的总体方差满足检验标准,具有方差齐性(方差齐性假设的显著性概率,即 P 值大于 0.05)如表 5-27 所示,说明该样本数据适合方差分析,可进行进一步分析。

表 5-27　误差方差的齐性 Levene's 检验 [a]

| 所属行业 | F | df1 | df2 | 显著性 |
|---|---|---|---|---|
| EA | 1.915 | 6 | 185 | 0.081 |
| IA | 2.186 | 6 | 185 | 0.071 |
| OA | 2.499 | 6 | 185 | 0.060 |
| CA | 2.307 | 6 | 185 | 0.069 |
| SEA | 1.204 | 6 | 185 | 0.306 |
| NA | 2.322 | 6 | 185 | 0.065 |
| 检验各组中因变量的误差方差相等的零假设。 | | | | |

但本书结果表明(基于不同行业对在孵企业成长能力影响的多因素方差分析如表 5-28 所示)创业者能力(EA)与创新能力(IA)在不同行业在孵企业中差异性显著(显著性 p 值分别为 0.000 与 0.003,小于 0.05);组织管理能力(OA)、文化能力(CA)、战略创业能力(SEA)、网络能力(NA)在不同行业在孵企业中无显著性差异(显著性 p 值从 0.056 到 0.387,大于 0.05)。这意味着所有行业的在孵企业对组织管理能力(OA)、文化能力(CA)、战略创业能力(SEA)、网络能力(NA)都很重视(由表 5-29 的描述性统计中的各项均值可知),但处于不同行业的在孵企业对创业者能力和创新能力却有不同的表现。

表 5-28　行业对成长能力影响的方差分析

| 主体间效应的检验 | | | | | |
|---|---|---|---|---|---|
| 源 | | Ⅲ类平方和 | 自由度 | 均方 | F | 显著性 |
| 校正的模型 | EA | 23.051[a] | 6 | 3.842 | 4.329 | 0.000 |
| | IA | 28.237[b] | 6 | 4.706 | 3.471 | 0.003 |
| | OA | 10.947[c] | 6 | 1.825 | 1.828 | 0.096 |
| | CA | 5.342[d] | 6 | 0.890 | 1.063 | 0.387 |
| | SEA | 15.987[e] | 6 | 2.665 | 2.093 | 0.056 |
| | NA | 9.996[f] | 6 | 1.666 | 1.286 | 0.265 |
| 截距 | EA | 2691.057 | 1 | 2691.057 | 3032.165 | 0.000 |
| | IA | 2355.688 | 1 | 2355.688 | 1737.351 | 0.000 |
| | OA | 2758.906 | 1 | 2758.906 | 2764.208 | 0.000 |
| | CA | 3112.927 | 1 | 3112.927 | 3714.771 | 0.000 |
| | SEA | 2551.525 | 1 | 2551.525 | 2004.510 | 0.000 |
| | NA | 2755.320 | 1 | 2755.320 | 2127.475 | 0.000 |
| 在孵企业所属行业: | EA | 23.051 | 6 | 3.842 | 4.329 | 0.000 |
| | IA | 28.237 | 6 | 4.706 | 3.471 | 0.003 |
| | OA | 10.947 | 6 | 1.825 | 1.828 | 0.096 |
| | CA | 5.342 | 6 | 0.890 | 1.063 | 0.387 |
| | SEA | 15.987 | 6 | 2.665 | 2.093 | 0.056 |
| | NA | 9.996 | 6 | 1.666 | 1.286 | 0.265 |
| 错误 | EA | 164.188 | 185 | 0.888 | | |
| | IA | 250.843 | 185 | 1.356 | | |
| | OA | 184.645 | 185 | 0.998 | | |
| | CA | 155.027 | 185 | 0.838 | | |
| | SEA | 235.485 | 185 | 1.273 | | |
| | NA | 239.596 | 185 | 1.295 | | |

续表

| 主体间效应的检验 | | | | | | |
|---|---|---|---|---|---|---|
| 源 | | Ⅲ类平方和 | 自由度 | 均方 | F | 显著性 |
| 总计 | EA | 6239.760 | 192 | | | |
| | IA | 5621.600 | 192 | | | |
| | OA | 6332.625 | 192 | | | |
| | CA | 6846.250 | 192 | | | |
| | SEA | 6015.556 | 192 | | | |
| | NA | 6358.389 | 192 | | | |
| 校正后的总变异 | EA | 187.239 | 191 | | | |
| | IA | 279.080 | 191 | | | |
| | OA | 195.592 | 191 | | | |
| | CA | 160.370 | 191 | | | |
| | SEA | 251.472 | 191 | | | |
| | NA | 249.592 | 191 | | | |

a. R 平方 = 0.123(调整后的 R 平方 = 0.095)　b. R 平方 = 0.101(调整后的 R 平方 = 0.072)
c. R 平方 = 0.056(调整后的 R 平方 = 0.025)　d. R 平方 = 0.033(调整后的 R 平方 = 0.002)
e. R 平方 = 0.064(调整后的 R 平方 = 0.033)　f. R 平方 = 0.040(调整后的 R 平方 = 0.009)

表 5-29　行业对成长能力影响的方差分析：描述统计

| | a* n=76 | | b* n=14 | | c* n=36 | | d* n=10 | | e* n=18 | | f* n=4 | | g* n=34 | | 总计 N=192 | |
|---|---|---|---|---|---|---|---|---|---|---|---|---|---|---|---|---|
| | 平均值 | 标准偏差 | 平均值 | 标准偏差 | 平均值 | 标准偏差 | 平均值 | 标准偏差 | 平均值 | 标准偏差 | 平均值 | 标准偏差 | 平均值 | 标准偏差 | 平均值 | 标准偏差 |
| EA | 5.779 | 1.060 | 5.086 | 1.004 | 5.867 | 0.765 | 4.600 | 0.267 | 5.200 | 1.110 | 6.200 | 0.231 | 5.647 | 0.863 | 5.615 | 0.990 |
| IA | 5.468 | 0.921 | 5.114 | 1.288 | 5.467 | 0.823 | 4.160 | 1.493 | 4.533 | 1.582 | 5.800 | 0.231 | 5.365 | 1.550 | 5.275 | 1.209 |
| OA | 5.730 | 0.891 | 5.500 | 1.500 | 5.778 | 1.014 | 5.778 | 1.014 | 5.556 | 0.511 | 5.875 | 0.144 | 5.721 | 0.896 | 5.654 | 1.012 |
| CA | 5.868 | 0.795 | 5.714 | 1.304 | 6.042 | 0.780 | 6.250 | 0.972 | 5.528 | 0.903 | 5.875 | 0.144 | 6.000 | 1.125 | 5.901 | 0.916 |
| SEA | 5.570 | 1.075 | 5.000 | 1.109 | 5.593 | 0.919 | 4.467 | 2.044 | 5.407 | 1.141 | 5.667 | 0.770 | 5.667 | 1.125 | 5.479 | 1.147 |
| NA | 5.640 | 1.106 | 5.333 | 1.314 | 5.926 | 0.829 | 5.067 | 2.290 | 5.333 | 0.957 | 5.750 | 0.096 | 5.784 | 1.082 | 5.641 | 1.143 |

*a:电子信息、软件技术服务；　b:生物医药；　c:新能源、新材料；　d:文化创意、体育、娱乐；

　e:教育、法律、金融、租赁等商业咨询、中介服务等；　f:餐饮、旅游；　g:制作、加工；

由于创业者能力(EA)与创新能力(IA)在在孵企业所属行业中有显著性差

异,所以用最小显著差异(Leaset Significant Difference)来进行多重比较分析。结果表明,如表 5-30 所示,文化创意、体育、娱乐;教育、法律、金融、租赁等商业咨询、中介服务等这两类在孵企业在创业者能力(EA)与创新能力(IA)两项能力上的评分显著低于其他行业企业;生物医药类在孵企业的创业者能力评分比电子信息、软件技术服务;新能源、新材料;餐饮、旅游三类行业在孵企业的评分低。电子信息、软件技术服务和新能源、新材料属于科技型企业,钟卫东等(2007)[236]的研究结果显示创业自我效能感对初创科技型企业的成长绩效有显著影响,本书研究结果与该结论吻合。餐饮与旅游的行业壁垒相对较低,但对创业者时间和体力付出要求较高,创业者没有一定的抗压能力是没办法带领企业生存的,因此该类企业的创业者能力较强。周荣鑫(2012)[237] 认为生物医药企业具有风险大、成功率低、研发周期长等特点,所以该类企业的创业者风险能力、抗压能力、自我能效等特质应有较高水平表现,然而本书结果并不支持此结论,处于孵化情景内的生物医药企业的创业者能力的评分比电子信息、软件技术服务;新能源、新材料;餐饮、旅游这三类企业均低。美籍奥地利经济学家熊彼特将创新分为五种:① 创造一种新产品或新功能。② 采用新的生产方式。③ 发现新市场。④ 发现新的原材料。⑤ 新的管理组织。进一步分析,我们可以看到新产品或新功能、新的生产方式以及新的原材料获取或发现,这三类创新属于技术性创新。发现新市场或新的管理组织,这属于商业模式的创新。本书中所涉及的行业中,电子信息、软件技术服务;生物医药;新能源、新材料;餐饮旅游;制造加工等方面的企业提供高科技产品或实体产品会比较重视技术性创新。而文化创意、体育、娱乐以及教育、法律、金融等咨询中介服务主要输出的是内容产品,其创新性体现在服务方式、市场开拓等商业模式方面的创新。由本书结果可知,样本中的企业对技术性创新很重视,而商业模式方面的创新能力稍显不足。

表 5-30　多重比较

LSD（L）

| 因变量 | (I) | (J) | 平均值差值(I-J) | 标准错误 | 显著性 | 95%的置信区间 | |
|---|---|---|---|---|---|---|---|
| | | | | | | 下限值 | 上限 |
| EA | b | a | − 0.6932* | 0.27399 | 0.012 | − 1.2338 | − 0.1527 |
| | | c | − 0.7810* | 0.29673 | 0.009 | − 1.3664 | − 0.1956 |
| | | f | − 1.1143* | 0.53411 | 0.038 | − 2.1680 | − 0.0606 |
| | e | a | − 0.5789* | 0.24695 | 0.020 | − 1.0661 | − 0.0918 |
| | | c | − 0.6667* | 0.27195 | 0.015 | − 1.2032 | − 0.1301 |

| 因变量 | (I) | (J) | 平均值差值（I-J） | 标准错误 | 显著性 | 95%的置信区间 | |
|---|---|---|---|---|---|---|---|
| | | | | | | 下限值 | 上限 |
| EA | d | a | −1.1789* | 0.31690 | 0.000 | −1.8042 | −0.5537 |
| | | c | −1.2667* | 0.33675 | 0.000 | −1.9310 | −0.6023 |
| | | f | −1.6000* | 0.55734 | 0.005 | −2.6996 | −0.5004 |
| | | g | −1.0471* | 0.33890 | 0.002 | −1.7157 | −0.3785 |
| IA | d | f | −1.6400* | 0.68889 | 0.018 | −2.9991 | −0.2809 |
| | | g | −1.2047* | 0.41889 | 0.005 | −2.0311 | −0.3783 |
| | | b | −0.9543* | 0.48212 | 0.049 | 0.0031 | 1.9054 |
| | | c | −1.3067* | 0.41624 | 0.002 | 0.4855 | 2.1279 |
| | | a | −1.3084* | 0.39170 | 0.001 | 0.5356 | 2.0812 |
| | e | c | −0.9333* | 0.33614 | 0.006 | 0.2702 | 1.5965 |
| | | g | −0.8314* | 0.33942 | 0.015 | −1.5010 | −0.1617 |
| | | a | −0.9351* | 0.30524 | 0.003 | 0.3329 | 1.5373 |

*a：电子信息、软件技术服务； b：生物医药； c：新能源、新材料； d：文化创意、体育、娱乐；
e：教育、法律、金融、租赁等商业咨询、中介服务等；f：餐饮、旅游； g：制造、加工
基于观察到的平均值。误差项是均方（误差）＝1.356。 *. 均值差的显著性水平为.05。

### 5.6.3 基于创业者年龄层次的方差分析

本书根据与众创空间和创新创业大赛管理者的访谈，以及集合专家建议，将创业者年龄段分为25岁以下、25～29岁、30～34岁、35～39岁、40岁或以上等五个年龄段。朱良杰（2015）[238]认为创业者的年龄与微型企业的成长绩效无关。本书六个观察变量对在孵企业创业者年龄层次的总体方差满足检验标准，具有方差齐性（方差齐性假设的显著性概率，即P值大于0.05）如表5-31所示，说明该样本数据适合方差分析，可进行进一步分析。

表5-31 误差方差的齐性Levene's检验[a]

| 创业者年龄 | F | df1 | df2 | 显著性 |
|---|---|---|---|---|
| EA | 1.814 | 4 | 187 | 0.150 |
| IA | 2.550 | 4 | 187 | 0.058 |
| OA | 0.509 | 4 | 187 | 0.730 |
| CA | 1.438 | 4 | 187 | 0.223 |

续表

| 创业者年龄 | F | df1 | df2 | 显著性 |
|---|---|---|---|---|
| SEA | 1.183 | 4 | 187 | 0.320 |
| NA | 1.907 | 4 | 187 | 0.111 |
| 检验各组中因变量的误差方差相等的零假设。 | | | | |

但本书基于创业者 5 个不同年龄段的多因素方差分析如表 5-32 所示结果表明,创业者能力(EA)、创新能力(IA)以及网络能力(NA)在创业者不同年龄段中差异性显著(显著性 p 值分别是 0.000、0.030、0.010,小于 0.05)。组织管理能力(OA)、文化能力(CA)、战略创业能力(SEA)在所有创业者年龄段中都受到了重视(如表 5-33 描述性统计所示),无显著差异(显著性 p 值为 0.523、0.424、0.081,大于 0.05)。

表 5-32　创业者平均年龄层次对成长能力影响的方差分析

| 主体间效应的检验 | | | | | | |
|---|---|---|---|---|---|---|
| 源 | | Ⅲ类平方和 | 自由度 | 均方 | F | 显著性 |
| 校正的模型 | EA | 20.001[a] | 4 | 5.000 | 5.591 | 0.000 |
| | IA | 15.435[b] | 4 | 3.859 | 2.737 | 0.030 |
| | OA | 3.316[c] | 4 | 0.829 | 0.806 | 0.523 |
| | CA | 3.269[d] | 4 | 0.817 | 0.973 | 0.424 |
| | SEA | 10.878[e] | 4 | 2.720 | 2.114 | 0.081 |
| | NA | 17.066[f] | 4 | 4.267 | 3.431 | 0.010 |
| 截距 | EA | 3582.248 | 1 | 3582.248 | 4005.548 | 0.000 |
| | IA | 3120.788 | 1 | 3120.788 | 2213.535 | 0.000 |
| | OA | 3717.037 | 1 | 3717.037 | 3615.034 | 0.000 |
| | CA | 3886.423 | 1 | 3886.423 | 4626.090 | 0.000 |
| | SEA | 3404.400 | 1 | 3404.400 | 2646.048 | 0.000 |
| | NA | 3696.393 | 1 | 3696.393 | 2972.684 | 0.000 |
| 创业者平均年龄层次: | EA | 20.001 | 4 | 5.000 | 5.591 | 0.000 |
| | IA | 15.435 | 4 | 3.859 | 2.737 | 0.030 |
| | OA | 3.316 | 4 | 0.829 | 0.806 | 0.523 |
| | CA | 3.269 | 4 | 0.817 | 0.973 | 0.424 |
| | SEA | 10.878 | 4 | 2.720 | 2.114 | 0.081 |
| | NA | 17.066 | 4 | 4.267 | 3.431 | 0.010 |

| 主体间效应的检验 | | | | | | |
|---|---|---|---|---|---|---|
| 源 | | Ⅲ类平方和 | 自由度 | 均方 | F | 显著性 |
| 错误 | EA | 167.238 | 187 | 0.894 | | |
| | IA | 263.645 | 187 | 1.410 | | |
| | OA | 192.276 | 187 | 1.028 | | |
| | CA | 157.101 | 187 | 0.840 | | |
| | SEA | 240.594 | 187 | 1.287 | | |
| | NA | 232.526 | 187 | 1.243 | | |
| 总计 | EA | 6239.760 | 192 | | | |
| | IA | 5621.600 | 192 | | | |
| | OA | 6332.625 | 192 | | | |
| | CA | 6846.250 | 192 | | | |
| | SEA | 6015.556 | 192 | | | |
| | NA | 6358.389 | 192 | | | |
| 校正后的总变异 | EA | 187.239 | 191 | | | |
| | IA | 279.080 | 191 | | | |
| | OA | 195.592 | 191 | | | |
| | CA | 160.370 | 191 | | | |
| | SEA | 251.472 | 191 | | | |
| | NA | 249.592 | 191 | | | |

a. R 平方 = 0.107（调整后的 R 平方 = 0.088）  b. R 平方 = 0.055（调整后的 R 平方 = 0.035）

c. R 平方 = 0.017（调整后的 R 平方 = −0.004）  d. R 平方 = 0.020（调整后的 R 平方 = −0.001）

e. R 平方 = 0.043（调整后的 R 平方 = 0.023）  f. R 平方 = 0.068（调整后的 R 平方 = 0.048）

表 5-33　创业者平均年龄层次对成长能力影响的方差分析：描述统计

| | 25 岁以下 n = 12 | | 25～29 岁 n = 39 | | 30～34 岁 n = 71 | | 35～39 岁 n = 36 | | 40 岁或以上 n = 34 | | 总计 N = 192 | |
|---|---|---|---|---|---|---|---|---|---|---|---|---|
| | 平均值 | 标准偏差 | 平均值 | 标准偏差 | 平均值 | 标准偏差 | 平均值 | 标准偏差 | 平均值 | 标准偏差 | 平均值 | 标准偏差 |
| EA | 5.450 | 0.996 | 5.926 | 0.830 | 5.422 | 1.009 | 6.050 | 0.543 | 5.200 | 1.244 | 5.615 | 0.990 |
| IA | 4.950 | 0.847 | 5.463 | 0.847 | 5.139 | 1.326 | 5.710 | 0.806 | 4.918 | 1.574 | 5.275 | 1.209 |
| OA | 5.875 | 0.973 | 5.605 | 0.924 | 5.514 | 1.129 | 5.813 | 0.926 | 5.765 | 0.955 | 5.654 | 1.012 |

续表

| | 25 岁以下 n = 12 | | 25～29 岁 n = 39 | | 30～34 岁 n = 71 | | 35～39 岁 n = 36 | | 40 岁或以上 n = 34 | | 总计 N = 192 | |
|---|---|---|---|---|---|---|---|---|---|---|---|---|
| | 平均值 | 标准偏差 | 平均值 | 标准偏差 | 平均值 | 标准偏差 | 平均值 | 标准偏差 | 平均值 | 标准偏差 | 平均值 | 标准偏差 |
| CA | 5.563 | 1.059 | 5.974 | 0.996 | 5.896 | 0.992 | 6.063 | 0.707 | 5.721 | 0.839 | 5.901 | 0.916 |
| SEA | 5.333 | 1.533 | 5.842 | 0.932 | 5.361 | 1.291 | 5.650 | 0.969 | 5.157 | 1.058 | 5.479 | 1.147 |
| NA | 6.000 | 0.756 | 5.904 | 0.833 | 5.556 | 1.348 | 5.925 | 1.002 | 5.108 | 1.025 | 5.641 | 1.143 |

由于创业者能力（EA）、创新能力（IA）和网络能力（NA）在在孵企业创业者年龄段中有显著性差异，所以用最小显著差异（Leaset Significant Difference）来进行多重比较分析（如表 5-34 所示）。其结果表明 35～39 岁年龄段的创业者能力（EA）评分显著高于 30～34 岁、40 岁或以上两个年龄段，略微高于 25～29 岁年龄段。35～39 岁与 25 岁以下这两个年段在创业者能力评分上无显著差异，说明该两组创业者在创业者能力这一项处于相似较高层次。25 岁以下年轻的创业者们充满激情、敢想敢干、心态乐观因此有较高的创业者评分；35～39 岁年龄段的创业者们大多来自大企业的离职管理层或者是连续创业者，拥有丰富的行业经验，同时该年龄段背负更重的家庭压力，对于创业者个人来说，该年龄阶段大约是实现创业梦想的最后机会，因此该年龄段的创业者具有同样高的创业者能力。35～39 岁年龄段在创新能力（IA）上表现强于 30～34 岁和 40 岁以上两个年龄段；相对于 25 岁以下、25～29 岁、35～39 三个年龄段，40 岁或以上的创业者对网络能力的评分略低，这说明 40 岁以上的创业者由于从业行业经验较丰富，在创业之前已经具备了一定的社会资本。

表 5-34　多重比较

LSD（L）

| 因变量 | (I) | (J) | 平均值差值 (I-J) | 标准错误 | 显著性 | 95%的置信区间 | |
|---|---|---|---|---|---|---|---|
| | | | | | | 下限值 | 上限 |
| EA | 25～29 岁 | 30～34 岁 | 0.5041* | 0.18962 | 0.009 | 0.1300 | 0.8782 |
| | | 40 岁或以上 | 0.7263* | 0.22325 | 0.001 | 0.2859 | 1.1667 |
| | 35～39 岁 | 30～34 岁 | 0.6278* | 0.18649 | 0.001 | 0.2599 | 0.9957 |
| | | 40 岁或以上 | 0.8500* | 0.22059 | 0.000 | 0.4148 | 1.2852 |

| 因变量 | (I) | (J) | 平均值差值<br>(I-J) | 标准错误 | 显著性 | 95%的置信区间 | |
|---|---|---|---|---|---|---|---|
| | | | | | | 下限值 | 上限 |
| IA | 35～39 岁 | 30～34 岁 | 0.5711* | 0.23415 | 0.016 | 0.1092 | 1.0330 |
| | | 40 岁或以上 | 0.7924* | 0.27697 | 0.005 | 0.2460 | 1.3387 |
| NA | 40 岁或以上 | 25 岁以下 | −0.8922* | 0.43818 | 0.043 | −1.7566 | −0.0277 |
| | | 25-29 岁 | −0.7957* | 0.26324 | 0.003 | −1.3150 | −0.2764 |
| | | 35-39 岁 | −0.8172* | 0.26011 | 0.002 | −1.3303 | −0.3040 |

基于观察到的平均值。误差项是均方（误差）＝1.243。*.均值差的显著性水平为 0.05。

### 5.6.4　基于在孵企业创业者人数的方差分析

本书将在孵企业创业者人数分为独立创业者、2～3 名合伙人、4～5 名合伙人、5 名以上合伙人等 4 类，本书 6 个观察变量对在孵企业创业者人数的总体方差满足检验标准，具有方差齐性（方差齐性假设的显著性概率，即 P 值大于 0.05）如表 5-35 所示，说明该样本数据适合方差分析，可进行进一步分析。

表 5-35　误差方差的齐性 Levene's 检验 [a]

| 创业者人数 | F | df1 | df2 | 显著性 |
|---|---|---|---|---|
| EA | 1.729 | 3 | 188 | 0.195 |
| IA | 2.650 | 3 | 188 | 0.053 |
| OA | 2.079 | 3 | 188 | 0.108 |
| CA | 0.705 | 3 | 188 | 0.550 |
| SEA | 2.106 | 3 | 188 | 0.078 |
| NA | 1.322 | 3 | 188 | 0.265 |
| 检验各组中因变量的误差方差相等的零假设。 | | | | |

基于创业者人数对在孵企业成长能力影响的多因素方差分析，如表 5-36 所示，其结果表明创业者能力（EA）、创新能力（IA）、组织管理能力（OA）、文化能力（CA）、战略创业能力（SEA）、网络能力（NA）在不同创业者人数的在孵企业中无显著性差异（显著性 p 值从 0.066 到 0.799，均大于 0.05），这意味着上述六种能力不受创业者人数影响，不管是独立创业者还是多名创业者均对各种成长能力有等同的重视度（如表 5-37 描述统计所示）。独立创业者的压力来自孤独，联合

创业的难度在于协商决策。

表 5-36　创业者人数对成长能力的影响的方差分析

| 主体间效应的检验 | | | | | |
|---|---|---|---|---|---|
| 源 | | III类平方和 | 自由度 | 均方 | F | 显著性 |
| 校正的模型 | EA | 0.999[a] | 3 | 0.333 | 0.336 | 0.799 |
| | IA | 10.051[b] | 3 | 3.350 | 2.341 | 0.075 |
| | OA | 6.441[c] | 3 | 2.147 | 2.134 | 0.097 |
| | CA | 2.888[d] | 3 | 0.963 | 1.149 | 0.330 |
| | SEA | 9.424[e] | 3 | 3.141 | 2.440 | 0.066 |
| | NA | 4.235[f] | 3 | 1.412 | 1.082 | 0.358 |
| 截距 | EA | 4682.018 | 1 | 4682.018 | 4726.270 | 0.000 |
| | IA | 3986.717 | 1 | 3986.717 | 2785.951 | 0.000 |
| | OA | 4630.779 | 1 | 4630.779 | 4602.599 | 0.000 |
| | CA | 5239.822 | 1 | 5239.822 | 6255.256 | 0.000 |
| | SEA | 4299.520 | 1 | 4299.520 | 3339.456 | 0.000 |
| | NA | 4818.471 | 1 | 4818.471 | 3692.056 | 0.000 |
| 创业者人数: | EA | 0.999 | 3 | 0.333 | 0.336 | 0.799 |
| | IA | 10.051 | 3 | 3.350 | 2.341 | 0.075 |
| | OA | 6.441 | 3 | 2.147 | 2.134 | 0.097 |
| | CA | 2.888 | 3 | 0.963 | 1.149 | 0.330 |
| | SEA | 9.424 | 3 | 3.141 | 2.440 | 0.066 |
| | NA | 4.235 | 3 | 1.412 | 1.082 | 0.358 |
| 错误 | EA | 186.240 | 188 | 0.991 | | |
| | IA | 269.029 | 188 | 1.431 | | |
| | OA | 189.151 | 188 | 1.006 | | |
| | CA | 157.481 | 188 | 0.838 | | |
| | SEA | 242.048 | 188 | 1.287 | | |
| | NA | 245.357 | 188 | 1.305 | | |

| 主体间效应的检验 | | | | | | |
|---|---|---|---|---|---|---|
| 源 | | Ⅲ类平方和 | 自由度 | 均方 | F | 显著性 |
| 总计 | EA | 6239.760 | 192 | | | |
| | IA | 5621.600 | 192 | | | |
| | OA | 6332.625 | 192 | | | |
| | CA | 6846.250 | 192 | | | |
| | SEA | 6015.556 | 192 | | | |
| | NA | 6358.389 | 192 | | | |
| 校正后的总变异 | EA | 187.239 | 191 | | | |
| | IA | 279.080 | 191 | | | |
| | OA | 195.592 | 191 | | | |
| | CA | 160.370 | 191 | | | |
| | SEA | 251.472 | 191 | | | |
| | NA | 249.592 | 191 | | | |

a. R 平方 = 0.005(调整后的 R 平方 = − 0.011)　b. R 平方 = 0.036(调整后的 R 平方 = 0.021)

c. R 平方 = 0.033(调整后的 R 平方 = 0.018)　d. R 平方 = 0.018(调整后的 R 平方 = 0.002)

e. R 平方 = 0.037(调整后的 R 平方 = 0.022)　f. R 平方 = 0.017(调整后的 R 平方 = 0.001)

表 5-37　创业者人数对成长能力的影响的方差分析：描述统计

| | 独立创业者 n = 30 | | 2-3 名合伙人 n = 84 | | 4-5 名合伙人 n = 37 | | 5 名以上合伙人 n = 41 | | 总计 N = 192 | |
|---|---|---|---|---|---|---|---|---|---|---|
| | 平均值 | 标准偏差 | 平均值 | 标准偏差 | 平均值 | 标准偏差 | 平均值 | 标准偏差 | 平均值 | 标准偏差 |
| EA | 5.691 | 0.997 | 5.566 | 0.821 | 5.737 | 0.753 | 5.568 | 1.487 | 5.615 | 0.990 |
| IA | 4.927 | 1.671 | 5.366 | 0.987 | 4.968 | 1.346 | 5.558 | 1.194 | 5.275 | 1.209 |
| OA | 5.591 | 1.513 | 5.755 | 0.876 | 5.303 | 0.910 | 5.789 | 1.028 | 5.654 | 1.012 |
| CA | 6.205 | 0.865 | 5.809 | 0.863 | 5.934 | 0.915 | 5.921 | 1.059 | 5.901 | 0.916 |
| SEA | 5.061 | 1.929 | 5.560 | 0.925 | 5.246 | 0.896 | 5.754 | 1.215 | 5.479 | 1.147 |
| NA | 5.985 | 1.714 | 5.518 | 0.876 | 5.693 | 0.976 | 5.693 | 1.443 | 5.641 | 1.143 |

# 5.7 本章小结

本章依托前文的分析,借鉴众多学者的研究成果,对基于众创空间的在孵企业成长能力进行了实证研究。本书笔者设计了基于众创空间的在孵企业成长能力的量表和调查问卷,在对收集的问卷数据的信度和效度检验的基础上,进行了探索性因子分析、验证性因子分析(检验模型)以及多因素方差分析对第四章提出的研究假设进行了检验,八项研究假设中六条成立,二条不成立,检验结果如表 5-38 所示。

表 5-38 研究假设检验结果

| 研究假设 | 检验结果 |
| --- | --- |
| H1 基于众创空间的在孵企业成长能力由创业者能力、创新能力、组织管理能力、文化能力、战略创业能力、网络能力来反映。 | 成立 |
| H2 创业者能力与创新能力共同构成基于众创空间的在孵企业的元能力。 | 成立 |
| H3 组织管理能力与文化能力共同构成基于众创空间的在孵企业的通用能力。 | 成立 |
| H4 战略创业能力与网络能力共同构成基于众创空间的在孵企业的关键能力。 | 成立 |
| H5 入孵时长对基于众创空间的在孵企业成长能力的影响有显著差异。 | 不成立 |
| H6 不同行业对基于众创空间的在孵企业成长能力的影响有显著差异。 | 成立 |
| H7 创业者年龄层次对基于众创空间的在孵企业成长能力的影响有显著差异。 | 成立 |
| H8 创业者人数对基于众创空间的在孵企业成长能力的影响有显著差异。 | 不成立 |

第6章

# 动态视域下基于众创空间的
# 在孵企业成长能力作用机制

既然本书上一章的实证研究证实了基于众创空间的在孵企业成长能力的体系构成以及能力维度,那么在孵企业的成长能力在其成长过程中承担怎样的角色?其成长能力在整个孵化周期内不同阶段发挥的作用是否不同?不同成长能力之间又有怎样的联系?为回答以上问题,本章采用多案例研究方法,以同一众创空间孵化情景内的在孵企业为案例,以动态的视角揭示在孵企业成长能力机制,打开众创空间孵化周期内在孵企业发展的"黑箱"。

## 6.1 研究设计、数据收集与处理

### 6.1.1 研究方法与案例介绍

本书选取同一个众创空间孵化情景下的四家电子商务平台企业,主要探讨在孵企业不同成长能力在各个孵化周期阶段中的作用机理,发掘孵化周期阶段中各个在孵企业成长能力之间的内在联系,以及各个孵化阶段中的主导成长能力。根据 Eisenhardt[239] 的观点,针对回答"what(什么)""how(如何)"的问题研究,适合采用案例研究方法。

(1)案例选择。

发展理论是案例研究方法的主要目的,因此 Eisenhardt 认为应该在案例研究中进行理论抽样。成功入选的案例需要符合阐述和扩充各个概念之间的相互关系以及内在逻辑。在选择案例时,在多案例基础上构建理论,相对来说比较稳固、准确,也更具普适性。Eisendardt 建议,一般情况下选取 4～10 个案例适合多案例研究。

本研究选取四个案例,主要遵循以下标准。

a. 所有案例同属一个众创空间孵化情景,或者拥有同个众创空间的孵化经历,这样各个案例之间才有可比较性;

b. 选取的案例均属于互联网平台企业,符合当前中国基于"互联网＋"的创新创业活动特征,同时众创空间的线上虚拟孵化结合线下创业指导,更适合帮助该类企业发展成长能力;

c. 结合传统孵化器和众创空间的筛选标准,本研究所选案例的企业成立不得超过三年;

d. 所有入选案例的企业,孵化时间均超过 12 个月,这样的案例才足够充分用来研究众创空间情景对在孵企业成长能力培育及提升的作用,也易于本研究的横向比较。

根据企业要求,本研究以 ABCD 代表四家企业,基本情况如下表 6-1。

表 6-1　案例企业基本情况介绍

| 企业 | 创立时间 | 入孵时间 | 孵化阶段 | 所属行业 | 受访者职务 |
|------|---------|---------|---------|---------|-----------|
| A | 2015 年 12 月 | 2016 年 1 月 | 2017 年 5 月毕业出孵 | 挂车交易、服务平台 | 联合创始人 |
| B | 2016 年 8 月 | 2016 年 8 月 | 准出孵 | 农产品交易平台 | 联合创始人 |
| C | 2015 年 8 月 | 2016 年 7 月 | 准出孵 | 化工品交易平台 | 创始人 |
| D | 2015 年 7 月 | 2016 年 8 月 | 准出孵 | 餐饮 | 创始人 |

（2）数据收集与处理。

本书试图使用多种数据进行交叉验证,以确保其信度和效度。数据主要来源于面对面访谈的一手资料,辅以网络公开信息和新闻报道等二手资料的补充和核实。在案例研究中结合多种数据,可以进行案例本身的分析和多案例之间的比较分析。案例本身的分析虽然主要是对案例各个部分的纯描述,但这种对局部的具体研究包含了在孵企业的发展历程、关键事件、危机应对措施等经历,有利于产生观点。同时,由于背景迥异,或受现实影响,处理数据能力有限,误判的产生不可避免,这时采用多个案例之间的比较分析可以尽最大可能地防止误判发生,从而提高案例分析的可靠性。

（3）案例介绍。

结合对四家企业的现场访问、实地调研和数据整理，表6-2、表6-3、表6-4、表6-5描述了四家企业在孵化周期阶段的关键事件，并对其进行了概念归纳，对各个孵化周期阶段的主导成长能力进行了提炼，以挖掘出在孵企业成长能力的典型证据。

表6-2　预孵期的关键事件描述及概念归纳

| 企业 | 关键事件 | 概念归纳 | 成长能力 |
|---|---|---|---|
| A | 该企业联合创始人有两位，一位在家乡从事挂车销售业务多年，一位擅长互联网技术，在详细分析了挂车市场不规范、信息不透明、销售不成体系、上游工厂各自为政、下游售后物流体验差等弊端，以及挂车的行业特点，如小众市场、更换频率低、单价高等，确定了搭建整合挂车产业链、为用户提供透明信息的服务平台。 | 创业者能力、战略创业能力 | 元能力＋关键能力 |
| B | 该企业有三位联合创始人，一位曾经从事媒体和品牌推广，一位在番薯产地从事种植培训，一位负责信息技术。创始人的家乡盛产番薯，而且该家乡正是精准扶贫对象之一，三位创始人在分析了番薯产业链的现状，以及发现三只松鼠、良品铺子等食品品牌都是经营多种食品，市场上缺乏单一食品品牌，加之拥有对带领家乡脱贫致富的深切愿望，便确定了创立番薯品牌这一创业思路。 | 创业者能力、战略创业能力 | |
| C | 创始人是拥有9年化工国企一线员工和销售主管的工作经验（这使得创始人对化工产品的生产流程和销售知识非常精通），在职期间去北上广深学习之后，在国企推行互联网转型，但以失败告终。在全国产能过剩和供给侧改革的进程中，创始人意识到改革应延伸到整个行业而不是一个企业，在总结了这个行业中面临的安全、环保、资金、技术、低效等痛点后便辞职创业，立志要构建一个整合全产业链的服务平台。创始人在只有创业构想阶段便已拿到100万种子融资。去北京聘请CTO。 | 创业者能力、战略创业能力 | |
| D | 创始人在成立该企业之前已经在食品、调味行业摸爬滚打16年之久。创始人发现虽然受政策影响，高端餐饮在下滑，但餐饮业的整体业态是在增长的，尤其是快餐领域，餐饮业从业者反应的利润不高等问题除了自身产品、管理以及服务的原因外，在于消费者的分流。创始人以调味品的标准化为切入点开始创业。 | 创业者能力、战略创业能力 | |

表 6-3　入孵初期的关键事件描述及概念归纳

| 企业 | 关键事件 | 概念归纳 | 成长能力 |
|---|---|---|---|
| A | 参加创新创业大赛、路演等活动,获得共计 550 万种子融资;意识到由发展 C 端,扩展到发展 B 端的必要性;借助众创空间本身互联网品牌推广和供应链管理的经验,在完善 C 端用户体验的同时,开发 B 端加盟商。 | 网络能力、创业者能力 | 关键能力 ＋元能力 |
| B | 借助众创空间品牌运营团队的支持,该企业对定位、人群画像、市场关系进行梳理确定自己的品牌形象;充分挖掘农产品深层的农耕文化,使用户在消费农产品的同时体验到传统文化;接受众创空间的深化孵化,即三名专业人员入驻团队内部一起工作;从日本引进种苗,以保证高端番薯的质量(从外形到口味);模仿其他企业对产品评级和组合,新增产品种类,重新组合产品,提高客单价。 | 网络能力、战略创业能力、创新能力 | |
| C | 100 万种子融资消耗殆尽,整合现有资源暂时以中介贸易的收入维持;"业务先行,产品在后"利用现有资源首先打造品牌,通过众创空间获得互联网品牌推广经验;积极参加各种路演,争取融资;推出微信公众号;推出化工产品课程分享,形成学习者社群;拓展新业务:为企业研发在线招标竞拍系统,规范定价拓展销路;学习标杆企业全产业链运营经验,确定未来发展目标;员工十几人周平均工作时间 110 小时。 | 战略创业能力、网络能力、创新能力、创业者能力 | |
| D | 通过参加众创空间举办的创新创业大赛,获得融资 500 万;借鉴众创空间的互联网发展经验,组建电商团队;建立线下优选体验店;自建工厂;学习多品牌和品牌孵化战略,抓住细分市场 | 网络能力、战略创业能力、创新能力 | |

表 6-4　入孵中期的关键事件描述及概念归纳

| 企业 | 关键事件 | 概念归纳 | 成长能力 |
|---|---|---|---|
| A | 为 B 端研发 SaaS 平台提供各种挂车信息;团队规模扩大显著(从初创时不到 10 人到 30 人)。 | 组织管理能力、战略创业能力 | 通用能力 ＋关键能力 |
| B | 举办周年店庆活动,通过线上线下媒体预热,全面提高知名度;拓展种植地(北方番薯不成熟的时候可以用南方番薯)以确保产品连续性;建立消费者社群,以书信和直播的方式拉近消费者和创始人的距离,旨在激发消费者的农业情节。 | 组织管理能力、网络能力、文化能力 | |
| C | 建构内部组织分工:研发团队、品牌推广及线上交易、自营中介贸易;介入物流领域,整合物流企业,便于化工产品的配送;入股行业内数据公司,方便信息咨询服务;发展众筹建仓,以储存化工品;与平安银行合作,以交易数据积累为信任背书提供金融服务;入选《2017 年中国大宗商品电商新锐企业 30 强》;提出企业口号"成功与未来属于大家"。 | 组织管理能力、战略创业能力、网络能力、文化能力 | |
| D | 成功孵化出 15 个子品牌。 | 组织管理能力 | |

表 6-5 　准出孵期的关键事件描述及概念归纳

| 企业 | 关键事件 | 概念归纳 | 成长能力 |
|---|---|---|---|
| A | 引入前百度外卖山东区域负责人负责市场拓展；上游对挂车的生产和定制资源进一步规范完善；下游拓展服务网点（使挂车像普通房车一样有 4S 店的服务）已经超过 30 家，月销售额超过 600 万人民币。 | 组织管理能力、文化能力、网络能力 | 通用能力＋关键能力 |
| B | 签约线下商超；签约农户超过 500 户种植面积超过 1000 亩；进一步优化产业链管理。 | 组织管理能力、网络能力 | |
| C | 平台单月交易量远超 6000 万，注册企业千余家；在北京建立技术团队，战略瞄准全国及海外。 | 组织管理能力、战略创业能力 | |
| D | 在阿里平台开店 6 家；现在体验店 4 家；布局全国渠道销售网络；考察国外中餐馆；筹备天猫国际店。 | 组织管理能力、战略创业能力 | |

# 6.2　案例分析与研究命题

　　综合上文中的描述定义，以及分类整理信息之后，再反馈给受访者进行确认。在回顾了相关理论的基础上，综合本研究中所选四个案例的比较分析之后发现，元能力、通用能力、关键能力贯穿于在孵企业从创建到毕业出孵始终，各个能力之间有一定联系，互相作用，在在孵生命周期不同阶段发挥不同的作用，共同驱动在孵企业持续成长。

## 6.2.1　不同成长能力的作用

　　根据第四章对基于众创空间的在孵企业成长能力构成要素的理论分析，元能力由创业者能力与创新能力构成，是在孵企业发展和培育其他能力的基础，属于在孵企业的禀赋能力。创业者能力是指创业者根据本身的以往经验，发现创业机会，并带领团队实现企业成长目标的能力。创业者能力包含创业者以往背景、风险感知和管理能力，以及创业者的自我能效，这决定着企业未来的文化能力特色，以及与众创空间管理团队的沟通方式，和需求特点。在孵企业创新能力指的是创业者提出创新性创业项目的能力，在成为在孵企业以后在产品全链条管理以及企业日常运营中提出创新性理念以及为实现企业成长目标，基于自身条件在技术、管理、模式等方面的创新能力。对于在孵企业来说，创业者的创新思想就是在孵企业的创新内驱和成长发展的本源。

元能力在预孵期发挥主导作用,这一时期也是众创空间对创业团队项目的审核阶段,创业者如何与众创空间管理方交互影响着众创空间对创业项目的判断,因此关键能力在此阶段起辅助作用。这一点得到本研究中四位受访者的一致认同,四家企业在预孵阶段都体现出了创业者的自身能力和创业项目的创新性。A 企业的两位联合创始人一位从事挂车销售多年,一位深谙互联网技术;B 企业的三位联合创始人分别具有媒体推广、农产品种植技术、信息技术;C 企业创始人具有 9 年化工生产和销售的工作经验;D 企业创始人具有 16 年的食品、调味品行业工作经验。他们均在自己精通的领域发现问题、找准痛点,并积极主动的寻找和尝试解决痛点的路径,以此来作为创业的出发点。

根据第四章对基于众创空间的在孵企业成长能力构成要素的理论分析,战略创业能力和网络能力共同构成基于众创空间的在孵企业的关键能力。基于众创空间的在孵企业的战略创业能力是指在孵企业利用众创空间提供的资源搜寻机会和挖掘优势的能力。在孵企业处于众创空间孵化情景内,比一般的企业多了一层网络,在孵企业的网络关系包含了与众创空间孵化管理团队之间的关系,与同一孵化网络内的其他在孵企业之间的关系,以及与孵化网络空间外部相关利益者之间的关系。因此基于众创空间的在孵企业网络能力指的是构建、管理并维护上述三种关系的能力。众创空间的孵化网络资源对每一个成功入驻的在孵企业都是平等开放的,如何通过孵化获得网络资源,以及是否能将这些资源发挥最大效用的关键在于在孵企业自身禀赋和不同的成长目标,而不同成长目标决定着不同的战略行为与交互方式。

本书认为关键能力在入孵初期发挥主导作用,同时结合在孵企业的元能力开始构建各种通用能力。在受访的四家企业中,企业 ACD 均参加了创新创业大赛,并取得不错的名次,获得不同程度的融资。在准备和参加比赛的过程中,孵化方配备了创业导师,帮助梳理参赛企业的商业模式,可以说这次比赛的经历对这些企业的初步成功起到了关键作用。B 企业是带着创业构想与孵化方沟通在前,成立企业在后,所以它的预孵期和入孵初期是同步进行的。在沟通的过程中,孵化方首先认可了其创业构想,并根据创始人特点和当前农产品市场特点以及消费者特点给出一系列推广建议,并派驻专业员工与在孵团队一起工作,进行现时现场指导。本研究选取的孵化方本身具有丰富的基于互联网技术管理供应链以及互联网品牌推广的经验,虽然四家企业来自不同行业,但是基于互联网管理供应链的能力和品牌推广经验是可以产生协同效应的,因此四家企业在孵化方的氛围下受到不同的启示,并根据各自的特点有针对性的选取孵化情景内不同的服务模块。比如,A 企业在保有原有 C 端用户服务的同时,计划开发 B 端用户;B 企业学习到了根据产品的销量来评级,对产品进行重新组合,以提高单客价;C 企业通过开设微信公众号建立化工产品学习者社群;D 企业着手组建电商团队。

根据第四章对基于众创空间的在孵企业成长能力构成要素的理论分析,通用能力对基于众创空间的在孵企业的成长即不起根本性作用,也不指引在孵企业的成长方向,但该能力是在孵企业各项活动的重要支撑,它保证企业的正常运营,确保在孵企业的各项战略计划的有效落实。本研究之所以将组织管理能力与文化能力视为通用能力的构成,是因为虽然企业来自不同的行业,但不同的企业组织都属于社会组织,具有类似的组织结构,企业的组织管理能力可以产生协同效应。基于众创空间的在孵企业组织管理能力指的是在众创空间的扶持下,构建组织机构,合理配置资源,使员工协作一致实现成功出孵具备自力更生的能力。

文化能力指的是结合了社会因素和众创空间孵化环境因素,构建员工认同的行为准则和道德规范的能力,以及通过培训能够使新员工迅速融入的能力。通用能力在入孵初期是生成构建阶段,在入孵中期是应用、验证阶段,在准出孵期是强化阶段,也可以说在入孵中期开始起主导作用,在关键能力的辅助下,通用能力得到升级,进入到准出孵期,待该能力稳健发展后,达到出孵标准即可申请出孵。在入孵中期阶段,四家企业在员工规模、内部职能、外部产业链上下游资源的整合都有不同程度的扩展,A 企业的员工人数增加到 30 多人,B 企业签约了海南的种植地,C 企业增加了合作伙伴(介入物流、入股数据公司、与银行合作),D 企业孵化子品牌。这些业务规模上的扩展增加了企业管理的难度和复杂度,是对通用能力的考验。在孵企业获得成长的标志,以及出孵后成功的独立自主发展都仰赖于通用能力的不断升级。

综合上文分析,得出研究命题 1:在孵企业的成长需要不同能力进行驱动,不同能力对在孵企业成长发挥的作用不同。

### 6.2.2　不同成长能力之间的关系

本书通过四个企业案例的横向比较分析发现,元能力、关键能力和通用能力之间不是独立存在的,彼此之间是有一定内在联系的,并且伴随着在孵企业的成长发展而动态变化着。这一观点得到了四位受访者的证实。首先,元能力是企业得以创建和发展的基础,关键能力是在孵企业能否借助孵化方实现孵化最大效用的前提条件,通用能力是企业实现可持续发展的倚仗,孵化的目标。其次,优秀的元能力在关键能力的配合下,可以构建科学的通用能力培育框架,同时通用能力在关键能力的辅助下得到强化升级,达到准出孵标准。然而,整个能力的动态过程并非一蹴而就,在在孵企业与孵化方的交互中以及在各种能力的培育过程中总会伴随着不断磨合、验证、再提升的过程,这种在在孵企业生命周期不同阶段的动态特点,构成了三种能力之间循环完善的闭环。

综合上文分析,得出研究命题2:元能力、关键能力、通用能力之间互相作用共同驱动在孵企业的成长,并助其达到准出孵标准,为毕业出孵打好坚实基础。

### 6.2.3 不同孵化周期阶段中成长能力的作用

预孵期(企业创建距离入孵不满或刚一年),在企业初创阶段,主要依靠创始人的创业者能力,过往经验积累结合对市场的了解,识别出创业机会。创业者的创新能力体现在创业项目中的创新性思想,以及在创业过程中对新事物的接受和应变能力。虽然在这一时期创始人体现出一定的通用能力,比如创新商业模式、较高的执行能力、战略愿景等,但是这一切更多体现的是创始人本身的特质,该时期的企业有强烈的个人色彩。A企业与B企业分别有两位创始人和三位创始人,他们充分结合各自的经验技术,实现资源互补,发现创业机会,这充分显示了其战略创业能力。该阶段中众创空间管理方审核创业项目,这时创业者与审核方的沟通能力会影响创业项目最终是否成功入驻,成为正式的在孵企业,此时的网络能力更多地表现在与众创空间管理团队的交互上。因此,孵化周期中的预孵期阶段是以元能力为主导,关键能力为辅的阶段。

在入孵初期,为了在快速迭代且竞争激烈的市场中立足,寻求在孵企业能力与外界环境匹配是主要做法。创业团队进入该阶段才意味着成为正式的在孵企业,说明众创空间管理方认可了在孵企业的发展潜力,同时在孵企业创业者们接受来自众创空间的建议和指导,双方对未来孵化方案达成一致。在本研究的案例中,A、B、C、D企业在入孵初期分别借助创新创业大赛获得融资;在孵化方的指导规划下确定市场定位,确定互联网品牌推广策略;吸取众创空间孵化方成熟的全产业链管理经验。也就是说,孵化指导会根据不同需求深入到在孵企业运营的各个领域,比如B企业接受众创空间三名管理人员的贴身辅导,该三名专业人士只负责B企业的运营。在孵企业通过与孵化方的交互获得所需资源,是这一时期的主要活动。网络能力在该阶段表现为在众创空间的指导下与内部利益相关者的关系构建,而选择构建怎样的关系以及构建关系的方式体现出在孵企业的战略创业意图以及创业者的创新思维。因此以网络能力为主的关键能力是入孵初期的主导成长能力,元能力起辅助作用。

　　入孵中期阶段的在孵企业的商业模式日臻成熟,按照前期与众创空间的沟通指导,以及帮扶下铺设的发展思路迅速扩张企业规模和业务范围,组织结构框架得以构成,文化能力开始发挥作用。前期建构出的通用能力在这一阶段得到充分的应用和改善。如A企业在员工人数扩大的同时开始为B端企业提供SaaS平台;B企业签约了新的种植地以保证产品的连续性;C企业对价值链上的节点企业展开了全方位合作并开展了金融服务;D企业在前期组建了电商团队之后孵化出了15个子品牌,彰显了其自身的孵化能力。在此期间,众创空间作为孵化管理方多以顾问的形式出现,或以管理者的角色来考核各项能力,不再像上一个阶段中深入到指导企业运营的各个环节,而是以观察员的角色时刻关注着在孵企业的成长,该阶段的在孵企业在运营上完全独立自主,其文化能力也得以体现,比如B企业深挖产品的文化元素以提高消费者的价值感知;C企业提出了自己的企业口号以增强团队凝聚力。该阶段的网络能力体现在与各类相关利益者关系的维护和调试上。因此入孵中期的关键能力此时起辅助作用,发挥通用能力的主导作用,并快速升级到新的层次。

　　准出孵期的在孵企业已经摆脱了生存危机,财务表现稳健,保持良好的盈利势头,开始全国性甚至海外拓展布局。内部组织机构得到优化,外部供应商和用户稳中有涨。此时全面升级了的通用能力占据主导地位,为毕业出孵奠定坚实的基础。在孵企业在此阶段向众创空间孵化管理方提出毕业申请,众创空间对在孵企业的各项成长能力进行考核,通过考核标准批准出孵。或者已经摆脱了生存困境的在孵企业此时会裂变出新的创业团队或创业项目,此时在孵企业可选择自孵化(比如D企业),新的创业团队或项目也可以完全独立出去寻求众创空间的孵化辅导,进入预孵期,开启新的一轮孵化周期。A企业和B企业业务扩展到其他区域,C企业和D企业试图发展海外市场。选择固守国内市场还是拓展国际市场,除了要基于在孵企业在该阶段的成长能力水平,还要看其产品的特点。A企业和B企业的产品跟当地特色紧密相连。A企业的挂车业务是因为我国电子商务的发展、网络交易的增加,而带动的物流需求的增加,挂车是物流环节中不可或缺的工具,因此A企业主要在国内市场一边连接挂车产地一边连接需求方。B企业是将创始人及家乡的特产和精准扶贫政策的有效结合,番薯各类产品的消费者也颇具地域特色。因此A、B企业将战略目标放在国内。C企业是一家化工交易平台,而化工产品是有国际标准的,D企业是以研制调味品为主的餐饮企业,而各类中式餐厅遍及全球,因此C企业与D企业有进行海外扩张的先决条件。

　　综合上文分析,得出研究命题3:在孵企业的成长能力随着孵化周期的推进

而动态变化着,在孵企业成长能力的各个要素在孵化周期的不同阶段有不同的体现。如下表 6-6 所示:

表 6-6    不同成长能力在不同孵化周期的体现

| | 元能力 | | 关键能力 | | 通用能力 | |
|---|---|---|---|---|---|---|
| | 创业者能力 | 创新能力 | 战略创业能力 | 网络能力 | 组织管理能力 | 文化能力 |
| 预孵期 | √ | | √ | | | |
| 入孵初期 | √ | √ | √ | √ | | |
| 入孵中期 | | | √ | √ | √ | √ |
| 准出孵期 | | | √ | √ | √ | √ |

# 6.3　动态视域下基于众创空间的在孵企业
# 成长能力作用机制

综合前文论述及本章得出的研究命题,本书构建了动态视域下基于众创空间的在孵企业成长能力作用机制,如图 6-1 所示。

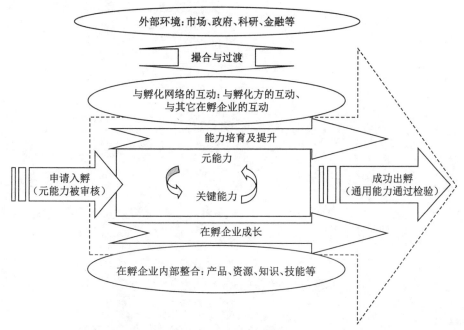

图 6-1　动态视域下基于众创空间的在孵企业成长能力作用机制

# 6.4  本章小结

本章采用多案例研究法,以动态的视角,探寻基于众创空间的在孵企业成长能力作用机制。通过对同一个众创空间内的四家电子商务平台企业进行调研、访谈、数据收集整理与案例分析得出:在孵企业的成长需要不同能力进行驱动,不同能力对在孵企业成长发挥的作用不同;元能力、关键能力、通用能力之间互相作用共同驱动在孵企业的成长;在孵企业的成长能力随着孵化周期的推进而动态变化着,并且在孵企业成长能力的各个要素在孵化周期的不同阶段有不同的体现。

# 第 7 章

# 在孵企业成长能力
# 培育的成功经验及提升建议

各国各地企业自身的条件不同、文化背景不同、成长阶段不同,在培育成长能力的过程中,往往会形成不同的方法及手段。不同企业处于不同成长阶段,成长模式也不尽相同,这些培育模式和成功经验,对我国企业培育自己的成长能力并实施创新,具有重要的学习和借鉴意义。在孵企业均属于创业型小微企业,因此本章主要梳理创业阶段的企业成长能力培育的成功经验。

企业的创业期是企业从创业思想到市场上站稳脚跟的一段时期。在该阶段,企业人员少,规模小,管理制度不健全,缺乏必要的资金,管理者大多缺乏管理经验。对于企业来说,重点是如何在竞争激烈的市场中赢得一席之地,尽快实现正的现金流。在这一阶段,企业的发展对外部成长能力的依赖非常明显,这从创业期企业成长的主要培育模式可以看出来。创业期企业成长能力的主要培育模式由产业开拓、产品创新、市场策略、投资滚雪球、市场细分以及企业共生等,主要着眼点是企业外部资源与机会。机会与资源成为企业成长的主要驱动力。

## 7.1　通过产业开拓培育成长能力

### 7.1.1　产业开拓——勇者专属

通过产业开拓培育成长能力是指企业以开拓新市场谋求发展。作为市场开拓者,没有前人的经验可遵循,所以创业者必须敢于冒险,做常人所不能及。开拓者可能是现有产业的创新者,也可能是全新产业的创新者。每一次世界产业技术的重大革命都为创业者提供了巨大的市场机会。那些具有超前眼光的开拓者往往能够抢占先机占据优势，取得行业领先。但是市场开拓者往往需要付出昂贵的代价，只有少数人成功。因此有人认为，创业者成功的重要因素是勇气也不为过。

### 7.1.2　信息技术融合传统产业

网络信息技术带来无限商机，但是更大的商机在于网络对传统产业以及经营模式的挑战。杰夫·贝佐斯独具慧眼，开启了网络时代图书出版业的新纪元。1994 年，杰夫·贝佐斯还是华尔街一家基金公司的资深副总裁时，注意到全球网络的迅速发展，他看到一个更大的商机，即电子商务。两年后，他成为互联网书店亚马逊的执行总裁。他认为目前市场上销售的图书种类很多，同时出版界的竞争似乎不太激烈，因此选择网络售书。他用世界第一大河的名字亚马逊来命名企业，意思是他所经营的图书比常规书店好很多倍。

### 7.1.3　纠正传统行业弊端

亚马孙作为虚拟企业，既无门店也无库存，但营业额却有数百亿美元，员工过百，杰夫·贝佐斯的个人年收入超过千万美金。杰夫·贝佐斯认为亚马逊的成功是因为网络销售解决了传统出版业的不合理性。以往出版商承担退货风险，图书需求量却由零售商来预测，整个图书行业的退货率达 30%。亚马逊订购的书籍是顾客已经决定要买的，所以网络退货率低至 0.25%。

# 7.2　通过产品创新培育成长能力

### 7.2.1　超越原创

市场开拓者往往付出极高的代价，但成功者寥寥无几，一旦成功便成为后来者的开路人。以产品创新的方式培育成长能力，相对来说风险要小得多，紧跟开拓者之后进行新技术、新产品的研发，抓住适当的机遇能够超越开拓者。日本索尼公司对收音机的开发和雷洛对圆珠笔的开发很好地说明了这一点。1954 年，索尼的袖珍收音机刚诞生便风靡日本，1956 年占领美国市场。雷洛圆珠笔于1954 年投放市场，在美国掀起热潮。

### 7.2.2　索尼的"逆袭"

1952 年，日本索尼公司听说美国贝尔实验室发明了一种作晶体管的新元件，便以 2.5 万美元买下该项专利。1954 年,就在美国刚刚开始生产世界第一代晶体管收音机的几个月后,索尼的产品也迅速投入市场。为了更胜一筹,索尼公司研制出小型的轻便袖珍收音机,可以放在衣袋里。该产品一诞生,便风靡了整个日本,两年后反过来占领了美国市场。

### 7.2.3 雷洛的"暴发"

1945 年 6 月,美国人雷洛在国外看到一种当时美国还没有的新式书写笔,即圆珠笔的雏形。这种笔用小活塞把墨水压入笔芯,使用很不方便,因而销路不畅。后来匈牙利人对它进行了改造,在巴黎取得专利。雷洛回到美国再对其加以改进,成为靠地心引力输送墨水的圆珠笔。1945 年 10 月,雷洛圆珠笔投放市场,在美国掀起热潮,六个月内投资 2.6 万美元,税后利润达 155 万美元,雷洛创业半年成为百万富翁。

# 7.3 通过市场策略培育成长能力

### 7.3.1 "短平快"塑造生存能力

市场策略是创业型企业常见的培育模式,新建企业大多鲜为人知,如何赢得市场,赚取第一桶金,是创业者必须首先关心的事情。广告、促销、公共关系、人员促销等都是企业常用的市场营销手段。创业企业由于资金匮乏、规模偏小、实力有限,不具备大企业的市场推广能力,所以应当考虑成本低、见效快的销售方式,特别是注意市场竞争策略的应用,从而在激烈的竞争市场谋得一席之地。岛村芳雄通过先赔后赚的营销方式在纸袋麻绳的销售上取得成功,成为知名企业家。红桃 K 生血剂以农村包围城市的策略获得持续发展。

### 7.3.2 "先赔后赚"建立声誉

岛村芳雄早年背井离乡来到东京一家材料店当店员,一天他发现街上很多妇女买东西时提着纸袋,他认为纸袋的需求量大,那么纸袋的麻绳也一定会大卖。他以诚心打动银行获得贷款,辞去店员工作,成立商会,贩卖绳索。他采用赔本的销售法,以 0.5 日元的价格大量买进 45 厘米麻绳,然后以原价卖给东京一带的纸袋加工厂。这种完全无利润反而赔本的生意持续一年之后,岛村芳雄的麻绳以便宜远近闻名,订单剧增。于是岛村向订货商展示订购单表示,如果继续赔本只能破产了,订货商主动提高单价 0.05 日元。岛村又向麻绳厂商表示,订单多是因为自己一直在赔本,于是麻绳厂商主要降低单价 0.05 日元。如此一来,岛村获得单价利润 0.1 日元,按当时的销量,一天利润月 100 万日元。创业两年后,岛村成为知名企业家。

### 7.3.3 "农村包围城市"抢占市场份额

红桃 K 公司通过市场调研,发现我国农村的贫血群体很大,于是制定自己的营销策略——以农村包围城市。通过铺天盖地式的广告轰炸,红桃 K 迅速占领农村市场。该企业营销队伍深入县、乡、村,发放宣传单,通过电视专题讲座、车贴墙标、宣销义诊等广告手段,在初期创造了销售佳绩。随着补血产品的竞争加剧,红桃 K 进行了适时的转型,于 2002 年开始由保健品转向中药市场,同时调整了组织结构,变更营销方式,获得持续发展。市场唯一不变的就是变化,消费者肯定会走向成熟,而且要求越来越高,企业的决策必须适应市场的变化。红桃 K 把目光对准农村市场并获得成功,之后没有固守商业模式,适时调整转型,适应了市场,满足了市场需求,保证了成长势头。

# 7.4 通过投资滚雪球培育成长能力

### 7.4.1 积少成多

投资滚雪球是缺乏资金的创业者们的常用方式。与其借债一次性把企业做大,不如寻求慢慢稳步发展,毕竟"罗马不是一天建成的"。企业由小慢慢到大的好处在于可以降低经营风险,为企业积累资金、管理经验和培养人才。所谓滚雪球效应就是指,一旦获得起始优势,需求就会越滚越大,优势会越来越明显。查得·罗万的视频概念公司就是典型的以投资滚雪球的方式获得成长的。

### 7.4.2 稳中求长

查得·罗万在大学期间自己经营一家小型草坪服务公司。1987 年,他大学毕业后创建了一家录像带出租商店——视频概念公司。该公司起步缓慢,第一年的利润仅有 6.4 万美元。查得将盈余全部用来购买录像带,在一个小型商业中心开了一家更大的店,面积达到 1000 平方英尺,又向银行贷款 8 万美元投入企业。新门店拥有 3000 盘录像带,另外又从一家破产公司购买了 2000 多盘二手带。创业两年中,该企业收入持续增长,查得还是把利润用来购买录像带,随后又开了面积约 3000 平方英尺的门店,采用开架方式展示 1.2 万多盘录像带。滚雪球的模式使该企业在这一行业逐渐衰退的情况下,依然保持成长。虽然在当前视频网络普及的情况下,录像带租赁早已退出人们的视野,但是查得和他的企业在那个时代采用滚雪球的稳步成长的方式值得当前创业企业借鉴。

## 7.5 通过市场细分培育成长能力

### 7.5.1 避开正面竞争

通过市场细分培育成长能力是创业者们避开与实力雄厚的大企业正面竞争的必然选择,为了在市场中生存,选择那些被大企业忽视的细分市场作为自己的目标市场。大企业往往对某些小市场不屑一顾,这就给创业型小微企业留下了发展契机。创业者关注的细分市场具有以下特点:第一,市场容量太小;第二,大企业进入不合算;第三,现有企业忽视的。斯堪的纳维亚航空公司(一般指北欧航空公司)在竞争激烈的航空客运市场中迅速成长为第二大品牌的制胜法宝之一就是正确的市场定位。

### 7.5.2 开创商务舱

20 世纪 80 年代,由于小航空公司的崛起,价格竞争愈演愈烈,大型航空公司由于运营成本较高,包括斯堪的纳维亚航空公司在内的很多企业出现亏损。1982年初,该航空公司根据工商界乘客的特点设计了全新的商务舱位等级。工商界乘客需要在旅途中工作,或者利用乘机时间养精蓄锐,得到较好的休息,因此他们不希望受到干扰;而旅游者没有这种需求,旅途只是休闲娱乐。同时,工商界人士因为工作原因需要灵活的乘机时间安排。此外,机票价格也是一个非常关键的决定因素。在此之前的航空公司只设置经济舱和头等舱,完全没有满足工商界人士需求的舱位。经济舱因为作为紧凑和长期预备的机票而经济实惠,深受普通旅行者欢迎,但是对于工商界人士来说太过吵闹。头等舱虽然能够给顾客更多便利条件,但是价钱过高。于是该航空公司率先设计了商务舱,其价格介于头等舱和经济舱之间。在每个机场,商务舱乘客拥有单独的休息室和免费饮品或免费电影。机场旅馆的房间专门备有会议室、电话以及电传设备等方便工作的设施。机场还设置单独的商务客舱安检通道。飞机上,商务舱座位空间更大,还配备了媲美头等舱的装饰和餐饮。该航空公司开辟了细分市场,取得更多的市场份额,迅速扭亏为盈。到今天,全球任何一家航空公司都提供商务舱服务。

# 7.6 通过企业共生培育成长能力

## 7.6.1 紧跟行业"大佬"

企业共生是指小企业通过与大企业联姻,以获得大企业资金和技术上的支持而获得成长。总体来说,大企业资金雄厚,技术实力过硬,规模大,但是需要同许多企业发生业务上的往来。小企业管理灵活,资金有限。大企业为了最大限度降低生产,实现效益最大化,乐意寻找适合的协作伙伴,因此,与知名企业攀上"关系"能够给小企业带来无限商机。企业的共生共栖,也是自然界中两种都能独立生存的生物以一定的关系生活在一起的现象借喻企业之间优势互补、共生互惠的经营模式。企业共生是资金有限、业务单一、市场不稳定的小企业的发展之道。

## 7.6.2 琦璐与山城

重庆琦璐文具连锁有限公司的前身是一个仅有 10 平方米经营小百货的小店。一个偶然的机会,创始人杜健通过承招文具门面从小巷子搬迁到了以文具为主业务的山城超市。由于山城超市综合实力强大,地段好,客流有保障,该企业很快就实现盈利。而当时的山城超市正处于快速发展期,从渝中到大坪,再到杨家坪,石坪桥等等接连不断开连锁店。杜健的小企业紧跟山城超市的步伐,快速发展了 30 多个连锁店,年销售收入约 5000 万人民币,人员规模达到 200 人。该企业的发展就是根据共生原理,依附山城超市,吸取他们的管理经验,获得了快速成长的能力。

## 7.6.3 奥瑞金与红牛

奥瑞金的创始人关玉香在海南旅游的时候发现当地制作饮品的厂家很多,饮品也很好喝,但是提供包装的厂家很少,更没有做灌的,关玉香认为创建一个制灌厂,专为饮品企业提供易拉罐应该大有可为,于是她将自己前半生的积蓄全部拿出创办了一个只有 16 个人的小厂,创业第一年只能接一些小订单维持。1995 年红牛进入中国,需要有粉末补涂焊缝易拉罐的合作方,关玉香孤注一掷将所有盈余拿来引进设备和技术人员,之后以诚意打动了红牛,得到了合作机会。随着红牛的发展,奥瑞金的成长也一飞冲天。1997 年,红牛在北京建厂,奥瑞金跟随北上,在距离红牛 800 米处建厂;后来红牛到湖北建厂,奥瑞金又在同区建厂房；在广州奥瑞金的厂房和红牛的紧贴一起，办公室、食堂和宿舍同时建起。就这样奥瑞金与红牛达成了战略联盟，形成共生模式。到 2012 年奥瑞金成为一家市值 200 亿的上市公司，2016 年成为红牛中国市场唯一易拉罐供应商，营收高达 75 亿人民币。

### 7.6.4　从寄生到价值反哺

小企业寄生于核心企业是有效的生存之道。事实上，企业之间还存在从寄生到共生的过程。早期企业什么都缺乏，只能寄生于核心企业，通过不断积累提升，逐渐形成自己的知识技能。小企业获得成长之后也可以反哺大企业。随着业务扩大，实力大增的琦璐与山城之间形成了共生关系，琦璐依托山城而生存，山城通过琦璐获得主要业务利润。随着发展，生产技术提高，奥瑞金不仅做灌，还为客户提供灌装服务，为客户降低了成本。共生的任何一方遇到困难时，另一方都率先出面，共生让二者同时获得持续成长发展。

# 7.7　企业成长能力提升建议

根据上文创业企业成长能力培育的成功经验，企业成长能力应通过组建专业团队、建立成长网络以及由机会与资源驱动转向能力驱动成长的方式来提升成长能力。

### 7.7.1　组建专业团队

专业团队的建设在企业成长的过程中至关重要。首先，专业团队整合了企业人才资源。企业之间的竞争主要是通过企业员工之间的竞争来实现的。市场竞争中凸显出企业人才资源优势最直观的表现就是企业营销中。竞争不可避免，团队参与竞争是有效合理的方式，充分发挥团队力量是企业的必然选择。个人的知识与能力有限。其次，团队合作可为个人带来极大的工作热情，个人具有良好的工作状态，有利于企业整体活动的展开。团队合作精神是员工身心愉快并发挥创造力的关键。

建立一支团队首先要从领导者，即创业者本身做起，创业者除了考虑企业发展，也应该时刻想着员工，关心员工的需求。其次，建立一个团队，应从团队成员的思想认识入手，提高团队成员的个人修养、知识、技能等。建立良好的团队环境,使团队内互帮互助。最后,要加强系统教育。有步骤、有目的、有计划地开展教育。团队建设的教育工作要形成习惯与风气,形成持续完善终身学习的良好氛围。团队精神的建设关系到个人与企业的发展,团队精神的建设离不开长期的教育与培育,更离不开全体员工的个人努力。

### 7.7.2 建立成长网络

知识经济崛起,市场全球化,区域经济集团化和信息技术的飞速发展,促使企业嵌入网络组织寻求成长。企业网络对企业成长具有重要的现实意义。首先,企业网络有利于外部资源的利用;其次,企业网络有利于促进企业创新动力;然后,企业网络有利于企业创新协作;最后,企业网络有利于分工协作。

为培育和提升成长能力,企业应该建立适合自身的成长网络。企业间网络主要分有盟主的网络结构和无盟主的网络结构。有盟主的网络结构主要是指有核心企业的网络结构,核心企业以契约规定的地位监督契约的执行,维护网络运行,在网络组织中发挥主导作用,小企业的成长有赖于核心企业的帮扶。无盟主的网络结构则没有核心企业,网络组织中各个企业实力对等,相互之间是既合作亲密又竞争的竞合关系,企业间活动由契约和社会规则来调节。

### 7.7.3 机会与资源驱动转向能力驱动

机会与资源驱动企业成长表现为粗放型经营,通过扩大经营规模,抢占市场,最终实现规模经济。企业在扩大规模时,主要依靠生产要素的持续投入,那些能够优先获得机会与资源的企业就能实现规模经济并不断发展壮大。规模经济不可能从一开始就实现,只有当企业达到一定规模,并且内部条件具备时,才有可能产生规模经济,但若是管理跟不上则有可能产生规模不经济。然而当前的市场环境呈现出资源短缺,投资收益递减,市场需求扩大且多元,外部竞争压力越来越大,生产要素转变等特点。可见继续以机会与资源驱动成长已经不合时宜。在当前竞争日益激烈的环境下,企业想要获得持续成长,必须由机会与资源驱动向能力驱动成长。技术创新能力、成本控制能力、合理组织和有效的执行能力、信息管理能力、精细化管理能力、企业文化的力量、企业家精神、经营理念等都是能力的体现。如果企业从无到有,从弱到强地获得某种能力,那么这种能力就是新能力,如果该新能力能够对企业经营产生明显的促进作用,则为企业的成长驱动力。

# 7.8  本章小结

本章主要通过总结成功的创业企业成长能力培育的经验,如通过产业开拓、产品创新、市场策略、滚雪球投资、市场细分、企业共生等培育成长能力等培育方式,并提出了组建专业团队、建立成长网络以及机会与资源驱动转向能力驱动的提升建议。

# 第8章

# 基于众创空间的
# 在孵企业成长能力培育与提升

基于众创空间的在孵企业成长能力的培育及提升必须依靠科学合理的方法与途径。无数的商业实践已经证实，可以套用一切企业、有章可循的培育及提升模式是完全不存在的，简单照搬其他成功企业的经验模式只能将企业陷入发展陷阱。在孵企业处于众创空间情景下，比一般的企业多了一层网络，因此在孵企业更应该从实际情况出发，结合企业成长能力的机理，不断探索符合自身需求的方法与途径。本章首先确立基于众创空间的在孵企业成长能力的培育目标，分析在培育其成长能力中会遇见的发展陷阱，然后梳理出基于众创空间的在孵企业成长能力的形成机制，提出其成长能力的培育模式。

## 8.1　基于众创空间的在孵企业成长能力培育目标

在孵企业成长能力受其自身条件、众创空间孵化情景、所处环境（政治、社会、经济、文化等）的影响，并且具有动态性（由上一章论述可知）。培育在孵企业成长能力的目的就是为了完善在孵企业成长能力，不断促进在孵企业健康成长，进一步完善众创空间、在孵企业、创新创业生态环境，充分发挥在孵企业在社会经济发展中的积极作用。本书结合在孵企业处于众创空间情景中的实际情况，从微观、中观、宏观三个层次目标对在孵企业成长能力的培育进行阐述。

### 8.1.1　微观目标

基于众创空间的在孵企业成长能力培育的微观目标是使其成长能力构成要

素之间协调发展,以其成长能力不断提升,为在孵企业未来成功出孵后的可持续发展打好基础。在孵企业都是成立不久的创业型企业,其组织管理以及流程处于发展阶段,很多方面并不规范,在初始阶段的微观目标可通过表 8-1 来帮助梳理。

表 8-1　在孵企业成长能力微观目标描述

| 在孵企业要达到的目标(出孵标准) | 未来的机会(出孵以后的机会) |
|---|---|
| 1. 达到怎样的规模 | 1. 未来的市场前景及机会 |
| 2. 占领那些市场 | 2. 哪些能力能够适应未来的市场 |
| 3. 确定待发展业务及所需能力 | 3. 发展这些能力的措施 |
| 在孵企业的基础(预孵期特征) | 目前市场机会 |
| 1. 现有的能力是怎样的 | 1. 目前的市场机会是什么 |
| 2. 现有的市场机会 | 2. 现有能力能抓住哪些机会 |
| 3. 现在能力如何提升 | 3. 如何通过重组现有能力拓展新业务 |

由本研究第四章构成要素分析和第五章的实证研究得知,基于众创空间的在孵企业成长能力由创业者能力、创新能力、战略创业能力、网络能力、组织管理能力和文化能力六个能力要素构成。该六个能力要素之间的协调发展能有效促进在孵企业成长能力的整体提升。自 2015 年以来,我国大力发展众创空间,以促进大众创业、万众创新,以至众创空间在我国遍地开花,各主导主体为了争取政策优惠,盲目追风,使得很多众创空间孵化供给与创业团队的能力需求不匹配,一些有潜力的创业团队因得不到针对性孵化而夭折,已经入驻众创空间的在孵企业的成功孵化率也不高,说明在孵企业成长能力普遍发展不足。我国各类众创空间内的在孵企业对创业指导、金融咨询以及产业链资源整合等高端服务需求旺盛,也体现出当前在孵企业在这些方面的能力欠缺。

综上所述,基于众创空间的在孵企业成长能力培育的微观目标就是结合众创空间孵化情景使在孵企业成长能力构成要素之间协调发展,促进在孵企业成长,为在孵企业成功出孵以后持续保持竞争优势打下坚实基础。

## 8.1.2　中观目标

基于众创空间的在孵企业成长能力培育的中观目标是通过对其成长能力的培育,使众创空间实现健康发展。众创空间存在的价值在于帮助创业团队打磨商业模式,使其符合入孵标准成为正式在孵企业,并在孵化周期内帮助在孵企业实现价值。因此,只有越来越多的在孵企业成功出孵,众创空间才能进入良性发展。

从众创空间的实践来看,众创空间是一种嵌入网络,连接各种创新创业要素,构建创新创业生态系统。在创新创业生态系统中,在孵企业作为核心种群,对系统内其他利益相关者的发展起着至关重要的作用。创新创业生态系统内的各方主体以在孵企业成长能力的需求为中心,平衡协作,系统内部各方利益主体健康发展、良性循环的基础就是解决好在孵企业的成长问题,不断提升其能力。

综上所述,基于众创空间的在孵企业成长能力培育的中观目标是从促进众创空间健康发展出发,加强在孵企业成长能力的培育水平,从而维护创新创业生态系统的平衡。要实现这一目标,不是个别在孵企业能做到的,也不是一个众创空间可以完成的,需要多家众创空间平台秉承开放、共享、合作的精神共同奋斗。

### 8.1.3 宏观目标

基于众创空间的在孵企业成长能力培育的宏观目标是通过其成长能力的培养,使在孵企业和众创空间平台成为社会经济发展中的主导力量之一。主导力量主要表现在对经济方面的贡献,对创新创业文化的培育,以及对社会生活的影响。

首先,在孵企业都是创业型小微企业,选择适合的众创空间成为在孵企业是提高创业型小微企业存活率的重要途径,在孵企业的经历是众多中小企业在发展初期阶段必由之路。中小企业对宏观经济至关重要,他们提供了 50% 以上的税收,创造了 60% 以上的国内生产总值,完成了 70% 以上的发明专利,提供了 80% 以上的城镇就业岗位,占全国企业总数的 99%(阿里研究院,新经济智库大会)。其次,成为在孵企业是众多创业团队的创新思想得以商业化落地的有效方式,在孵化周期内创业团队可以得到众创空间提供的资源和渠道,大大提高了创新创业成功率,从而鼓励更多的人才投身到创新创业中来,有效地孕育了区域创新创业文化。最后,目前在孵企业的产品涉及各行各业,以专业化和小众化市场、定制化产品为主。众多的在孵企业在创造消费人群和消费方式的同时,对人们的社会生活方面产生了重大影响。

综上所述,基于众创空间的在孵企业成长能力的培养不能仅仅局限在在孵企业与众创空间平台,而应该从更高度和更深远的角度来考虑。成为社会经济发展的主导力量之一需要来自国家、社会、产业等相关方面的共同努力。

## 8.2 基于众创空间的在孵企业成长能力的培育陷阱

在培养企业成长能力的过程中,合适的方式方法至关重要,如果对本身条件认知不清,便会陷入成长的陷阱。很多企业在追求成长速度和规模增长的过程中用力过猛,缺乏长远规划,方向不明确,盲目跟风最终只能葬送企业前途。在孵企业处于众创空间孵化情景内,比一般企业多了一份环境复杂性,因此更应该对其成长能力培育的误区陷阱进行分析,避免在孵企业的成长重蹈覆辙。本研究接下来重点分析企业成长中最常遇见的五种陷阱,即速度陷阱、规模陷阱、标杆陷阱、路径陷阱、创新与价值错位陷阱。

### 8.2.1 速度陷阱

企业成长速度越快,就能越早实现盈利,越早收回投资。因此在企业发展过程中经常会出现过分推崇成长速度的现象。为了追求成长速度,企业不惜一切代价寻求各种竞争机会,这可能会使企业涉足并不适合的领域,追求成长逐渐变成企业产生利润的主要战略目标。成长过快是企业最大的风险。在过去相当长一段时间,中国的企业都在追求成长速度,"规模扩张"也成为商业中的高频词汇。然而现实往往是残酷的,企业在快速发展到一定规模之后会出现种种问题。多元化战略是企业达到一定规模之后的常用手段,然而高成长意味着高风险。以成功企业为学习标杆,可以减少学习成本,因此很多企业热衷于复制成功的商业模式经验。然而曾经成功的商业模式不代表适用于新时期,在其他行业成功的商业模式也不见得在新行业能奏效,盲目跟风很容易导致失败。因此业务扩张应以市场为导向,以消费者需求为中心。快速发展的企业很容易获得各种荣誉,利于为企业获得社会资源,同时也可能会成为企业的负累。社会与投资者对这类企业期望甚高,媒体跟风报道,一时间赞誉不断,企业管理者很有可能会因为一时的荣誉冲昏了头脑,为了荣誉,铤而走险,盲目追求速度。其实外界并不了解企业内部情况,一些赞誉言过其实,企业管理者应该以一种平常心态面对荣誉,不可迷失自我。还有一些企业为了追求成长速度,在企业内部实行量化考核和末位淘汰制。企业要想保持持续竞争优势,必须以能力为基础进行考核。如若将收入与利润作为企业激励的焦点,那么内部员工就会不择手段的恶性竞争,从而破坏团队凝聚力和影响团队合作。总而言之,企业成长是需要各个方面互相配合,因此其成长速度应该与其他环节相匹配,构建良性循环的产业生态环境,尤其在提升自身成长能力方面,更应该适应市场环境的趋势。企业的成长并非越快越好,应该有一个适合本身发展的速度,发展与控制协调统一,否则就会欲速则不达。

### 8.2.2 规模陷阱

有规模的企业相对来说比较容易获得支持,比如银行的贷款,也更容易获得消费者的认可。因此很多企业认为做大才能做强,规模可以帮助企业获得客源,是企业成长的保障。多元化经营是企业规模化发展的常用手段,它可以帮助企业分散风险、向新行业新市场转移、以及促进原有业务的发展。除了带来以上三个方面的优势,还会伴随三种风险。首先,系统性风险,新的业务或新的市场意味着企业管理人员需要新的管理知识,新的岗位增加意味着管理难度的增加,因此决策的正确性和效率性无法保证。其次,分散资金的风险,企业的资源是有限的,多元的业务意味着企业经营范围的扩大,企业无法集中资源培养核心竞争力,新的业务不一定发展顺利,原有业务有可能也会深受影响。最后,成本风险,多元化经营虽然可以分散风险,但也意味着更多的成本,把鸡蛋放在不同的篮子里的同时,篮子本身也需要成本。盲目追求规模增长,会使企业陷入眼前的利益中,忽视了成长能力的培养。这种做法不会增加企业的价值,更无法建立企业的竞争优势。多元化扩张是一种手段,如果它不能为企业带来长远利益,那就是失败的。

企业规模的扩张要求更高标准的组织管理能力,如果企业的组织机构与当前业务不匹配,那么企业就会陷入失控的危险。盲目的扩张会带来现金流危机。商业实践证实,稳健的财务表现是企业续存的保障。当企业的多元业务超过其财务承受能力时,就会导致资金链断裂。总而言之,广泛的业务发展和投资无法保证决策的有效性,同时带来成本和现金流的压力,即使局部的问题也会因为连锁反应,拖垮整个企业。

### 8.2.3 标杆陷阱

分析、复制具有杰出绩效表现的行业内或其他行业的企业的方式方法来改进自身问题,是非常节省时间来获得巨大利益的方式。模仿可能为企业带来一时的发展,但是长时间没有明确方向的模仿会使企业丧失创新动力,从而陷入学习标杆的陷阱。生搬硬套是无法形成竞争优势的,在当今的生产经营活动中,管理是核心,管理模式是多变的,不会出现"一招打天下"的现象。管理模式应该顺应市场环境同时结合企业文化特点,在不断变化的环境中适时调整,因此没有任何一种模式是一劳永逸的。Teece, Pisano, Shuen 认为,企业组织过程中的能力创造竞争优势,是嵌入到组织内部产生高绩效的惯例。而这种能力和惯例包含了企业中的隐性知识(比如价值观、文化和经验等),因此特定的组织管理能力是难以被模仿的。动态能力观认为,企业管理者应该具备随时重构现有能力和资源的能力,这种能力不会无中生有,并根植于企业发展的进程中。企业管理者要根据企业的具体情况识别本企业的能力和资源情况,并决定进入新领域的最佳时机。综上所述,企业管理者应把焦点放在企业内部,建立适合本企业的管理模式,以提升成长能力为战略基点,推动企业的学习,确定发展方向,在模仿中持续创新,将新经验与自身特点融会贯通。

### 8.2.4 路径陷阱

任何一个成功的企业都有一段让人引以为傲的辉煌历史,成为后继者津津乐道的话题。在后来的经营管理中,管理者们通常会回顾当时的成功路径并借鉴,然而躺在过去的功劳簿上不能自拔,会严重威胁企业未来成长。路径依赖陷阱通过强化企业早期的资源、能力、惯例等来影响企业的未来成长,以至于企业在后续发展中很难产生根本性变革。这种强化效果未必直接阻碍企业成长,但会影响企业对环境的适应能力。在大多数情景下,企业的根本性变革往往是受环境所迫的被动变革,企业组织内部成员为了保护既得利益,会以各种方式抗争。因此对于企业来说,变革既痛苦又颇具风险,但不变革迟早会被市场淘汰。当企业经过变革的阵痛,将新的惯例植入到管理流程之后,又会开始新的一轮路径依赖。也就是说惯例的依赖性是其特有本性。企业的惯例使企业对环境缺乏灵活弹性,当目前的能力或管理无法为企业带来满意的绩效表现时,企业才会进入变革的阶段。在动态的环境中,新的惯例或能力总会经过漫长的验证过程,因此惯例与能力的迭代具有滞后性。综上所述,曾经行之有效的成功路径可能使企业陷入窠臼,在动态发展的环境中,越是沉迷过往成功历史的企业,越是最终会被淘汰。

### 8.2.5 创新陷阱

创新对于培育企业成长能力是至关重要的,本研究通过第四章对成长能力构成要素的理论分析将创新能力视为元能力,是企业成长能力的基础,是企业永葆生机的源泉。因此各行各业、各种规模的企业不管是在生产研发、组织管理、商业模式、还是市场营销等环节都很重视创新理念的渗透和创新能力的培育。然而一些企业在追求不断创新的同时常常为了创新而创新,忘记了创新的初衷,造成了创新与价值的错位。

创新与价值错位的产生首先因为对创新认识不充分,一些企业过度关注产品创新,忽略了商业模式、管理模式、营销策略等方面的创新;其次,创新流程化,一些企业为了降低风险会设置一些流程化,然而,创新常常产生在冲动中、不确定中,因此创新的过程中出现意外或走弯路是时常发生的,流程化会抑制创新性。然后,创新单元被拆分,一些企业过于珍惜创新,将创新的业务单独成立一个单元,这样阻碍了内部的沟通与联系,因为创新是需要交流的,更是一种协作结果。

概言之,如果企业想要实现真正的创新,第一,明确创新目标,分清楚方向型创新、潜力型创新以及创新思想的孕育机制;第二,提高创新规划与创新流程的灵活性,创新随时随地都可能发生,因此不能被流程所僵化;第三加强组织内部的沟通,使研发和市场紧密相连,企业管理层了解每项创新动态;最后,企业管理者要注意提升自身的创新领导技能,尤其是沟通技能,为企业创造良好的创新文化。

# 8.3 基于众创空间的在孵企业成长能力培养模式

由第三章构建的基于 SECI 模型的在孵企业成长能力形成机制以及第 6 章的成长能力作用机制可知,预孵期的在孵企业的主导成长能力是元能力,关键能力为辅助能力。众创空间通过这两种成长能力的配合,启发在孵企业的能力意识,使之明确现有能力与能力目标之间的差异。入孵初期的主导能力是关键能力,元能力为辅助能力。众创空间在这种组合下,帮助在孵企业建立成长能力框架,全方位的提供能力习得机会。入孵中期的主导能力是通用能力,关键能力为辅助能力,在前期成长能力框架下,众创空间加速对通用能力的培育,在这一时期主要是不断地验证与完善,以促使通用能力速成。在准出孵期,通用能力得到全部升级,并被应用在各种业务中。在业务发展中可能会因环境需要出现业务合并、创业团队合并等聚合现象,也可能会裂变出新的业务或新的创业团队。因此本研究提出应根据不同的孵化周期阶段采取不同的成长能力培育模式,即预孵期的启发式培育模式、入孵初期的全方位培育模式、入孵中期的加速培育模式、以及准出孵期的裂变或聚合培育模式。

## 8.3.1 预孵期的启发式培育模式

由本研究第三章中对孵化周期的划分可知,预孵期是创新创业链条的最前端,处在该阶段的入孵申请者包含了刚刚创立的创业企业以及尚未成立企业的个人创业者或创业团队(如本研究多案例分析中的 B 企业)。该阶段的入孵申请者的特点是创业项目尚未经过市场检验或者创业者及合伙人只有创业想法还未形成创业项目。在孵企业成长能力启发式培育模式是指企业尚未成立或者刚刚成立时,在预孵期阶段依托众创空间,对创业者及其团队或者刚成立的企业进行启发式的能力培育。众创空间根据创业者或创业团队的特点、创业想法和预期进行筛选,通过启发式能力培育,将创业想法转化成创业项目,对拥有创业项目的新公司进行深入打磨,随即开始孵化周期。入孵申请者的商业计划尚未成熟,急需各种行业知识培训和能力培养,众创空间应该根据创业者及其团队的特点、结合行业特点以及投资方的目标等要素,引导启发,帮助入孵申请者拟定,并经过评估、审核完善商业计划。在这个过程中,入孵申请者在众创空间的帮助下明确主导业务、市场定位,建立起支撑企业后续发展的成长能力框架,达到进入入孵初期成为正式入孵企业的标准。这一时期,众创空间应对未成立企业的创业团队提供基本的工商注册等服务以及行业基础知识。

### 8.3.2　入孵初期的全方位培育模式

进入入孵初期意味着成为正式的在孵企业,其商业计划、产品得到了众创空间的全面认可,该阶段的在孵企业成长能力需要全方位的培养模式。全方位培养模式指的是针对入孵初期在孵企业的成长能力需求,按照预孵期制定的成长能力框架,采取一种全面的能力培养模式,集能力培养、资源获取、风险识别、价值提升为一体的成长能力培养模式。由于此时在孵企业的产品前景并不明朗,抗风险能力弱,信用制度不完善,无过硬的抵押物,因此此时的企业凭借自身条件很难获得外源性融资,即初始资金往往来源于亲友或自筹。同时,此阶段企业的成长能力仅仅是一张蓝图,有待企业通过一个个业务执行去填充。因此众创空间与在孵企业应从大局着眼,围绕着在孵企业的成长,进行全面帮扶。首先,众创空间与在孵企业应共同商议并建立治理结构,确立企业文化,为文化能力打下基础,同时配以创业导师、培训、路演等方式不断打磨其商业模式以提高竞争力;培养企业获取和分配资源的能力、风险识别和风险管理能力,以帮助企业快速打开市场、实现盈利克服生存困境;众创空间还应为在孵企业进行信任背书,帮助在孵企业获得天使投资或者风险投资,或促成在孵企业之间、或与众创空间外部网络中成员之间的合作等。众创空间会根据在孵企业的个体差异在全面培育的同时进行不同组合(增加、取舍或集成),构成一个成长能力培育体系。

### 8.3.3　入孵中期的加速培育模式

成长能力的加速培育模式是指在入孵中期众创空间帮助在孵企业快速成熟,通过短期辅导,巩固现有市场,扩大新市场,强化企业组织管理能力和文化能力,进一步提高资源的获取能力,实现企业价值增值的培育模式。入孵中期的在孵企业规模逐渐扩大(如本研究中多案例分析中的 A 企业在此阶段员工已经达到 30 人，D 企业已经拥有 15 个子品牌）超出管理最大幅度，创业者面对日益扩大的企业规模，已经无法做到亲力亲为，创业者的角色需要从主理业务转变为管理者的职能上来，在孵企业的自身成长需求推动着其行为规范、道德准则等文化建设，以及组织机构和制度的完善。企业产品在此时得到消费者的认可，财务表现稳健，企业信用得到大幅提升。该阶段的在孵企业已经获得来自内外的投融资，但在孵企业的产品市场还有一定的风险，依然对资金有高程度的依赖，其成长发展和能力培育依然对众创空间有很多诉求。在该阶段，众创空间应帮助在孵企业获得更多专业的金融支持（专业知识和融资技能），提供管理咨询以及领导力方面的培训，结合在孵企业不同的融资需求提供不同层次的金融能力培育，以帮助在孵企业应对各类成长中面临的风险。

### 8.3.4　准出孵期的裂变或聚合培育模式

在孵企业成长能力的裂变或聚合培育模式是指在准出孵时期结合在孵企业此阶段的发展特点，在原有在孵企业内部分裂出新的创业项目进入新一轮能力培育周期或者将原有业务合并重组的能力聚合模式。在准出孵期，在孵企业的灵活性与控制力达到相对平衡，产品相对成熟，市场需求快速扩大，盈利水平达到较高水平，基本走出了生存危机。但该阶段的在孵企业成长对产出规模和效益提出更高要求，在孵企业处于一个转折点，从战略角度为出孵后的发展做好扩张或转型的准备，组织结构进一步复杂，管理幅度增加，管理难度进一步提升，在孵企业的决策难度增加，组织内部会出现发展方向分歧。尽管多元化业务可以降低风险，但新业务的陌生感会带来新的风险。裂变的出现是因为企业在异地市场扩张时，开拓者必然有更多的经验，接触更多的异质性资源，此时会产生新的创业者，裂变成为可能。众创空间此时应帮助在孵企业对因业务扩张引起的治理问题以及裂变以后可能出现的风险进行深入分析，巩固在孵企业的文化凝聚力可帮助在孵企业对分裂出去的业务单元进行渗透，增强对异质资源的识别和掌控能力。本研究案例之一企业 D，在借助众创空间的孵化下，孵化出 15 个子品牌（裂变能力），同时以同样的品质标准要求所有子品牌（聚合能力）。

### 8.3.5　基于众创空间的在孵企业成长能力培育框架

本书结合前几章研究结果和本章论述构建基于众创空间的在孵企业成长能力培育框架，如图 8-1 所示。

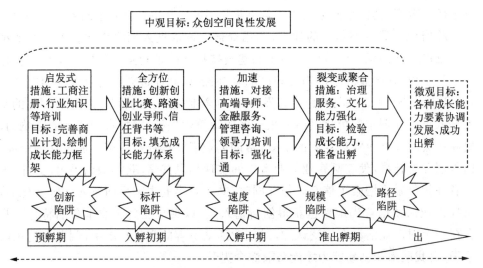

图 8-1

# 8.4 基于众创空间的在孵企业成长能力提升路径

根据本书第六章对在孵企业成长能力作用机制的分析,元能力是整个在孵企业成长能力体系的基础,是在孵企业成长的源泉和永动机,是众创空间筛选在孵企业的主要考量方面;关键能力决定了在孵企业的成长方向和进程;通用能力是在孵企业进入众创空间接受孵化的阶段性目标,也是在孵企业离开众创空间成功出孵的检验指标,是元能力和关键能力发挥效用的保障。元能力包含创业者能力和创新能力,通用能力包含组织管理能力和文化能力,关键能力包含战略创业能力和网络能力。该三种能力贯穿整个孵化周期始终,发挥不同的作用,共同驱动在孵企业成长。同时,本章中对在孵企业成长能力培育三个层次目标(微观、中观、宏观)的阐述可知,在孵企业成长能力的培育需要多方协作,那么其能力的提升更是需要政府、社会、行业、众创空间以及在孵企业本身等多方利益相关者联动协作。因此,本书根据不同成长能力的特点和作用提供不同的能力提升路径。

## 8.4.1 元能力的提升路径

在孵企业的禀赋能力是社会多方因素的结果,尤其是创业者能力中自我能效和风险能力方面,以及创业者创新思想都深受当地文化的影响。元能力的提升依赖于政府、其他众创空间和知名企业共同形成共生互惠的生态界面。

政府应主导生态体系的建设,利用众创空间的嵌入网络强化社群关系的植入和社区文化的融入。政府主导生态建设扶持性政策较强,同时,为了合理构建各个生态位,在孵企业之间需要较高的互补性,以此促进创业者行业经验的多元化。政府主导,多方参与共建生态界面,意味着制度嵌入的程度较高,高程度的制度嵌入可为众创空间孵化网络带来更多的政策性保护,增加众创活动的影响力,提高社会对在孵企业创业者的认知,帮助创业者获得社会认可。通过众创空间,植入创业者社群,使在孵企业创业者之间实现信息共享,获得知识溢出,另外,创业者互相鼓励更增强了信心。与此同时,共生互惠的生态界面融入社区文化后,引导创业活动结合当地特色获得创新切入点,以突显在孵企业本身的特色。只有在一个对创业活动有广泛认知、对创业活动宽容的文化氛围中,创业者的风险意识、自我效能和创新能力才能获取综合提升。

### 8.4.2　通用能力的提升路径

通过第四章论述和第五章的实证研究证实,通用能力由组织管理能力和文化能力构成。组织管理能力是在众创空间的扶持下,构建组织结构,合理配置资源,使员工协作一致实现成功出孵的能力;文化能力是结合了社会和众创空间环境的因素,构建员工认同的行为准则和道德规范,并将之规范化使新员工通过培训后能够迅速融入的能力。与元能力是在孵企业的禀赋能力不同,通用能力是在孵企业有实质业务发展之后才拥有的能力,在实质性业务开展之前通用能力只存在企业发展蓝图中。因此,业务的发展情况决定着在孵企业通用能力的程度,高水平的通用能力又可以开展更高质量的业务。实质性业务的数量和质量由相关利益者的需求决定,因此本书认为以需求驱动在孵企业成长可有效提升在孵企业的通用能力。

以需求驱动提升在孵企业通用能力需考虑以下三点:第一,满足众创空间的需求,我国政府 2015 年 1 月首次提出众创空间的概念后,国务院办公厅、科技部相继出台《国务院办公厅关于发展众创空间推进大众创新创业的指导意见》[33]《发展众创空间工作指引》[34]《国务院办公厅关于加快众创空间发展服务实体经济转型升级的指导意见》[11] 等政策,体现出我国政府希望借助建设众创空间全方位的鼓励和指导创新创业活动,以及通过众创空间进行实体经济转型的政府需求。可见满足众创空间的需求最终是满足政府的需求。通过众创空间满足政府需求可获得政策性保护。第二,满足在孵企业的需求,该需求包含在孵企业本身和其他在孵企业的需求。在孵企业的存在首先要满足创业者本身和员工的需求，这是在孵企业存在的意义；同时，在政府主导多方参与的共生生态界面中众创空间对在孵企业的类型有一定筛选标准，以此构建合理的生态位，因此在孵企业应关注是否满足其他在孵企业的需求，以实现资源互补。在孵企业在满足内外需求的同时也获得了信任，从而促进内部凝聚力，巩固外部合作。第三，满足市场需求，大众的消费市场已经由大规模标准化转向多款少量的大规模定制化需求，因此满足这一长尾市场需求是在孵企业发展的趋势，更是在孵企业克服新创弱势度过生存困境的唯一途径。

### 8.4.3　关键能力的提升路径

本书将战略创业能力和网络能力概括为关键能力，之所以称为关键能力是因为它决定着在孵企业成长的格局和方向。更具体地讲，战略创业能力决定了在孵企业的市场重心，网络能力决定着在孵企业的发展层次。置身于众创空间，在孵企业可借助众创空间的资源编织社会网络，还可以战略性地参与到已经有的网络组织中。本书认为在孵企业的关键能力需要通过协同联盟得以提升。

在孵企业应可通过建立三个方面的协同联盟来提升关键能力。第一，与众创空间外部组织协同联盟，比如，通过众创空间与政府、科研机构、行业协会等构建关系保持在政策、产品或服务、行业等方面的信息通畅，在降低发展环境不确定性的同时，扩大企业影响力。第二，与其他在孵企业协同联盟，与同一众创空间的其他在孵企业建立协同联盟，同一个众创空间的在孵企业具有类似的文化基因，协同联盟可使各个在孵企业的文化连接更加紧密，通过建立情感纽带强化在孵企业之间的信任。同时，在孵企业之间的关系被叠加，可加强每一个在孵企业的成长能力。第三，与同行业企业协同联盟，在孵企业与同行业的企业，尤其是知名企业协同联盟可实现品牌协同，促进在孵企业塑造品牌知名度和社会影响力，弥合在孵企业与社会之间的断层。因为在信息不对称的情况下，社会对新组织的信任和认同来自其与政府、同行或企业的连接强度。

### 8.4.4　基于众创空间的在孵企业成长能力提升路径框架

综合以上分析，在孵企业成长能力的提升需要依靠在孵企业本身和其他相关利益者协同合作，而元能力、通用能力和关键能力之间互相作用共同驱动在孵企业成长，因此本书构建以政府为主导，众创空间、在孵企业、产业行业等多方参与、协同联动的在孵企业成长能力提升路径框架，如图 8-2 所示。

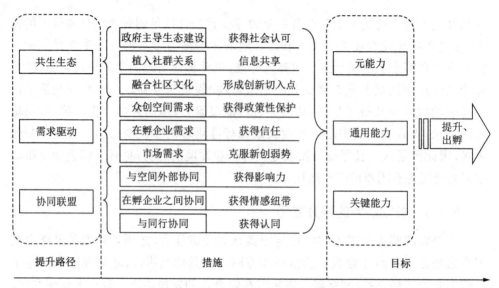

图 8-2　基于众创空间的在孵企业成长能力提升路径框架

# 8.5　本章小结

本章首先从微观、中观、宏观三个层次论述了基于众创空间的在孵企业成长能力的培育目标;同时,提出了在培育能力时应该避免的培育陷阱,如速度陷阱、规模陷阱、标杆陷阱、路径陷阱、创新陷阱共五项;并且针对前文中论述的在孵企业成长能力特征、不同孵化周期阶段的特征以及能力形成机制,提出了启发式培育模式、全方位培育模式、加速培育模式和裂变或聚合培育模式这四种成长能力培育模式,以及构建了以政府为主导、多方参与的在孵企业成长能力提升路径。

# 第9章

# 结论与展望

## 9.1　主要结论

本书在孵化理论、企业成长理论、企业能力理论的基础上,进行理论推演,以"成长环境—能力结构要素—能力作用机制—能力培育与提升"为研究逻辑完成全文论证。

首先,本书回顾了在孵化理论、企业成长理论以及企业能力理论。在理论回顾的基础上进行融合研究,奠定了全文的理论基础,明确了本书研究切入点。通过对众创空间的由来、与传统孵化器的关系界定了众创空间的概念、在孵企业的概念以及在孵企业成长能力的概念。本书认为众创空间是"互联网＋"背景下,为符合新时代创新创业的特点,顺应草根化创新创业需求以及共享经济大趋势下,通过市场化机制、专业化服务和资本化途径构建的低成本、便利化、全要素、开放式的,并且将创新创业结合、线上线下结合、基础与增值服务结合的,为满足各类创新创业者的工作、社交、资源共享等需求的服务平台。同时,众创空间对社会、经济、文化等均起到不可估量的积极作用。众创空间与传统孵化器是包含被包含的关系、互补的关系、既区别又相统一的关系。在孵企业是成立不足一周年,处于众创空间孵化情景内的小微企业,并且具有产品向长尾市场延伸、创业动机多元化、涉及行业多元化、创业者背景草根化、全产业链布局发展、具有共享理念、企业组织平台化、用户参与化等特点。本书认为基于众创空间的在孵企业成长能力是:为实现量与质的成长,达到出孵毕业的标准,以内外资源和知识为基石,借助众创空间平台不断适应和完善的过程中,通过各种方式积累形成的各种技能与知识的总和。它具有知识性、复杂性、叠加性、不易模仿性等特点。

众创空间的结构、组织运行机制、与在孵企业之间的互相作用机制、成长能力形成机制以及孵化链运行机制构成了在孵企业的成长环境,本书结合企业生命周期理论、专家与学者的建议、在孵企业的特点,将众创空间孵化周期划分为预孵期、入孵初期、入孵中期以及准出孵期四个阶段。同时,本书认为众创空间以筛选功能贯穿孵化周期始终,过渡与撮合功能互相配合在每个孵化阶段发挥不同作用形成了众创空间孵化链机制。

本书在理论分析和文献分析法的基础上,提出了以元能力、通用能力和关键能力为主体的基于众创空间的在孵企业成长能力结构框架,并分析了其结构要素,即创业者能力、创新能力、组织管理能力、文化能力、战略创业能力与网络能力共六要素。在本书实证章节中,通过信度效度检验、探索性因子分析、结构方程模型验证了在孵企业成长能力的结构本质以及创业者能力与创新能力构成元能力,组织管理能力与文化能力构成通用能力,战略创业能力与网络能力构成关键能力这三个维度;通过多因素方差分析证实入孵时长与创业者人数对在孵企业成长能力的影响无显著差异,而行业与创业者年龄对其成长能力的影响显著。

接下来,本书通过多案例研究法分析了同一个众创空间内的四家处于不同孵化周期阶段的电子商务平台企业,得出三个研究命题,即在孵企业的成长需要不同能力进行驱动,不同能力对在孵企业成长发挥的作用不同;元能力、关键能力、通用能力之间互相作用共同驱动在孵企业的成长;在孵企业的成长能力随着孵化周期的推进而动态变化着,并且在孵企业成长能力的各个要素在孵化周期的不同阶段有不同的体现;并且构建了动态视域下在孵企业成长能力作用机制。

最后,通过梳理和总结成功的创业企业成长能力培育经验,提出成长能力提升建议。本书认为基于众创空间的在孵企业成长能力的培育与提升是个系统工程,需要兼顾宏观(社会生活、经济、文化方面)、中观(众创空间本身的发展)和微观(在孵企业成长能力构成要素协调发展)三个层次的目标;避开速度、规模、标杆、路径以及创新陷阱等原则;遵循在孵企业成长能力形成机制;在不同孵化周期阶段采用不同的培育模式,即预孵期的启发式培育模式、入孵初期的全方位培育模式、入孵中期的加速培育模式、准出孵期的裂变或聚合培育模式。

## 9.2　创新点与研究局限

### 9.2.1　创新点

本书主要创新点包含：在吸取企业生命周期理论的基础上，立足于众创空间的实际孵化情景，提出了包含预孵期、入孵初期、入孵中期以及准出孵期的众创空间孵化周期四阶段。描述了创业团队从申请入驻、通过审核，正式成为在孵企业，经过孵化，最终具备自立于市场的成长能力成功出孵的全过程。同时，众创空间孵化周期的四阶段正是在孵企业成长能力培育与提升的四阶段，随着孵化周期的推进，元能力从主导作用向辅助作用转变，通用能力从无到有再到强，关键能力由向外聚焦到向内关注再到综合发展。

本书认为虽然在孵企业在规模上属于小微企业，甚至一些创业团队只有几个人，但其成长依然需要战略规划。而传统的战略理论均基于大型企业的情况来构建，本书根据在孵企业的特征，认为在孵企业的战略现象需要融合资源拼凑理论、战略和创业理论来解释。同时对在孵企业的战略创业能力进行了明确的界定（在现有资源中找机会，整合优势以应对新市场），并将之视为关键能力之一。这种将关注点放在现成资源视角冲破了传统中将资源分为静态或动态、内部或外部的局限。

### 9.2.2　研究局限

本书的研究局限如下：本书问卷主要有三个来源，即韩都衣舍众创空间（国家备案）、济南创客药谷众创空间（国家备案、省备案、市立项）以及参加创客中国山东省创新创业大赛的创业团队。填写问卷的在孵企业和有过孵化经历的创业企业局限在山东省，因此实证检验结果受地域限制。

本书在划分众创空间孵化周期阶段以及构建在孵企业成长能力培育与提升框架分析时，偏重理论分析，所提出的成长能力培育模式有待实践的检验。

## 9.3　未来展望

如上文研究局限所述，本书实证检验结果受地域所限，不具广泛代表性。我国地域广泛，各地经济发展水平不同，呈现出以北上广深为核心城市的京津冀、长三角、珠三角地区等快速发展的城市新格局。这些地区经济发展程度较好，创新创业氛围较浓厚，各类众创空间聚集。未来研究应扩大这些地区的样本量。同时,针对基于众创空间的在孵企业成长能力的培育模式尚需实证研究的检验。

　　此外,笔者在调研中发现在孵企业在与众创空间管理方的交互中时常在自治与控制中寻找平衡。众创空间与在孵企业既非普通的商家与消费者的交易关系,亦非雇主与雇员的雇佣关系。如何处理好众创空间与在孵企业之间的多重网络(众创空间的内外网络、在孵企业的自有网络)关系的治理问题对在孵企业成长能力的培育至关重要,值得未来学术界进行更深入的研究。

# 附录:调查问卷

## 基于众创空间的在孵企业成长能力研究调查问卷

尊敬的_____女士/先生:

您好! 非常感谢您参与本次问卷调查。本次调研是《基于众创空间的在孵企业成长能力研究》至关重要的环节,绝非商业行为。本研究在调查结果的整理、分析与运用中采用匿名方式,不会导致任何被调查对象商业机密的泄露,敬请放心填写。

如您需要本次调研的分析结果,请留下您的电子信箱(email)
_____

再次感谢您的大力支持和帮助!

填写说明:

1. 本问卷需要由在孵企业的创始人或创始团队核心人员填写。

2. 为保证结果的有效性,请您如实回答所有问题。

3. 本问卷没有标准答案,共二部分,完成所有题目大约需要15分钟。

第一部分:创业者或创业团队及在孵企业概况

1. 创业者及其团队平均年龄层次:

(1)25岁以下        (2)25～29岁        (3)30～34岁

(4)35～39岁        (4)40岁或以上

2. 创业者或创业团队人数:

(1)独立创始人        (2)2～3名        (3)4～5名

(4)5名以上

3. 创始人或创始团队教育背景:

(1)小学或以下        (2)初中        (3)高中

(4)专本科        (5)硕博

4. 贵企业名称:_____

   贵企业成立时间(年月):_____

5. 贵企业入孵时长：

(1) 小于 6 个月　　　　　　　　(2) 6～12 个月,包含 12 个月

(3) 12～18 个月,包含 18 个月　　(4) 18 个月以上

6. 贵企业所属行业：

(1) 电子信息、软件技术服务

(2) 生物医药

(3) 新能源、新材料

(4) 文化创意、体育、娱乐

(5) 教育、法律、金融、租赁等商业咨询、中介服务等

(6) 餐饮、旅游

(7) 制造、加工

### 第二部分：在孵企业各项成长能力情况

请根据真实情况,对以下陈述进行打分,1 分为非常不同意,7 分为非常同意

7. 贵企业创业者或创业者团队拥有丰富的行业经验或技术能力。

非常不同意　　○1　　○2　　○3　　○4　　○5　　○6　　○7　　非常同意

8. 贵企业创业者或创业者团队能够敏锐识别风险信号。

非常不同意　　○1　　○2　　○3　　○4　　○5　　○6　　○7　　非常同意

9. 贵企业创业者或创业者团队能够有效预测风险,并妥善处理。

非常不同意　　○1　　○2　　○3　　○4　　○5　　○6　　○7　　非常同意

10. 贵企业创业者或创业者团队自信可以创造良好的工作氛围使员工愿意为之效力。

非常不同意　　○1　　○2　　○3　　○4　　○5　　○6　　○7　　非常同意

11. 贵企业创业者或创业者团队自信可以在压力和冲突下有效进行工作。

非常不同意　　○1　　○2　　○3　　○4　　○5　　○6　　○7　　非常同意

12. 贵企业能够在行业内率先推出新产品或服务。

非常不同意　　○1　　○2　　○3　　○4　　○5　　○6　　○7　　非常同意

13. 贵企业产品改进与创新能够取得良好的市场反应。

非常不同意　　○1　　○2　　○3　　○4　　○5　　○6　　○7　　非常同意

14. 贵企业产品或服务包含最新的技术与工艺。

非常不同意　　○1　　○2　　○3　　○4　　○5　　○6　　○7　　非常同意

15. 贵企业经常在内部开发新产品或新技术。

非常不同意　　○1　　○2　　○3　　○4　　○5　　○6　　○7　　非常同意

16. 贵企业的新产品或服务产值非常高。

非常不同意　　○1　　○2　　○3　　○4　　○5　　○6　　○7　　非常同意

17. 贵企业的决策非常有效率，并能得到很好的执行。

非常不同意　　○1　　○2　　○3　　○4　　○5　　○6　　○7　　非常同意

18. 贵企业可以有效进行内部沟通和外部协作。

非常不同意　　○1　　○2　　○3　　○4　　○5　　○6　　○7　　非常同意

19. 贵企业注重组织灵活性和效率的提升，且经营模式颇具柔性化。

非常不同意　　○1　　○2　　○3　　○4　　○5　　○6　　○7　　非常同意

20. 贵企业重视丰富知识技能以提升效率。

非常不同意　　○1　　○2　　○3　　○4　　○5　　○6　　○7　　非常同意

21. 贵企业的员工与企业价值观一致。

非常不同意　　○1　　○2　　○3　　○4　　○5　　○6　　○7　　非常同意

22. 贵企业员工对企业有强烈的荣誉感和归属感。

非常不同意　　○1　　○2　　○3　　○4　　○5　　○6　　○7　　非常同意

23. 贵企业员工敢于表达并接纳新思想。

非常不同意　　○1　　○2　　○3　　○4　　○5　　○6　　○7　　非常同意

24. 贵企业有良好的信用状况。

非常不同意　　○1　　○2　　○3　　○4　　○5　　○6　　○7　　非常同意

25. 贵企业能够有效整合现有资源开拓新市场。

非常不同意　　○1　　○2　　○3　　○4　　○5　　○6　　○7　　非常同意

26. 贵企业能够在现有市场中准确捕捉到创业机会。

非常不同意　　○1　　○2　　○3　　○4　　○5　　○6　　○7　　非常同意

27. 贵企业能够通过政府、商会、协会等组织取得扶持或专项基金。

非常不同意　　○1　　○2　　○3　　○4　　○5　　○6　　○7　　非常同意

28. 贵企业能够与同孵化空间内其他在孵企业联系密切，并互相提供所需资源。

非常不同意　　○1　　○2　　○3　　○4　　○5　　○6　　○7　　非常同意

29. 贵企业能够与通孵化空间内其他在孵企业在经营活动中适时调整合作关系。

非常不同意　　○1　　○2　　○3　　○4　　○5　　○6　　○7　　非常同意

30. 贵企业能够与孵化管理团队坦诚相处、认真沟通。

非常不同意　　○1　　○2　　○3　　○4　　○5　　○6　　○7　　非常同意

31. 贵企业能够积极主动向孵化管理团队提出自身需求。

非常不同意　　○1　　　○2　　　○3　　　○4　　　○5　　　○6　　　○7　　　非常同意

32. 贵企业积极主动与孵化空间外部组织建立合作关系。

非常不同意　　○1　　　○2　　　○3　　　○4　　　○5　　　○6　　　○7　　　非常同意

33. 贵企业能够适时调整并优化与孵化空间外部组织的关系。

非常不同意　　○1　　　○2　　　○3　　　○4　　　○5　　　○6　　　○7　　　非常同意

# 参考文献

[1] OEDb. A Librarian's Guide to Makerspaces：16 Resource. [EB/OL]. https：//oedb. org/ilibrarian/a-librarians-guide-to-makerspaces/，2018-07-20.

[2] 中华网. 科技部发布 2017 中国独角兽企业榜单. [EB/OL]. http：//tech. china. com/article/20180323/20180323116226. html，2018-03-23/2018-04-30.

[3] 隋志强. 用数字说话, 众创空间对国家的经济发展做出了突出的贡献. [EB/OL]. http：//www. sohu. com/a/131131595_365555，2017-03-30/2018-07-25.

[4] 国务院办公厅. 国务院办公厅关于发展众创空间推进大众创新创业的指导意见国办发〔2015〕9 号 [EB/OL]. http：//www. gov. cn/zhengce/content/2015-03/11/content_9519. htm，2015-03-11/2017-11-23.

[5] 科技部. 发展众创空间工作指引 [EB/OL]. http：//www. most. gov. cn/fggw/zfwj/zfwj2015/201509/t20150914_121588. htm，2015-09-14/2017-11-23.

[6] 国务院办公厅. 国务院办公厅关于加快众创空间发展服务实体经济转型升级的指导意见国办发〔2016〕7 号 [EB/OL]. http：//www. gov. cn/zhengce/content/2016-02/18/content_5043305. htm，2016-02-18/2017-11-23.

[7] 人民网－新华社. 金砖国家领导人厦门宣言 [EB/OL]. http：//world. people. com. cn/n1/2017/0905/c1002-29514600-2. html，2017-09-05/2017-11-23.

[8] 科技部火炬高技术产业开发中心：《中国火炬统计年鉴》[EB/OL]. http：//navi. cnki. net/KNavi/YearbookDetail？pcode ＝ CYFD&pykm ＝ YHJTJ&bh ＝，2017-09/2018-07-12.

[9] 马北北. 我国青年创业活跃度全球排名第 22 位近七成 90 后创业不因生存所迫 [J]. 劳动保障世界, 2015（03）: 32.

[10] Eric Joseph Van Holm; Makerspaces and Contributions to Entrepreneurship[A]; World Conference on Technology, Innovation and Entrepreneurship[C]; 2015: 24-31.

[11] 杰奥夫雷 G. 帕克, 马歇尔 W. 范. 埃尔斯泰恩; 桑基特. 保罗. 邱达利. 平台革命——改变世界的商业模式 [M]. 志鹏译. 北京: 机械工业出版社, 2017.

[12] 于佳乐. 瘦身＋增高: 创业孵化器转型之道 [J]. 经济, 2017,（12）: 86-89.

[13] 吴寿仁, 李湛, 王荣. 世界企业孵化器发展的沿革、现状与趋势研究 [J]. 外国经济与管理, 2002（12）: 24-30.

[14] 张秀娥, 郭宇红. 创业企业成长及其动因研究综述 [J]. 现代经济信息, 2012（14）: 58＋62.

[15] 范海霞. 各地众创空间发展政策比较及启示 [J]. 杭州科技, 2015,（03）: 53-57.

[16] 唐小凤. 经济新常态下众创空间发展政策的比较研究 [J]. 中国商论, 2016,（25）: 148-149.

[17] 高思卿, 王嘉欣, 洪亘伟. 基于不同利益主体的众创空间政策需求研究——以苏州市为例 [J]. 智能城市, 2017, 3（07）: 178-181.

[18] 苏瑞波. 基于共词分析的广东与江苏、浙江、北京、上海支持众创空间政策的对比分析 [J]. 科技管理研究, 2017, 37（13）: 94-100.

[19] 刘建国. 众创空间治理问题与政策创新研究 [J]. 创新科技, 2017,（01）: 69-71.

[20] 唐德淼. "众创空间"中外发展模式比较研究 [J]. 合作经济与科技, 2017,（19）: 85-88.

[21] 杜枫. 中美众创空间商业模式的比较与分析 [J]. 现代经济信息, 2017,（03）: 32-34.

[22] 李燕萍, 李洋. 中美英三国创客空间发展的比较及启示 [J]. 贵州社会科学, 2017,（08）: 82-88.

[23] 王节祥, 田丰, 盛亚. 众创空间平台定位及其发展策略演进逻辑研究——以阿里百川为例 [J]. 科技进步与对策, 2016, 33（11）: 1-6.

[24] 徐进．共享经济视角下众创空间商业模式分析 [J]．商业经济研究，2017，
（08）：106-107.

[25] Matilde Bisballe Jensen，Carl Christian Sole Semb，Sjur Vindal，& Martin
Steinert；State of the Art of Makerspaces——Success Criteria when Designing
Makerspaces for Norwegian Industrial Companies [A]；6th CLF－6th CIRP
Conference on Learning Factories [C]；2016：65-70.

[26] Halbinger，M. A. The role of makerspaces in supporting consumer innovation
and diffusion：An empirical analysis [J]. Research Policy，2018.

[27] 陈夙，项丽瑶，俞荣建．众创空间创业生态系统：特征、结构、机制与策略——
以杭州梦想小镇为例 [J]．商业经济与管理，2015，（11）：35-43.

[28] 戴春，倪良新．基于创业生态系统的众创空间构成与发展路径研究 [J]．
长春理工大学学报（社会科学版），2015，28（12）：77-80.

[29] 汪群．众创空间创业生态系统的构建 [J]．企业经济，2016，（10）：5-9.

[30] Giusti，J. D.，Alberti，F. G.，& Belfanti，F. Makers and clusters. Knowledge
leaks in open innovation networks [J]. Journal of Innovation & Knowledge，
2017.

[31] Hsieh，Y. J.，& Wu，Y. J.，Enterpreneurship through the platform strategy in
the digital era：Insights and research opportunities [J]. Computers in Human
Behavior，2018.

[32] 朱寿佳，王建军，赵宁，邓木林．广州众创空间分布格局及特征研究 [A]．
中国城市规划学会、沈阳市人民政府．规划 60 年：成就与挑战——2016 中
国城市规划年会论文集（13 区域规划与城市经济）[C]．中国城市规划学
会、沈阳市人民政府，2016：8.

[33] 邬惠婷，唐根年，鲍宏雷．中国"众创空间"分布与创客进驻偏向性选择研
究 [J]．科技与经济，2017，30（02）：26-30.

[34] 李健．上海市众创空间地理分布格局及空间自相关分析 [J]．北京规划建
设，2017，（04）：71-74.

[35] Niaros，V.，Kostakis，V.，& Drechsler，W. Making（in）the smart city：The
emergency of makerspaces [J]. Telematics and Informatics. 2017（34）：1143-
1152.

[36] 王占仁，刘海滨，李中原．众创空间在高校创新创业教育中的作用研
究——基于全国 6 个城市 25 个众创空间的实地走访调查 [J]．思想理论

教育，2016，(02)：85-91.

[37] 夏冬梅．众创空间背景下高校创新创业在线教育研究 [J]．学园，2016，
　　　(07)：21＋23.

[38] 任丹，何震．创新创业教育视阈下高校"众创空间"的构建 [J]．传媒与教
　　　育，2016，(01)：134-137.

[39] 刘正云，钟柏昌．我国中小学创客空间的现状调查与分析 [J]．数字教育，
　　　2017，3(04)：62-68.

[40] 黄凤玲．在中职教育中开展创客教育 [J]．广东职业技术教育与研究，
　　　2017，(04)：20-22.

[41] 刘皓，陈志国．高职院校创客孵化体系探索 [J]．科教文汇(中旬刊)，
　　　2017，(03)：95-96＋109.

[42] 杨岸．众创时代大学生创客教育的发展对策研究 [J]．价值工程，2017，
　　　36(30)：183-185.

[43] Hughes, M., Ireland, R. D., & Morgan, R. E. Stimulating Dynamic
　　　Value: Social Capital and Business Incubation as a Pathway to Competitive
　　　Success[J]. Long Range Planning. 2007(40)：154-177.

[44] 刘红丽，谢韵，周佳华．在孵企业社会资本、知识获取与创业绩效的关系研
　　　究 [J]．科技管理研究，2014，34(03)：218-223.

[45] 毕可佳．在孵企业社会资本与创业绩效影响的理论构建 [J]．现代交际，
　　　2016(13)：84-86.

[46] 李振华，王佳硕，吴文清．孵化网络中在孵企业资源获取对创新绩效的影
　　　响——以关系社会资本为中介变量 [J]．科技进步与对策，2017，34(12)：
　　　62-69.

[47] 王国红，周建林，邢蕊．孵化器"内网络"情境下社会资本、联合价值创造
　　　行为与在孵企业成长的关系研究 [J]．中国管理科学，2015，23(S1)：650-
　　　656.

[48] 方晓波．知识流通与创新绩效关系研究——以在孵科技型小微企业为例
　　　[J]．技术经济与管理研究，2015(02)：25-28.

[49] Rubin, T. H., Aas, T. H., & Stead, A. Knowledge flow in Technological
　　　Business Incubators: Evidence from Australia and Israel[J]. Technovation.
　　　2015(41)：11-24.

[50] 石书玲．孵化器内新创企业间知识分享渠道与企业绩效 [J]．科技管理研

究，2017，37（02）：133-138.

[51] 钟卫东，孙大海，林昌健，施立华. 基于在孵企业观点的孵化服务重要性评估研究 [J]. 科技管理研究，2006（03）：61-65.

[52] 朱莉莉，单国旗. 孵化企业服务需求重要性评估模型及实证研究 [J]. 科技和产业，2017，17（02）：109-115.

[53] 曾贱吉，单国旗. 不同特征科技企业对孵化器服务的需求研究——基于广州大学城孵化器的实证分析 [J]. 技术经济与管理研究，2017（08）：43-47.

[54] Vanderstraeten，J.，Witteloostuijn，A.，Matthyssens，P.，& Andreassi，T. Being flexible through customization-The impact of incubator focus and customization strategies on incubatee survival and growth[J]. Journal of Engineering and Technology Management. 2016（41）：45-64.

[55] 张力，戚汝庆，周勇涛. 在孵企业成功毕业的影响因素——基于孵化互动视角的研究 [J]. 科学学研究，2014，32（05）：758-766.

[56] Lundqvist，M. A. The importance of surrogate entrepreneurship for incubated Swedish technology venture[J]. Technovation. 2014（34）：93-100.

[57] 费钟琳，许景，王朦. 孵化器管理方与在孵企业间关系对企业技术创新绩效的影响 [J]. 南京工业大学学报（社会科学版），2014，13（04）：100-107.

[58] 台德艺，徐福缘. 科技企业孵化器与在孵初创企业间合作共生关系研究 [J]. 安徽科技学院学报，2014，28（06）：94-99.

[59] 李浩，费良杰. 孵化网络治理模式与在孵企业创新阶段适配性研究 [J]. 中国包装，2017，37（09）：79-82.

[60] 张玉臣，周宣伯，罗芬芬，俞少栋. 创客个人动机与外部环境影响关系研究 [J]. 科技创业月刊，2017，30（02）：47-51.

[61] 陈佳奇. 共享式创新：众创空间的创客及其互动 [D]. 中央民族大学，2016.

[62] 邢彩霞. 虚拟社区创客知识共享影响因素研究 [D]. 中北大学，2017.

[63] Philipsen R L C，Kemp R. Capabilities for growth[DB/OL]http：//core. ac. uk/download/pdf7074527. pdf. 2018-3-13.

[64] 李柏洲，孙立梅. 论企业成长力与企业竞争力的相互关系 [J]. 科学学与科学技术管理，2004，25（11）：126-129.

[65] 汤学俊. 组织学习与企业可持续成长能力培育 [J]. 世界经济与政治论坛，2005（3）：100-105.

[66] Brink, J. The Development of Capability During Firm Growth[DB/OL]http：//imit. se/wp-content/upload/2016/02/2008_194. pdf. 2016-3-16.

[67] 李允尧. 企业成长能力研究 [D]. 中南大学, 2007.

[68] 张红波. 企业成长力的异质性、评价指标体系及其培育 [J]. 当代经济管理, 2012, 34(12): 7-10.

[69] 李建桥. 企业成长能力论——构筑企业与产业国际竞争力的新视角 [M]. 北京: 北京理工大学出版社, 2013.

[70] 范明, 汤学俊. 企业可持续成长的自组织研究——个一般框架及其对中国企业可持续成长的应用分析 [J]. 管理世界, 2004(10): 107-113.

[71] 计亚东. 创业企业成长能力研究 [D]. 浙江工商大学, 2012.

[72] 林晓艳. 房地产企业成长能力的作用机理研究 [J]. 数学的实践与认识, 2014(23): 56-65.

[73] 庞敏. 科技型中小微企业成长能力评价研究 [J]. 经济体制改革, 2015(4): 123-128.

[74] 王佳琳. 影响企业可持续成长能力关键因素分析——基于知识经济视角 [J]. 企业导报, 2011(18): 1-3.

[75] 李洋, 余丽霞. 创业板上市公司成长能力的影响因素分析——基于首批28 家公司的经验数据 [J]. 会计之友, 2012(7): 88-90.

[76] 李鸿渐, 夏婷婷. 我国创业板上市公司成长能力影响因素的实证研究 [J]. 会计研究, 2013(2): 73-75.

[77] 杨楠. 关系型融资对中小高新技术企业成长能力的影响 [J]. 管理工程学报, 2014(1): 10-15.

[78] 吴斌, 刘灿辉, 史建梁. 政府背景、高管人力资本特征于风险投资企业成长能力: 基于典型相关方法的中小板市场经验证据 [J]. 会计研究, 2011(7): 78-84.

[79] 李旭红, 马雯. 税收优惠与中小企业成长能力的实证分析. 税务研究, 2014(8): 79-84.

[80] Coad, A. , Segarra, A. , &Teruel, M. Innovation and firm growth: Does firm age play a role？ [J] Research Policy, 2016, 45(2): 387-400.

[81] Boubakri, N. , Saffar, W. Culture and externally financed firm growth[J]. Journal of Corporate Finance, 2016, 41: 502-520.

[82] Evans, D. S. Test of Alternative Theories of Firm Growth[J]. Journal of

Political Economic，1987（95）：657-674.

[83] Delmar，F. Measuring Growth，Methodological Considerations and Empirical Results[Z]. Workingpaper，1997.

[84] 张玉明，段升森. 中小企业成长能力评价指标体系设计 [J]. 科研管理，2012，33（7）：98-105.

[85] 刁兆峰，黎志成. 企业持续成长力评价指标体系设计 [J]. 统计与决策，2003（9）：78-79.

[86] 游坚平. 企业成长力指标体系的构建 [J]. 人民论坛，2010（20）：166-167.

[87] 范家福，李生斌，梁中. 烟草商业企业成长能力评价体系研究 [J]. 淮阴工学院学报，2013，22（5）：74-80.

[88] 段改茹. 基于层次分析法的中小企业内部成长能力评价 [J]. 经营与管理，2014（9）：114-115.

[89] Mathivathanan，D.，Govindan，K.，& Noorul Haq，A. Exploring the impact of dynamic capabilities on sustainable supply chain firm's performance using Grey-Analytical Hierarchy Process[J]. Journal of Cleaner Production，2017，637-653.

[90] Scarpellini，S.，Marin-Vinuesa，L. M.，Portillo-Tarragona，P.，& Moneva，J. M. Defining and measuring different dimensions of financial resources for business eco-innovation and the influence of the firms'capabilities[J]. Journal of Cleaner Production，2018，204：258-269.

[91] 陈颉，李娜. 科技企业孵化器商业模式构建研究 [J]. 科技进步与对策，2013（5）.

[92] 胡小龙，丁长青. 科技企业孵化器知识转移路径及影响因素研究 [J]. 科技进步与对策，2013（10）.

[93] 何铮，魏莞月. 创新创业微型集群——"众创空间"研究综述及其趋势 [J]. 电子科技大学学报（社科版），2018，20（01）：50-55.

[94] 张玉明 等. 共享经济学（M）. 北京：科学出版社 2017.

[95] 毛大庆、高冬梅 凿开公司间的隔栅——共享时代的联合办公 [M]. 北京：中国人民大学出版社 2017.

[96] 刘兴亮、张小平 创业 3.0 时代——共享定义未来（M）北京：电子工业出版社，2017.

[97] 刘志迎，陈青祥，徐毅. 众创的概念模型及其理论解析 [J]. 科学学与科学

技术管理，2015，（2）52-61.

[98] Blau，P. M. A formal theory of differentiation in organizations[J]. American Sociological Review，1970，35：201-218.

[99] Donaldson，L. The contingency theory of organizations[M]. Thousand Oaks，CA：Sage，2001.

[100] Tosi，H. L.，& Slocum，J. W.，Jr. Contingency theory：Some suggested directions[J]. Journal of Management，1984，10：9-26.

[101] Porter，M. E. Cluster and the New Economics of Competition[J]. Harvard Business Review，1998（11-12）.

[102] Manimala，Vijay. Theories and Models behind Incubator. [EB/OL] https：// weststringfellow. com/innovation-tools/corporate-incubator/theories-and-models/，2018-7-20.

[103] 单汩源，彭忆，高阳. 一种协同生产管理实现模式 [J]. 中国机械工程，2000，11（7）：773-776.

[104] 单汩源，黄奕，周素芳. 协同生产的经济学分析 [J]. 中南工业大学学报（社会科学版），2000，6（1）：21-22.

[105] Tichy，N. M.，Tushman，M. L.，& Fombrnn，C. Social network analysis for organization[J]. Academy of Management Review，1979，4：507-519.

[106] Coleman，J. S. Foundation of social theory[M]. Cambridge，MA：Belknap Press，1990.

[107] Granovetter，M. Economic action and social structure：The problem of embeddedness[J]. American Journal of Sociology，1985，91：481-510.

[108] White，H. C.，Boorman，S. A.，& Breiger，R. L. Social structure from multiple networks：Blockmodels of roles and positions[J]. American Journal of Sociology，1976，81：730-779.

[109] Burt，R. S. Structural holes：the social structural of competition[M]. Cambridge，MA：Harvard University Press，1992.

[110] 亚当·斯密. 国民财富的性质和原因的研究（上卷）[M]. 北京：商务印书馆，1997.

[111] 罗纳德. H. 科斯：《企业的性质》载奥利弗. E. 威廉姆森和温特:《企业的性质：起源、演变和发展》.

[112] 杨力新. 威廉森的交易费用经济学介绍 [J]. 经济社会体制比较，1987

（04）：51-57.

[113] Chandler, A. D. The Visible Hand[M]. Cambridge, MA：Belknap Press, 1997.

[114] Ansoff, H. I. Corporate Strategy：An Analytic Approach to Business Policy for Growth and Expansion[M]. New York：McGraw-Hill, 1965.

[115] Taylor, M. J. Linkage Change and Organizational Growth：The Case of the West Midlands Iron Foundry Industry[J]. Economic Geography, 54, 314-336.

[116] 迈克尔·波特. 竞争优势 [M]. 北京：华夏出版社, 1997.

[117] 杨杜. 企业成长论 [M]. 北京：中国人民大学出版社, 1996.

[118] 阎鸿雁. 现代企业成长 [M]. 北京：石油工业出版社, 2001.

[119] 李军波, 蔡伟贤, 王迎春. 企业成长理论研究综述 [J]. 湘潭大学学报（哲学社会科学版）, 2011（11）：19-24.

[120] 彭罗斯. 企业成长理论 [M]. 赵晓 译. 上海：上海人民出版社, 2007.

[121] Wernerfelt, B（1984）. A resource-based view of the firm. Strategic Management Journal, 5, 171-180.

[122] Prahalad, C. K., Hamel, G. Core Competence of the Corporation[J]. Harvard Business Review, 1990, 81（5）：79-91.

[123] Levi-Strauss, C. The savage mind[M]. Chicago：University of Chicago Press, 1966.

[124] 祝振铎, 李新春. 新创企业成长战略：资源拼凑的研究综述与展望 [J]. 外国经济与管理, 2016, 38,（11）：71-92.

[125] 梁强, 罗英光. 基于资源拼凑理论的创业资源价值实现研究与未来展望 [J]. 外国经济与管理, 2013, 35（5）：14-22.

[126] Baker T, Nelson R E. Creating something from nothing：Resource construction through entrepreneurial bricolage [J]. Aministrative Science Quarterly, 2005, 50（3）：329-366.

[127] Williamson, O. E. Markets and Hierarchies：Analysis and Antitrust Implications：A Study of Internal Organization[M]. New York：The Free Press, 1975.

[128] Williamson, O. E. The Economic Institutions of Capitalism[M]. New York：The Free Press, 1985.

[129] 何婉茹,赵康. 基于四个不同视角的企业成长理论综述 [J]. 企业研究,2013(12):8.

[130] Hart, O. Corporate Governance: Some Theory and Implications[J]. The Economic Journal, 1995, 105(430): 678-689.

[131] 杨林岩,赵驰. 企业成长理论综述——基于成长动因的观点 [J]. 软科学,2010(7):106-110.

[132] Greiner, L. E. Evolution and Revolution as Organization Grow[J]. Harvard Business Review, 1972: 37-46.

[133] 尼尔·丘吉尔,佛吉尼亚·刘易斯. 小企业成长五阶段 [J]. 商业评论,2006(12):50-62.

[134] 伊查克·爱迪思. 企业生命周期 [M]. 王玥译,北京:中国人民大学出版社,2017.

[135] 陈佳贵. 关于企业生命周期预企业蜕变的探讨 [J]. 中国工业经济研究,1995(11):5-13.

[136] 单文,韩福荣. 三维空间企业生命周期模型 [J]. 北京工业大学学报,2002, 28(1): 117-120.

[137] Nelson, R. R. , & Winter, S. G. The Schumpeterian trade-off revisited[J]. American Economic Review, 1982, 72, 114-132.

[138] Winter, S. G. Understanding dynamic capabilities[J]. Stategic Management Journal, 2003, 24: 991-995.

[139] 阿弗里德·马歇尔. 经济学原理 [M]. 廉运杰 译. 北京:华夏出版社,2017.

[140] Peteraf, M. A. , & Barney, J. B. Unraveling the resourece-based triangle[J]. Managerial and Decision Economics, 2003, 24: 309-323.

[141] Wernerfelt, B. A resourced-based view of the firm[J]. Strategic Management Journal, 1984, 5: 171-180.

[142] Barney, J. B. Firm resource and sustained competitive advantage[J]. Journal of Management, 2007, 17: 99-120.

[143] Peteraf, M. A. The cornerstones of competivie adavantage: A resource-based view[J]. Strategic Management Journal, 1993, 14: 179-191.

[144] Leonard-Barton, D. Core Capabilities and Core Rigidities: A Paradox in Managing New Product Development[J]. Strategic Management Journal,

1992, 13: 111-125.

[145] Conner, K. R. A Historical Comparision of Resource-based Theory and Five Schools of Thought within Industrial Organization Economics: Do we have a new theoty of the firm[J] ? Journal of Management, 1991, 17: 121-154.

[146] Conner, K. R. , &Prahalad, C. K. A Recource based Theory of the Firm: Knowledge versus Opportunism[J]. Organization Science, 1996, 7: 477-501.

[147] Foss, N. J. Knowledge-based Approaches to the Theory of the Firm: Some Critical Comments[J]. Organization Science, 1996, 7: 470-476.

[148] Grant, R. M. Toward a Knowledge-based Theory of the Firm[J]. Strategic Management Jouranl, 1996 (17): 109-122.

[149] Cohen, W. M. , & Levinthal, D. A. Innovation and Learning: The two faces of R&D[J]. Economic Journal, 1989, 99(39): 569-596.

[150] Cohen, W. M. , & Levinthal, D. A. Absorptive Capacity: A New Perspective on Learning and Innovation[J]. Administrative Science Quarterly, 1990, 35 (1): 128-152.

[151] Schumpeter, J. A. Capitalism, Socialiam, and democracy[M]. New York: Harper&Rpw, 1942.

[152] Lane, P. J. , Lubatkin, M. Relative Absorptive Capacity and Interoganizational Learning[J]. Strategic Management Jouranl, 1998, 19 (2): 461-477.

[153] Zahra, S. A. ; George, G. Absorptive Capacity: A Review, Reconceptualization and Extension [J]. Academy of Management Review, 2002, 27(2): 185-203.

[154] Lane, K. P. The Reification of Absorptive Capacity: A Critical Review and Rejuvenation of The Construct[J]. Academy of Management Review, 2006, 31(4): 833-863.

[155] Teece, D. Pisano, G. & Shuen, A. Dynamic Capabilities and Strategic Management[J]. Strategic Management Journal, 1997, 18: 509-533.

[156] Helfat, C. E. , Finkelstein, S. , Mitchell, W. , Peteraf, M. , Singh, H. , Teece, D. , & Winter, S. G. (Eds). Dynamic Capabilities: Understanding Strategic Change in Organization[M]. Oxford: Blackwell, 2007.

[157] Teece, D. Explicating Dynamic Capabilities: the Nature and Microfoundation

of（sustainable）Enterprise Performance[J]. Strategic Management Journal，
2007，28：1319-1350.

[158] 吕鹏翔，林昆勇. 我国企业孵化器类型及其被孵化企业关系初探 [J]. 沿
海企业与科技. 2003，42-43.

[159] 张波. 孵化网络对入孵企业创业绩效的影响研究 [D]. 中南大学，2010.

[160] 吴寿仁. 企业孵化器与孵化企业间关系的探讨 [J]. 同济大学学报（社会
科学版），2002（04）：67-72.

[161] 克里斯·安德森. 长尾理论：为什么商业的未来是小众市场 [M]. 乔江
涛，石晓燕 译. 北京：中信出版社，2015.

[162] 罗宾·蔡斯. 共享经济 - 重构未来商业新模式 [M]. 王芮 译. 杭州：浙
江人民出版社，2015.

[163] 杰里米·里夫金. 零边际成本社会 [M]. 赛迪研究院专家组译 北京：中
信出版社，2017.

[164] 威廉. W. 费舍尔. 说话算数——技术、法律以及娱乐的未来 [M]. 上海：
上海三联出版社，2010.

[165] Eric Schenk, Claude Guittard. Towards a characterization of crowdsourcing
practices[J]. Journal of Innovation Economics, 2011（1）：109-130.

[166] 杨光，孙春燕，庄文静. "生死海尔"[J]. 中外管理，2014（4）.

[167] Balconi, M., Pozzali, A., & Viale, R. The "codification debate" revisited: A
conceptual framework to analyze the role of tacit knowledge in economies[J].
Industrial and Corporate Change, 2007, 16：823-849.

[168] Arend, R. J., & Bromiley, P. Assessing the dynamic capabilities view: Spare
change, everyone？[J] Strategic Organization, 2009, 7：75-90.

[169] 裴蕾，王金杰. 众创空间嵌入的多层次创新生态系统：概念模型与创新机
制 [J]. 科技进步与对策，2018，35（06）：1-6.

[170] 徐晋. 平台经济学第 2 版 [M]. 上海：上海交通大学出版社，2013.

[171] Spigel, B. The relational organization of entrepreneurial ecosystems[J].
Entrepreneurship Theory Practice, 2017, 41（1）：49-72.

[172] 刘翰飞. 企业中知识创造的 SECI 模型分析 [J]. 经济师，2010（04）：31-
33＋35.

[173] 张文松. 企业战略能力研究 [M]. 北京：科学出版社，2005.

[174] 厄威克·费莱姆兹. 增长的痛苦 [M]. 李剑峰 译. 北京：中国经济出版社，

1998.

[175] 张国成,葛育祥.众创空间服务能力评价研究 [J].中国科技信息,2018
（09）:48-50＋52.

[176] 巫钢.众创空间的专业化服务 [J].经营与管理,2015（09）:18-20.

[177] Amezcua, A. S. , Grimes, M. G. , Bradley, S. W. , &Wiklund, J.
Organizational Sponsorship and Founding Environments: A Contingency View
on the Survival of Business - Incubated Firms, 1994-2007[J]. Academy of
Management Journal, 2013, 56(6): 1628-1654.

[178] Hackett, S. M. , Dilts, D. M. A Systematic Review of Business Incubation
Research. Journal of Technology Transfer, 2004, 29: 55-82.

[179] Henderson, R. , Lain, C. Measuring Competence? Exploring Firm Effects in
Pharmaceutical Research[J]. Strategic Management Journal, 1994(15): 63-
84.

[180] 王核成.企业能力体系的动态规划与培育 [J].杭州电子科技大学学报
（社会科学版）,2006,2（3）.

[181] Thompson J. E. , Stuart R, Lindsay P. R. The competence of top team
members A frame-work for successful performance [J]. Journal of Managerial
Psychology, 1996, 11(3): 48-66.

[182] 苗青,王重鸣.基于企业竞争力的企业家胜任力模型 [J].中国地质大学
学报(社会科学版),2003,3（3）:18-20.

[183] 杨俊.基于创业行为的企业家能力研究——一个基本分析框架 [J].外
国经济与管理,2005,27（4）:28-35.

[184] 唐炎钊,韩玉倩,李小轩.科技创业孵化链条的运作机制研究——孵化机
构与在孵企业供需匹配的视角 [J].东南学术,2017（5）:145-153.

[185] 张莉.国家创新体系与创新能力研究脉络综述 [J].现代商业,2009
（36）.

[186] 陈春花.当管理水平超过经营水平,企业也将危在旦夕 [J].印刷经理人,
2017（08）:51-53.

[187] 祖成韬.提升企业经营管理能力措施研究 [J].中外企业家,2014（19）:
80-81.

[188] Jacques E. The changing culture of a company [M]. Tavistock, London 1952.

[189] Harrison R. Understanding your organization's character. [J] Harvard

Business Review, 1972, 5(3).

[190] Schein E. H. Organizational culture and leadership [M]. CA: Jossey-Bass. San Francisco, 1992.

[191] 李国华. 试论企业文化对企业创新的重大作用 [J]. 经济师, 2010(10).

[192] Hitt, M. A., Ireland, R. D., Camp, S. M. and Sexton, D. L.（2001） Guest editor's introduction to the special issue strategic entrepreneurship[J]. Strategic Management Journal, 2001, 22,(6/7):479-492.

[193] Ireland, R. D., Hitt, M. A., Sirmon, D. G. A model of strategic entrepreneurship: the constrcut annd its dimensions [J]. Journal of Management, 2003, 29(6):963-989.

[194] 张颖颖, 胡海青, 张丹. 网络多元性、在孵企业战略创业与孵化绩效 [J]. 中国科技论坛, 2017(06):75-82.

[195] Gulati, R. Alliance and Networks[J]. Strategic Management Journal, 1998, 19(4):293-317.

[196] Wilkinson, I & Yong, L. On Cooperating Firms, Relations and Networks [J]. Journal of Business Research, 2002, 55(2):123-132.

[197] Ritter, T & Gemunden, H. G. Interorganizational Relationships and Networks: An Overview [J]. Journal of Business Research, 2003, 56:691-697.

[198] 马刚. 基于战略网络视角的产业区企业竞争优势实证研究 [D]. 浙江大学, 2005.

[199] 朱秀梅, 陈琛, 杨隽萍. 新企业网络能力维度检验及研究框架构建 [J]. 科学学研究, 2010, 28(8):1222-1229.

[200] 焦豪. 企业动态能力绩效机制及其多层次影响要素的实证研究 [D]. 复旦大学, 2010.

[201] 肖兴志, 何文韬, 郭晓丹. 能力积累、扩张行为与企业持续生存时间——基于我国战略性新兴产业的企业生存研究 [J]. 管理世界, 2014(02):77-89.

[202] 赵萌, 姚峰. 中小企业盈利能力影响因素实证研究——基于企业成长周期视角 [J]. 财会通讯, 2015(05):40-42.

[203] 李明立. 大学生创业孵化项目生命周期研究 [D]. 山东大学, 2012.

[204] 裴梦丹, 张宝建, 孙国强, 齐捧虎. 基于系统动力学模型的企业孵化过程

研究 [J]. 中国科技论坛, 2016(08): 64-70.

[205] 张玉明, 段升森. 不同行业中小型科技企业成长能力评价比较研究——以山东省中小型科技企业为样本 [J]. 统计与信息论坛, 2009, 24(10): 79-84.

[206] 王建秀, 梁嘉骅, 陈艺萍. 不同行业的小型企业发展状况研究 [J]. 中国软科学, 2010(12): 176-181.

[207] 李晓. 基于行业差异的企业成长水平、审计意见与风险溢价的现实考量 [J]. 财会月刊, 2015(14): 80-84.

[208] 杨建东, 李强, 曾勇. 创业者个人特质、社会资本与风险投资 [J]. 科研管理, 2010, 31(06): 65-72 + 112.

[209] Cicchetti, D. V., Showalter, D. & Tyrer, P. J. The Effect of Number of Rating Scale Categories in Levels of Interater Raliability[J]. Applied Psychological Measurement, 1985, 9: 31-36.

[210] Finn, R. H. Effects of Some Variations in Rating Scale Characteristics on the Means and Reliabilities of Ratings[J]. Journal of Educational and Psychological Measurement, 1972, 32: 255-265.

[211] Nunnaly, J. Psychometric Theory[M]. New York: McGraw-Hill, 1967.

[212] 侯杰泰, 温忠麟, 成子娟. 结构方程模型及其应用 [M]. 北京: 教育科学出版社, 2004.

[213] 尼尔. J. 萨尔金德. 爱上统计学(第三版)[M]. 史玲玲 译. 重庆: 重庆大学出版社, 2011.

[214] Kenny, D. A. Correlation and Causality[M]. New York: Wiley, 1979.

[215] Rego, L., Billett, M., & Morgan, N. Consumer-Based Brand Equity and Firm Risk [J]. Journal of Marketing, 2009, 73(6): 47-60.

[216] 杨隽萍, 覃予, 王俏尹, 王丹俊. 创业者风险管理能力、创业自我效能与新企业成长 [J]. 人类工效学, 2015, 21(02): 4-9.

[217] 钱锡红, 杨永福, 徐万里. 企业网络位置、吸收能力与创新绩效——一个交互效应模型 [J]. 管理世界, 2010(05): 118-129.

[218] 刘万兆, 李学东. 小微企业创业能力开发研究 [J]. 农业经济, 2014(06): 22-24.

[219] 盛伟忠, 陈劲. 制造业中小企业创新能力测度指标研究 [J]. 管理工程学报, 2015, 29(04): 49-55.

[220] 罗公利,边伟军,李静. 科技创业企业成长影响因素研究——基于山东省调查数据的分析 [J]. 科技进步与对策, 2012, 29(23): 94-99.

[221] 陈前前. 小微企业文化、融资决策与其成长性的实证研究 [D]. 山东大学, 2016.

[222] 陈武,李燕萍. 嵌入性视角下的平台组织竞争力培育——基于众创空间的多案例研究 [J]. 经济管理, 2018, 40(03): 74-92.

[223] Zahra, S. , Dess, G. G. Entrepreneurship as a field of research: Encourage dialogue and debate[J]. Academy of Management Review, 2001, 26, (1), : 8-10.

[224] 屈唯意,周海炜,姜骞. 组织间关系维度分析及其实证研究 [J]. 情报杂志, 2011(8): 169-175.

[225] George, D. , & Mallery, P. SPSS for Windows step by step: A simple guide and reference. 11. 0 update (4th ed. )[M]. Boston: Allyn & Bacon, 2003.

[226] 吴明隆. SPSS 统计应用实务 [M]. 北京:科学出版社, 2003.

[227] Hair, Joseph F. , William C, Black, B. J. Babin, Rolph E. Anderson. Multivariate Data Analysis (7th Edition) [M]. Englewood Cliff: N. J. Prentice Hall, 2010.

[228] Kline, R. B. Principles and Practice of Structural Equation Modeling (2nd ed. )[M]. New York: The Guilford Press, 2005.

[229] Daire Hooper, Joseph Coughlan, & Michael R. Mullen. Structural Equation Modelling: Guidelines for Detemining Model Fit[J]. Electuonic Journal of Business Research Methods, 2008, 6(1): 53-60.

[230] Marsha, H. W. , Hau, K. T. , & Wen, Z. In search of golden rules[J]. Structural Equation Modeling, 2004, 11(3): 320-341.

[231] Wheaton, B. , Muthen, B. , Alwin, D. , F. , & Summer, G Assessing Reliability and Stability in Panel Models[J]. Sociological Methodology, 1977, 8(1): 84-136.

[232] Tabachnick, B. G. & Fidell, L. S. Using Multivariate Statistics (5th ed)[M]. New York: Allyn and Bacon, 2007.

[233] Dawn Lacobucci. Structural equations modeling: Fit Indices, sample size, and advanced topics[J]. Journal of Consumer Psychology, 2010: 90-98.

[234] 李巍,许晖. 企业家特质、能力升级与国际新创企业成长 [J]. 管理学报,

2016，13（5）：715-724.

[235] 周键．创业者社会特质、创业能力与创业企业成长机理研究（D）．山东大学，2017.

[236] 钟卫东，孙大海，施立华．创业自我效能感、外部环境支持与初创科技企业绩效的关系——基于孵化器在孵企业的实证研究［J］．南开管理评论．2007，10（5）：68-74.

[237] 周荣鑫．生物医药企业创业导向、动态能力与企业绩效关系研究［D］．吉林大学，2012.

[238] 朱良杰．创业者背景特征与微型企业初期成长绩效［J］．财会通讯，2015（02）：35-38.

[239] Eisendardt K. M. Building theories from case study research［J］. Academy of Management Review，1989，14（4）：532-550.

# 后 记

从本科和研究生阶段的社会学、心理学，到国际教育的相关工作，再到管理学博士，我的专业领域和工作经历看似不相关，实则一脉相承。每一次踏入新的领域或身份的转变，都是对原有舒适圈的打破。我的个人成长离不开这一次次清零的勇气，更离不开在这过程中亲朋好友的理解与支持。

首先，我必须感谢我的导师——权锡鉴教授。感谢权教授录取我，让我有机会加入"权门大家庭"，带我走进管理学的学术殿堂，并指引我不断成长。在本书的选题、构思、成文到修改的每个阶段，权教授都给予了专业及耐心的指导。

接下来，我要感谢我的父母——陈宇航先生和杨静女士。感谢他们在各自领域的成就为我树立了良好的榜样，陈宇航先生对书法艺术的热爱以及杨静女士在太极拳领域的执着，使我意识到不设限的人生就是需要敢想敢做，并将持之以恒的品质运用到学术研究中来；感谢他们支持我的每一个人生决定，并在精神和物质上无私的支持；感谢他们不畏世俗，为我营造了宽松的成长环境，让我拥有做自己的勇气。

我还要感谢我的祖母——楼露意女士。作为新中国早期的女大学生，祖母历经时代的磨难，却仍保持宽容、平和、积极的生活态度，为整个大家庭培育了爱读书的良好风气，引导后代子孙对知识的渴求。

感谢我的挚友——王萌女士。我与王萌女士相识九年，是工作中的好搭档、生活中的好姐妹。王萌女士是除家人外第一个知道我考博决定的人，她在第一时间真诚的鼓励我支持我。感谢王萌女士在我多次前往北京学习期间提供的帮助。

感谢共同在管理学院406学习的仇瑞博士和毕玮博士，忘不了那些热烈讨论学术时的时光，忘不了在校园里一起运动时的陪伴。感谢她们丰富了我的读博生涯，并成就了我们的友谊。

最后，我要感谢我热爱的运动——马拉松。人们常说，人生是一场马拉松，可对于有四年跑龄、5000多公里跑量、十几场比赛经验的我来说，人生是无数场马拉松。每一次 42. 195 公里的洗礼,都塑造了一个更坚毅的我;每一次突破体能的极限,都完成一次与灵魂的对话;每一次近 5 万次迈步摆臂的简单重复,都让我不惧立论之勇、不厌考证之烦。

走笔至此,不仅潸然泪下,再次感谢那些在我读博期间以及本书撰写过程中给予帮助和指正的师长和亲朋,未来唯有在我热爱的教育事业上深耕精作、不断进取、严谨治学才是对他们最好的报答。

2018 年 12 月 29 日
于中国海洋大学管理学院 406 室